"神话学文库"编委会

主 编

叶舒宪

编 委

（以姓氏笔画为序）

马昌仪　　王孝廉　　王明珂　　王宪昭

户晓辉　　邓　微　　田兆元　　冯晓立

吕　微　　刘东风　　齐　红　　纪　盛

苏永前　　李永平　　李继凯　　杨庆存

杨利慧　　陈岗龙　　陈建宪　　顾　锋

徐新建　　高有鹏　　高莉芬　　唐启翠

萧　兵　　彭兆荣　　朝戈金　　谭　佳

"神话学文库"学术支持

上海交通大学文学人类学研究中心
上海市社会科学创新研究基地——上海交通大学神话学研究院
中国社会科学院比较文学研究中心

国家出版基金项目
NATIONAL PUBLICATION FOUNDATION

"十四五"国家重点出版物出版规划项目

神话学文库
叶舒宪 主编

叶舒宪 著

神话与创意
文化基因的理论视角

MYTH AND CREATIVITY
A THEORETICAL PERSPECTIVE OF
CULTURAL DNA

陕西师范大学出版总社　西安

图书代号　SK25N0406

图书在版编目（CIP）数据

神话与创意：文化基因的理论视角 / 叶舒宪著.
西安：陕西师范大学出版总社有限公司，2025.4.
（神话学文库）. -- ISBN 978-7-5695-4621-7

Ⅰ.B932.2

中国国家版本馆CIP数据核字第2024GB4640号

神话与创意：文化基因的理论视角
SHENHUA YU CHUANGYI : WENHUA JIYIN DE LILUN SHIJIAO

叶舒宪　著

出 版 人	刘东风
责任编辑	王文翠
责任校对	庄婧卿
出版发行	陕西师范大学出版总社
	（西安市长安南路199号　邮编710062）
网　　址	http：//www.snupg.com
印　　刷	中煤地西安地图制印有限公司
开　　本	720 mm×1020 mm　1/16
印　　张	18.25
插　　页	2
字　　数	313千
图　　幅	179
版　　次	2025年4月第1版
印　　次	2025年4月第1次印刷
书　　号	ISBN 978-7-5695-4621-7
审 图 号	国审陕字（2024）第255号
定　　价	98.00元

读者购书、书店添货或发现印刷装订问题，请与本公司营销部联系、调换。
电话：（029）85307864　85303629　传真：（029）85303879

"神话学文库"总序

叶舒宪

神话是文学和文化的源头,也是人类群体的梦。

神话学是研究神话的新兴边缘学科,近一个世纪以来,获得了长足发展,并与哲学、文学、美学、民俗学、文化人类学、宗教学、心理学、精神分析、文化创意产业等领域形成了密切的互动关系。当代思想家中精研神话学知识的学者,如詹姆斯·乔治·弗雷泽、爱德华·泰勒、西格蒙德·弗洛伊德、卡尔·古斯塔夫·荣格、恩斯特·卡西尔、克劳德·列维-斯特劳斯、罗兰·巴特、约瑟夫·坎贝尔等,都对20世纪以来的世界人文学术产生了巨大影响,其研究著述给现代读者带来了深刻的启迪。

进入21世纪,自然资源逐渐枯竭,环境危机日益加剧,人类生活和思想正面临前所未有的大转型。在全球知识精英寻求转变发展方式的探索中,对文化资本的认识和开发正在形成一种国际新潮流。作为文化资本的神话思维和神话题材,成为当今的学术研究和文化产业共同关注的热点。经过《指环王》《哈利·波特》《达·芬奇密码》《纳尼亚传奇》《阿凡达》等一系列新神话作品的"洗礼",越来越多的当代作家、编剧和导演意识到神话原型的巨大文化号召力和影响力。我们从学术上给这一方兴未艾的创作潮流起名叫"新神话主义",将其思想背景概括为全球"文化寻根运动"。目前,"新神话主义"和"文化寻根运动"已经成为当代生活中不可缺少的内容,影响到文学艺术、影视、动漫、网络游戏、主题公园、品牌策划、物语营销等各个方面。现代人终于重新发现:在前现代乃至原始时代所产生的神话,原来就是人类生存不可或缺的文化之根和精神本源,是人之所以为人的独特遗产。

可以预期的是，神话在未来社会中还将发挥日益明显的积极作用。大体上讲，在学术价值之外，神话有两大方面的社会作用：

一是让精神紧张、心灵困顿的现代人重新体验灵性的召唤和幻想飞扬的奇妙乐趣；二是为符号经济时代的到来提供深层的文化资本矿藏。

前一方面的作用，可由约瑟夫·坎贝尔一部书的名字精辟概括——"我们赖以生存的神话"（Myths to live by）；后一方面的作用，可以套用布迪厄的一个书名，称为"文化炼金术"。

在21世纪迎接神话复兴大潮，首先需要了解世界范围神话学的发展及优秀成果，参悟神话资源在新的知识经济浪潮中所起到的重要符号催化剂作用。在这方面，现行的教育体制和教学内容并没有提供及时的系统知识。本着建设和发展中国神话学的初衷，以及引进神话学著述，拓展中国神话研究视野和领域，传承学术精品，积累丰富的文化成果之目标，上海交通大学文学人类学研究中心、中国社会科学院比较文学研究中心、中国民间文艺家协会神话学专业委员会（简称"中国神话学会"）、中国比较文学学会，与陕西师范大学出版总社达成合作意向，共同编辑出版"神话学文库"。

本文库内容包括：译介国际著名神话学研究成果（包括修订再版者）；推出中国神话学研究的新成果。尤其注重具有跨学科视角的前沿性神话学探索，希望给过去一个世纪中大体局限在民间文学范畴的中国神话研究带来变革和拓展，鼓励将神话作为思想资源和文化的原型编码，促进研究格局的转变，即从寻找和界定"中国神话"，到重新认识和解读"神话中国"的学术范式转变。同时让文献记载之外的材料，如考古文物的图像叙事和民间活态神话传承等，发挥重要作用。

本文库的编辑出版得到编委会同人的鼎力协助，也得到上述机构的大力支持，谨在此鸣谢。

是为序。

引言　从神话学到文化基因

神话研究，学界通常称之为神话学。目前的学科分类制度下，它隶属于文学专业内的民间文学子项。自从 1990 年代联合国教科文组织提出口传与非物质文化遗产（以下简称"非遗"）的观念以来，神话作为非遗的首要项目，成为所有人类族群必不可少的重要文化遗产，引起整个文科学界的重视。加之当代社会转型和文化创意产业的迅猛崛起，对古老文化资源的开发正在成为每个国家民族参与全球化潮流下国际竞争的新发展战略，一个前所未有的神话复兴大潮正在到来。限于民间文学单一学科视野的神话学研究，正在拓展为文化研究的重要方面，特别是在文明探源和追溯文化基因方面，神话学日益显现出其交叉学科、边缘学科的潜在优势。

本书基于作者在高校教学和科研单位从事专业研究的长期经验，发挥改革开放以来的国内新兴交叉学科——文学人类学的理论与方法论特色，将神话作为文化文本的原编码，应用到中华文明探源研究和文化创意产业的本土文化资源开发两大方向；结合 21 世纪以来国际领先的文创产业的标杆性作品，论述神话作为文化基因所发挥的原编码功能，阐发神话观念对塑造每一种文化传统所具有的优先性认知意义；借助于文化人类学和考古学带来的新知识观与海量新资料，将神话研究引向文化大传统的万年时间深度，尝试从中国文化史的上五千年新探索，反观和解码下五千年之所以然。

神话学一旦突破文字书写的小传统的限制，进入史前文化大传统，依靠圣物叙事和图像叙事所构成的信息链条，理论抽象为具有动态生成性的文化文本观念，终于从上五千年的深度认知中提炼归纳出孕育中华文明的六大文化基因：1. 熊－龙；2. 鸮－凤；3. 稷；4. 稻；5. 玉；6. 帛。

六大基因的再认识，其理论意义不亚于通常所说的"四大发明"，必将对日后的中国文化研究，中国历史研究，中国思想史、文学史、艺术史等所有文科专业带来一种再聚焦的效应，其深度认知的范式革新效应将日益彰显。而范式更新给文创产业和文科教育带来的启迪，也是可以期待的。

目　录

第一章　神话：文化寻根与文学增值 / 001

第二章　神话学理论与方法 / 015

第三章　神话观念编码现实：文化基因作用 / 041

第四章　"神话中国"观与文明探源 / 055

第五章　魔法石之祖：玉石神话催生文明 / 065

第六章　玉石神话：中华认同的文化基因 / 087

第七章　玉魂帛魄：筛选文化基因 / 106

第八章　太初有熊：伏羲与黄帝 / 118

第九章　颛顼与端玉 / 133

第十章　玄玉时代与白玉时代 / 145

第十一章　玄黄、玄武、玄怪：华夏版虚拟现实 / 160

第十二章　三星堆的丝绸与象牙 / 173

第十三章　有巢氏神话与巢湖地区文化开发 / 192

第十四章　新神话主义与文化资本 / 202

第十五章　《阿凡达》与《赛德克·巴莱》解读 / 216

第十六章　万年中国玉文化旅游设计 / 231

附录一　中国口头文学遗产数字化工程调研报告与建议 / 248

附录二　发现"口耳间的中国"

　　　　——中国口头文学遗产数字化工程侧记 / 250

附录三　中国神话学的文化意义 / 254

附录四　万年中国论如何为文旅赋能

　　　　——东北旅游新线路：基于十六次玉帛之路考察的创意设计 / 260

后记 / 279

第一章　神话：文化寻根与文学增值

本章概述神话作为文化原编码的重要符号意义及其对当代创意产业的资源价值；审视当今国际背景的文化寻根和神话复兴运动；聚焦文学增值是怎样利用神话遗产和神话再造的；说明神话作为人类文化之根，也作为文史哲艺术和政治的共同源头，它在过去的 2000 多年经历怎样的学术变迁历程——古代的神话观、现代的神话观和后现代神话观是如何形成的；再通过对一些流行影视和文学作品的案例分析，让读者认识到神话所蕴含的巨大的开发利用价值；最后，介绍以约瑟夫·坎贝尔（Joseph Campbell）和凯伦·阿姆斯特朗（Karen Armstrong）为代表的一些后现代神话学思想家为何倡导现代人回归神话。后现代知识观倡导一种着眼于地方性知识论的本土观点，而卡梅隆导演的电影《阿凡达》，正是对后现代知识观的生动写照。从《星球大战》到《阿凡达》的电影史，正是见证神话学参与文化创意的智慧成果。

将神话与创意结合在一起，作为一个兼有学术性和经济开发性的项目，在国内亟待发展文化产业的当下，具有充分的现实意义。国内的现行教育体制中并没有普及型的神话学课程。究其原因，在于"文学的"神话观在几乎一个世纪的时间里占据了主导地位，而说到神话就如同说到虚构和幻想，导致现代中国学术语境中神话定位的偏狭化和虚幻化。唯有在中文系的民间文学课堂上，才有稍微系统些的神话学知识传授。中文专业以外的系科，基本不会开设这门专业课。所以在 21 世纪初的高校专业调整中，干脆将神话学视为民间文学的一个范畴。所谓民间文学，其英文词 folklore 的意思也兼指民间传说或民俗学，民俗学在专业调整后归属于社会学一级学科下的二级学科。因此在大学中文系里，随着这次学科调整，很多大学就没有神话学这门课程的内容了。目前保留神话学课程的高校有北京师范大学、北京大学、辽宁大学、华中师范大学等少数几个，原因在于这些高校有着民间文学和民俗学研究的悠久传统。北京师范大学的钟敬文先生，是研究民俗学的泰斗。北京大学的《歌谣周刊》，由顾颉刚先生创办。而辽宁大学对东北萨满教以及满族、锡伯族、赫哲族、鄂伦春族、鄂温克族等少数民族的讲唱文学的研究也是历史悠久。然而在美日欧等发达国家和地区，神话与创意的结合却非常流行，他们在高校设置各种关于神话创意的课程，尤其是在好莱坞、迪士尼等影视公司以及在 J. K. 罗琳、丹·布朗、瑞尔·托尔金等畅销书作家那里，神话与创意的结合更是炉火纯青，取得了巨大的成功。

追溯神话的源头，一定要回到文明发轫之初。神话属于全人类，但又随着不同的文明有着不同的建构。如何给神话下一个令人满意的定义，是令无数神话学家们都苦恼的问题。鉴于我们这门课程所讲的神话都将围绕文化寻根与文明起源而展开，因此，我们将神话定义为：人类各个族群原初对世界万物的秩序及社会现实的想象性叙述建构和原编码。建构是当今西方人文学界中非常常见的一个词。知识社会学家彼得·伯格提示说，我们人类所生存的现实绝非单纯的客观世界，而是充满主观意识建构的现实。[①] 神话在建构社会现实和改变社会现实方面，都发挥着至关重要的作用。神话学理论家安德鲁·亨迪认为，是各个学科的学者和文学艺术家们共同建构出 20 世纪的神话景观。其代表作《神话的现代建构》第六章题为"现代主义对神话建构的贡献"[②]，以叶芝、D. H. 劳伦斯、T. S. 艾略特、詹姆斯·乔伊斯四位作家的创作为例，说明他们与神话学家和人类学家的知识互动。本书引用"建构"一词来解说神话的概念，旨在说明神话如何帮助我们建立起人类生存于其中的现实。

所谓原编码，指的是文化的原型编码，原型这一概念是由柏拉图最先提出的，在 20 世纪由心理分析大师荣格加以再造，指神话、宗教、梦境、幻想、文学中不断重复出现的意象，它源自民族记忆和原始经验的集体无意识。原型意象可以是描述性的细节、故事情节或人物角色典型和主题，它能唤起观众或读者潜意识中的原始经验，使他们产生深刻、强烈的共鸣情绪反应。神话属于特定社会和文化的原编码，而创意即文化产业就是要利用神话资源进行当下的再编码。原编码的时代一定开始于史前的口传文化，即先于文字书写的时代而发生，其想象叙事离不开对神灵和魔怪的信仰，而再编码是对神圣信仰的解构与重组。考察原编码的真相，需要回溯到初民时代，是向后看，也就是文化寻根；考察

[①] ［美］彼得·伯格：《现实的社会构建》，汪涌译，北京大学出版社，2009 年，第 107—141 页。
[②] Andrew Von Hendy, *The Modern Construction of Myth*, Bloomington: Indiana University Press, 2002, pp.134-153.

再编码，则需要向前看，就是利用当代文化的新契机，让创意产品具有深厚的文化底蕴，引领创意产业得到更大的文化附加值。

一、神话观：从古代到后现代

蛙首人身塑像（图1-1）是2007年在河北易县新出土的新石器时代遗物，距今约3600年。由这尊石雕形象颇可窥见新石器时代先民的神话观。那时人类还没有建立起纯粹世俗的世界观，他们看待周围的宇宙万物都难免充斥着神灵与精怪的体现。换言之，初民的精神观念之中根本不存在一个不要神灵看顾的纯粹客观的世界。细观这尊塑像，可以直观地进入先民的视觉意象世界，从而洞悉其丰富多彩而又天马行空的神话世界观。这尊塑像是蛙首人身，属于原编码，现代人很难理解先民这种超现实主义的思维，但是只要结合莫言获得诺贝尔文学奖的小说《蛙》，就能通过其中对生育主题的描写而恍然大悟。原来蛙在先民的神话世界观里是生育和多产之神的象征，而莫言的小说正是当代作家对这一原编码所做的最好的再编码。

图1-1　2007年河北易县新出土的蛙首人身塑像

青海辛店文化M255墓葬出土的蛙纹太阳纹陶瓮（图1-2），距今约3000年。图画所显示的是太阳与蛙人的对应造型。陶器被分割为上下两个绘图空间，上方颈部绘有四个太阳，下方则对应着两个头

图1-2　青海辛店文化M255墓葬出土的蛙纹太阳纹陶瓮

向上的蛙人。这样的图像设计,是纯粹的装饰性呢,还是表达某种象征的意义呢?从画面上非常清晰的对称性设计和严整构图来看,这种图案显然不是出于随意性的涂抹,而是精心设计和有意为之的。从神话学常识可知,青蛙、蟾蜍是月亮神话的重要象征物,那么这幅图画的用意,就是象征太阳和月亮、阴和阳二元对立的原型。

在新疆吐鲁番阿斯塔那古墓出土唐绢本伏羲女娲画像(图1-3)中,伏羲左手执矩,女娲右手执规,人首蛇身,蛇尾交缠。二神上方有象征太阳的一周画圆圈的圆轮,尾下是象征月亮的一周画圆圈的

图1-3 新疆吐鲁番阿斯塔那古墓出土唐绢本伏羲女娲画像,叶舒宪2015年摄于新疆博物馆

半月,画面四周画以线连接的圆圈象征星辰。我国古代先民认为大地是方形的,天体是圆形的,是为天圆地方之说。女娲执规象征天,伏羲执矩象征地,其整体构图寓意深奥、造型奇特,富有宇宙发生论的哲学色彩。

毋庸置疑,上面三件考古文物展现的是3600年前至1000年前中国先民的神话观。简言之,所谓神话观就是神话思维形成的观念。古汉语有神、神人、神力、神工、神鬼等关于"神"的名词,唯独缺少作为术语的"神话"。神话学在我国是一门舶来的学问,国际上通称为"比较神话学",它的诞生以1856年德裔英国语言学家麦克斯·缪勒发表《比较神话学》(*Comparative Mythology*)为标志。有些欧美国家至今仍然将神话学称为"比较神话学",更多地则简称为"神话学"。在缪勒这本书中,他将古印度用梵文记录下来的神话和希腊罗马神话进行比较,即把欧洲文明和南亚文明的源头进行比较,由此得出一个更加

古老的文化，即所谓的印欧文化（Indo-European）共同体。因为缪勒是一位精通梵语、希腊语、拉丁语、德语、英语等多门语言的博学之士，所以他的研究更多带有"语言学寻根"的意味，故"Indo-European"一词在语言学里更加常见。作为一位德裔英国学者，缪勒的语言学研究继承了德国语言学研究的传统。早在16世纪，当欧洲的传教士、商人、探险者开始学习梵语后，就逐渐认识到印度的梵语与欧洲的拉丁语、希腊语等语言之间存在着广泛的相似性。18世纪末，以德国的格林兄弟为代表的一批语言学家致力于把数种相关的印欧语言进行比较，找出其中有规律的共同点，并且试图追溯历史，构建出这数种语言的"原始共同语"。格林兄弟的独特之处在于，他们热切地从德国神话中去寻找过去，而他们的方法就是从语言学出发。在《比较神话学》中，可以看到缪勒研究神话的比较语言学方法与格林兄弟的研究如出一辙。不同的是，格林兄弟主要关注的是德国神话，而缪勒则将关注的热情推广到大半个地球的神话。

缪勒认为，神话是古人在当时语言发展不发达的程度下对客观世界的一种表达方式，其特质与后世"诗性的语言"有不少相似之处。在比较了古印度和希腊神话的相似性之后，缪勒提出一个假说，即原始印欧民族的假说。这个民族分布在广阔的欧亚大陆上。我们蒙古人种主要的活动区域是在东亚，而在中亚以西、以北的大部分地区，居住的就是今天所谓的欧洲人或白种人，这一原始印欧民族的发源地在中亚附近的高加索山一带。约在公元前2000年，这些原始的雅利安人从东欧平原翻越乌拉尔山，来到阿富汗高原，其中一支南下来到了印度河流域的旁遮普平原，另一支则朝着相反方向，西向进入伊朗。印欧文化的发现是一个伟大的创举，它在整个欧亚大陆的两端——南亚和北亚至西欧——建立起了文化的联系，带来了神话学、语言学、民族学、历史学等多门学科的创新发展。因此，缪勒的比较神话学研究给我们的启示就是，通过对神话相似性的研究，可以有助于探寻人类文明的根源和各族群文化的源流。

中国的神话学研究起步较晚，直到1902年，才由留日学生蒋观云从日本引入作为术语的"神话"一词。在古汉语中也偶尔有"神话"这个词，但是既不是作为流行的概念，也没有引起什么重视和研究。西方的神话概念借道日本再引入中国后，催生出了文学方面的中国神话学热潮和史学方面的神话传说时代研究，在文学方面以周作人、茅盾、黄石和谢六逸等人的研究为代表，在史学方面则先有以顾颉刚、罗根泽、童书业、杨宽等人为代表的古史辨派，后又有以徐旭升、丁山为代表人物的结合考古学和古文字学的古史考证。限于时代条件，以上两方面的神话学研究，一个侧重对汉语古籍文本中的神话故事的梳理与重构，试图为西化范式的中国文学史建构寻找与西方文学史相应的神话阶段的发端模式，另一个则侧重将中华古史上的圣王体系还原为神话传说。本书所说的"神话"概念，要跳出文学和史学的局限，将神话视为一种贯通文学、史学、哲学、宗教、政治诸学科的多边际整合性学问。在此有必要对神话观念在西方历史上的演变作一分析。

西方古代的神话观来自希腊。希腊文称神话为 mythos，意为神话时代语言的一种讲述程式，与哲学时代的逻辑程式 logos 相对而言。在前柏拉图时代，神话被视为神圣的叙事，无论是古希腊诗人荷马，还是印度大史诗的"作者"，他们在开始其讲唱活动之前，都要祈求天神赐予灵感。所以，无论是对讲唱者还是对听众，他们讲述的内容和听到的内容都直接来自神灵启示。而到了后柏拉图时代，随着西方思想史上第一个关键词"逻各斯"的出现，一批代表理性的哲学家开始发起对神话的挑战。柏拉图从伦理道德的立场拒绝接受荷马式的神话内容，他指出《伊利亚特》和《奥德赛》中诸神的所作所为违反了人伦道德，所以柏拉图要将以荷马为代表的这批神话讲唱者赶出自己的理想国。虽然之后有斯多葛派驳斥柏拉图对神话的抨击，试图通过对神话的寓言式阐释来重新树立神话权威，但随着轴心时代的来临，神话的去神圣化已是大势所趋。此后的2000多年，神话都被认为是虚构的非理性故事，与理性形成对立。

到了现代，对神话的主要挑战不是来自伦理学，而是来自科学。神话被看作是解释诸神如何操控物质世界的，而非柏拉图所认为的，是讲诸神如何立身行事。柏拉图试图抱怨神话中的诸神行为不轨、缺乏道德，而现代批评家们则认为神话对世界的解释不符合科学原理，因而将之摒弃。马克思在《〈政治经济学批判〉导言》里就宣告神话时代已经一去不返：

> 成为希腊人的幻想的基础，从而成为希腊（艺术）的基础的那种对自然的观点和对社会关系的观点，能够同自动纺机、铁道、机车和电报并存吗？在罗伯茨公司面前，武尔坎又在哪里？在避雷针面前，丘必特又在哪里？在动产信用公司面前，海尔梅斯又在哪里？任何神话都是用想象和借助想象以征服自然力，支配自然力，把自然力加以形象化；因而，随着这些自然力之实际上被支配，神话也就消失了。①

在马克思看来，神话是人类的生产技术尚未达到掌控自然时对自然力的神化。现代科学技术的发展，对希腊神话想象的土壤起到了釜底抽薪的效果，神

---

① ［德］马克思、［德］恩格斯：《马克思恩格斯选集》（第2卷），人民出版社，1972年，第113页。

话早已变得不可延续。

19世纪后期的尼采,其神话观与马克思类同,但是尼采没有泛泛地讨论希腊神话,而是将矛头指向西方思想的核心——基督教。尼采宣布西方基督教文明所保留的唯一的神——上帝——死了,实际上是宣告统治西方思想2000年的基督教神学体系丧失了其统治力。尼采同时指出,人的精神不能因上帝之死而失去归宿,而是需要寻找新的寄身之处。具有讽刺意味的是,正是在被基督教视为异教的波斯人的拜火教即琐罗亚斯德教那里,尼采自以为给西方人的精神找到了新的归宿。在语录体的《查拉图斯特拉如是说》里,这位天才哲学家以振聋发聩的奇异灼见和横空出世的警世之言宣告"超人哲学"和"权力意志"的诞生。

如上所述,马克思和尼采的着眼点虽然不同,却都不看好神话的未来。因为在现代性社会,神话早已经脱离了神圣的信仰地位,成了虚构和非理性的代名词,甚至成为一种贬义的、不可信的、虚拟的浮夸之词。神话一旦被贬低到这种地步,就没有人敢正面为神话著书立说,这就是神话沉寂的原因。现代的神话观,虽然也是顺承古希腊哲学革命而来,但是在启蒙思想家以理性解放的态度将它划入文学艺术中的浪漫主义流派之后,它就注定将和现代工业文明格格不入。直到后现代主义知识观的出现,才打破了从轴心时代到现代工业文明时代以来对神话的传统偏见。

后现代主义视神话为文明之根,他们力图回到前柏拉图时代那种神圣信仰的立场,指出神话就是治疗现代性"癌症"的良药。

过去一个世纪以来,文科学者们讨论最多的一个词就是现代性。那么现代性的本质是什么?显而易见,现代性是随着资本主义的生活生产方式而来的。如果说人类的石器时代是以万年计,文明时代以千年计,那么工业文明就是以百年来计的。我们生活在这个二三百年的现代性的语境之下,从马克思一直到后来的20世纪思想家,都试图对现代性的特质做出解释。现在看来,现代性就是人类在一个特殊的历史阶段走向一个未知的生活方式,以最大限度地开发利用地球资源来生产更多的物质财富、创造最大的利润,这就是现代性的本质。所以今天再讨论现代性,就已经不是一个纯粹的褒义词了。正是意识到这种不可持续的文明发展方式已经造成人类社会病态迭出,所以各种对抗病态的药方也接踵而至。其中最为我们中国人所熟悉的,莫过于"可持续发展"。以石油为例,作为一种不可再生的资源,石油在地球上已经存在了数亿年,而人类拥有汽车才一百年,就已经消耗了大半的石油资源。当意识到对石油近似竭泽而渔的消耗方式已经无法逆转时，包括中国在内的许多国家都已签署联合国资源环境保护协议，此之谓亡羊补牢。此外，后现代主义的思想家们通过对地球上仍然存在的原住民的研究，发现现在受压迫最深的，已经不是承担资本主义工业生产的无产阶级，而是这些根本没有进入现代生活方式的所谓"第四世界"的原住民。他们到现在依然过着刀耕火种的生活，有些甚至尚未进入农业文明，依然依靠狩猎采集维生！一些有识之士已经意识到，地球上残存至今的这一批原住民，或许才是未来人类解放的真正力量。以卡梅隆导演的《阿凡达》为例，他所表现的主题就是资本主义穷凶极恶的贪婪本质和原住民看似落后实则神圣的可持续生活方式。

二、回归神话：后现代神话观

《民俗和文学中的原型与母题》（Archetypes and Motifs in Folklore and Literature: A Handbook）将神话作为文字原型和母题的源头加以系统梳理，是一本较流行的工具书（图1-4）。很多神话著作中的主题都可以在这本手册中找到对应的原编码，诸如地母盖亚、天神宙斯、金苹果、黄金时代、金羊毛、亚当、夏娃、蛇、伊甸园、生命树、智慧树等等，已经成为古典文化词典中的最基本的部分。进行神话故事再创作的人，都是对此类题材的再编码。以托尔金的小说《霍比特人》为例，其中涉及的主要人物及故事框架都可以在此书中找到原型。研究文学的人最关注神话，因为所有原型都来自神话，它是文学的源头，当然也是史学和哲学等的共同源头。这一类书在欧美国家的影视创作者那里都是人手一册，因为它可以提供无穷无尽的神话想象和灵感之源，提供古老的素材和情节。

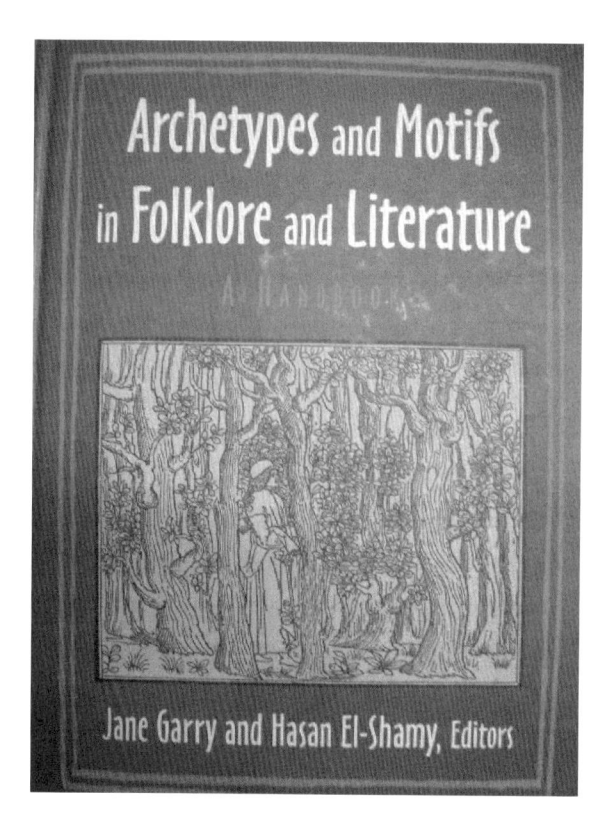

图1-4 《民俗和文学中的原型与母题》英文版封面

通过神圣叙事来重新认识神话，是后现代神话观的显著特征之一。后现代思想家认识到，在信仰缺失的当代社会环境中，人们在追寻科学技术的偏执和狂热中全然忘记科技的双刃剑作用，会变得越发贪婪和毫无节制。在此新的精神痴迷情况下，出现了人的精神分裂。回顾20世纪初的文学作品，不难看出一些具有前瞻性的作家对理性自大现象的批判性反思，其中以T. S. 艾略特、弗兰兹·卡夫卡、阿尔贝·加缪的作品最具震撼力。而这些作家的思想源头，又可以追溯到马克思、尼采、弗雷泽、弗洛伊德那里去。青年马克思脱离了黑格尔的学说，通过对人类进化谱系的科学探讨，提出了人性异化理论。尼采通过对现代性、现代道德和犹太教、基督教的道德批判，向我们展示了失去神圣性的西方社会在钢筋水泥的丛林中如做困兽之斗的荒诞。弗洛伊德认为文明源自人类对性本能的压抑，治疗人类精神疾患的方式就在于潜心研究神话传说、童话故事和梦境中释放出来的被压抑能量，通过谈话和造梦的宣泄，让人重新恢复到心理的平衡状态。他提出的创作家与白日梦理论，虽然惊世骇俗，却对20世纪以来的文艺发展影响深远。弗洛伊德的大弟子荣格，将精神分析学派的注意力，从个体无意识引向集体无意识，从西方文化引向东方文化和原始文化，成为后现代主义神话观的引路人。

后现代主义思想家认为，在现代社会中，神话看似已经失去了它的用武之地，但是人类不可能切断与神话的血肉联系，因为神话代表着人类最古老的文化之根和心理遗产，特别是那种在原始仪式行为中体验到的出神入化的精神遗产。在信仰缺失的今日，诸如影视、艺术、文学甚至是体育竞技，都已经成为替代性的超验性体验的场合。在这方面的代表性学者，就是美国神话学家约瑟夫·坎贝尔。在他的神话学著作《指引生命的神话》（*Myth to Live by*）中，坎贝尔指出神话是人类赖以生存的方式，凡是丧失了自己神话传统的国族，一定会在文化的荒野中衰老死去。坎贝尔的另一个身份就是好莱坞巨作《星球大战》的神话学专业顾问。在这部深具忧患意识的电影中，坎贝尔融入了自己对神话的理解，通过一种匠心独运的外星想象的创意，提示人们要竭力找回那个失落的神圣传统。另一位后现代主义神话学家是英国的凯伦·阿姆斯特朗，其代表作为《神话简史》（*A Short History of Myth*）。阿姆斯特朗同样提出了神话的超验性。作为修女出身的学者，她认为在纯粹世俗的背景中，永远无法接近神话，唯有在日常领域外的崇拜仪式背景中才能理解神话。"必须把神话体会为人的个性转变过程之一部分。神话是一种艺术形式，它足以直接进入我们的存在，并永久地改变着我们的存在。超验性的体验（an experience of transcendence）从来就是人类经验的一部分。我们寻求心醉神迷（ecstasy）的那一刻，内心深受触动，并且在一时间超越自身而飞升起来。宗教曾经是获得心醉神迷状态的传统方式，但是如果当今的人们在神庙、教堂中不再能发现它，那就会到别处去寻找它：在艺术、音乐、诗歌、摇滚、舞蹈、性或体育运动中去寻找"[1]。

约瑟夫·坎贝尔和凯伦·阿姆斯特朗的观点充分代表着后现代神话观的价值取向。通过对"第四世界"原住民生活的发现和对他们的再研究，学者们认识到原始人对神话的一种超验性追求不是为了控制世界，而是为了试图在那些无法控制的方面，譬如自然灾害、疾病、衰老和死亡等，与世界达成和解。现代社会的痼疾，正是由对神话缺少敬畏以及对控制世界的技术和欲望过分自信造成的。（图1-5）

图1-5 图中展示的是人类学家在非洲部落的仪式中看到的进入幻觉的通神者

---

[1] Karen Armstrong, *A Short History of Myth*, Edinburgh: Canongate, 2005, p. 8.

三、现代性危机与文化寻根——新神话主义

笔者在2004年撰写一篇长文《人类学想象与新神话主义》，刊登在王宁主编的《文学理论前沿》第二辑上。此后一年出现国际合作的出版项目"重述神话"。此前则有一系列畅销全球的新神话写作经典作品陆续问世，如《指环王》、《哈利·波特》系列、《达·芬奇密码》等小说，《黑客帝国》《蜘蛛侠》《特洛伊的海伦》等电影作品。2009年公映的3D大片《阿凡达》，将此潮流推向巅峰。借助大众传媒和新兴的互联网传播，世纪之交的这些超级流行作品，构成一道耀眼的新神话主义奇观。评论家们面对现实的文艺新潮流，重新审视被往昔的哲学家和文学理论家们贬低和不看好的神话传统，将神话的地位抬升到"前现代人类智慧渊薮"的高度。那么当代高科技社会中的神话复兴，对当下和未来的文创产业到底具有怎样的文化资源启迪和精神动力意义呢？这一批当代作品的成功是偶然的吗？是否有原因和经验可循？在神话复归与再造的背后，蕴含着怎样的内在精神动力？又带给人们怎样的启示呢？

新神话主义是20世纪末期形成的文化潮流，在一定程度上代表着世纪之交西方文化思想的一种价值动向。它既是现代性的文化工业与文化消费的产物，又在价值观上体现出反叛西方资本主义和现代性生活，要求回归和复兴神话、巫术、魔幻、童话等原始主义的幻想世界的诉求。其作品的形式多样，包括小说、科幻类的文学作品，以及动漫、影视、电子游戏等。以《塞莱斯廷预言》《指环王》《哈利·波特》《蜘蛛侠》《怪物史莱克》《特洛伊》《达·芬奇密码》和新兴网络游戏为标志，新神话主义浪潮以迅猛的方式风靡全球，成为大众文化的主流。21世纪以来，新神话主义创作在世界文坛和影视界形成席卷之势，并且诱发了2005年全球数十个国家共同参与的"重述神话"运动，已经在国内外媒体上引起广泛的关注。

回顾20世纪以来的文学流变，神话复兴可以说是最突出的、最持久的一种风潮，它至今仍然呈现方兴未艾之势。我们用"新神话主义"这个术语来概括此种源于20世纪后期的文学潮流，旨在同文艺复兴和浪漫主义时代以来的各种神话再造现象相区别。至于中国第五代导演张艺谋如何向尼采讲述的希腊酒神狄奥尼索斯神话学习，借鉴西方的酒神精神再造莫言小说《红高粱》；美国新神话巨片导演卢卡斯如何向比较神话学大师坎贝尔请教，利用英雄神话原型再创造出《星球大战》，并且借助于这部大片的超强影响力，在世界各国培育出数十万计的"星战迷"及相关产业链，已经是对神话复兴潮流的学术背景的最

好说明案例。据新神话主义的小说家代表丹·布朗的说法，今天人们只知道唯一的男神（上帝），而在悠远的往昔，女神、男神至少是曾经平起平坐的。怎样透过现行的一神教的宗教偏见之千年遮蔽，重新发掘失落的多元的诸神世界，特别是源远流长的前父权制的女神世界，是充分体现后殖民时代价值观的一种文化认同。

从这种文化认同的世纪性转变看丹·布朗的《达·芬奇密码》究竟是"重述"还是"重建"一种以女神崇拜为本源特色的基督教神话，已经无关紧要了，重要的是伴随着后现代文化寻根思潮而产生的传统神话观念的重大变革。对于新兴的符号经济而言，神话又是最具有市场号召力的巨大文化资本，可以成为文化产业发展的重要动力要素。上述一系列新神话主义文学和影视作品受到普遍欢迎的程度，足以给后来的创作者标示出再造神话的可行路径。

就新神话主义的理论建构来说，20世纪的思想者们，有些重要的理论先驱已经完成了对现代性的批判转向，如福柯、萨义德、利奥塔等人，都不约而同地写过反思现代性或反思启蒙的文章。这实际上就是为现代性背后的以理性崇拜为嚆矢的启蒙运动做深切反思。启蒙运动建立了理性的绝对权威，导致了对一切非理性现象的排斥、压抑和打击，由此造成的后果是不言而喻的。有些思想者甚至把理性主义和法西斯主义联系起来。19世纪的德国诞生了一批足以名垂青史的哲学家，但是到了20世纪，在同样的国度竟然出现了灭绝人性的法西斯主义。这实际上就是对启蒙运动所崇拜的理性将要何去何从的一种质疑，随之而来的就是关于后现代知识观的重建。法国思想家利奥塔《后现代状态——关于知识的报告》最先拉开了后现代主义知识观的帷幕。利奥塔指出，科学只是人类的一种知识手段，而后现代的知识观是要把人类的多种叙事方式重新释放出来，强调口传文化的叙事知识，要将其呈现在世人面前。科学独大的现实压抑着尚未进入科学社会的原住民社会，所以后现代知识观的意义首先在于重新认识这些"第四世界"的原住民文化，然后将他们从失语状态下拯救出来，让他们发出自己的声音。卡梅隆的《阿凡达》，其深层用意就在于让那些无文字的、尚处于狩猎采集生存方式的原住民，发出具有文化寻根的引领性声音。

利奥塔之后，出现了一个人类学创作的浪潮，代表作家有卡斯塔尼达和雷德菲尔德。这两位作家的代表作分别是《寂静的知识：巫师与人类学家的对话》和《塞莱斯廷预言》。卡斯塔尼达本是美国加州大学人类学系的博士生，为了完成其博士论文，他在墨西哥边境小镇上结识了一位印第安巫师唐望。唐望在与作者的交往中，不断地引导卡斯塔尼达去体验印第安巫术，并半强迫性地给

图 1-6　德国杜塞尔多夫时装店橱窗里的土著印第安人面具，卡斯塔尼达《寂静的知识：巫师与人类学家的对话》中的巫医原型

作者食用一种致幻草药，以使卡斯塔尼达通过对使用知觉转变性植物的描述，观察面对死亡以及激活内在力量的做法，达到能轻松洞察事物的达观境界。这部书带领读者了解原住民社会的神奇现象背后的教诲意义，在灵性引导的精神领域体验幻觉性的异象并体察人性的温暖。（图 1-6）

可持续发展的观念，是在 20 世纪 90 年代的联合国环境与发展大会上首次提出来的。当时有芬兰的神话学家劳里·杭柯在 1990 年代为联合国教科文组织工作，在他所主持制定的关于保护原住民文化传统的系列工作文件中，率先提出"口传与非物质文化遗产"这一新观念，后来发展成世界各国参与的文化保护公约。

保护和抢救濒临灭绝的非遗运动，在 21 世纪如火如荼地展开，从而有力催生出活态神话的复兴运动。顾名思义，所谓活态的，就是至今依然在民间社会传承不断的，在仪式上伴随音乐舞蹈演唱的一种神话表现方式。

参考文献

［1］缪勒．比较神话学［M］．金泽，译．上海：上海文艺出版社，1989．

［2］利奥塔．后现代状态：关于知识的报告［M］．车槿山，译．北京：生活·读书·新知三联书店，1997．

［3］叶舒宪．现代性危机与文化寻根［M］．济南：山东教育出版社，2009．

［4］叶舒宪．文化与符号经济［M］．广州：广东人民出版社，2012．

［5］叶舒宪．再论新神话主义［J］．中国比较文学，2007（4）．

［6］龙承帅．论新神话主义语境下国产仙侠游戏对中国神话的重述［D］．成都：四川师范大学，2016．

［7］牛春舟．新神话主义背景下的中国动画创作特征分析［J］．戏剧之家，2016（24）．

［8］金芭塔丝．活着的女神［M］．叶舒宪，等译．桂林：广西师范大学出版社，2008．

［9］金芭塔丝．女神的语言［M］．苏永前，吴亚娟，译．北京：社会科学文献出版社，2018．

［10］卡斯塔尼达．寂静的知识：巫师与人类学家的对话［M］．鲁宓，译．呼和浩特：内蒙古人民出版社，1998．

［11］卡斯塔尼达．前往依斯特兰的旅程：智者唐望的世界［M］．鲁宓，译．呼和浩特：内蒙古人民出版社，1997．

［12］塔那斯．西方心灵的激情［M］．王又如，译．台北：正中书局，1995．

［13］DOTY, W G. Mythography: the study of myths and rituals［M］. Alabama: The University of Alabama Press, 1986.

［14］ARMSTRONG, K. A short history of myth［M］. Edinburgh: Canongate, 2005.

第二章　神话学理论与方法

本章是对神话学理论的梳理，重点介绍西方神话学方法论和当代中国神话学研究的新方法，让读者认识到神话学研究在目前国际上所取得的令人瞩目的成就，同时指出中国的神话学在学科归属上的不合理现象。通过介绍西方学者罗伯特·A.西格尔、劳里·杭柯等专家的研究观点，帮助读者意识到在国际学术史上，神话学理论几乎和神话一样古老，其出现至少可以追溯到古希腊的前苏格拉底时代。但是，现代人文科学意义上的神话理论，迟至19世纪下半叶才逐渐形成，其中尤以文化人类学和心理学对神话理论的贡献至大。国内文学人类学一派新提出的文化大小传统理论和文化文本多级编码理论，给本土的神话学研究带来学术范式突破。

本章是对神话学理论的梳理。但在此之前，还是让我们先来看两幅图片。一是雅典学苑廊柱上的鹰首狮身雕像（图2-1），希腊语称为Griffin，英文又称Griffon，中文音译为"格里芬"或意译为"狮鹫"。格里芬是希腊神话中一种半狮半鹰的生物，因为它同时代表对大地（狮子）和天空（鹰）的控制，所以合起来具有宇宙之王的隐喻意义。那么，雅典的建筑师们为什么要用这种神话动物来装点神圣的雅典学苑呢？其原因就在于前柏拉图时代对神话的一种神圣信仰。须知如果没有柏拉图和亚里士多德等哲学家用逻各斯去颠覆神话，恐怕也不会诞生哲学这门学科：哲学是在神话废墟上建立起来的理性权威。第一章已经提到，神话是对社会建构的原编码，而格里芬这样的神话形象，在J.K.罗琳笔下经过再编码之后，就成了《哈利·波特》系列中霍格沃茨四学院之一的格兰芬多学院的标志物。这个学院培养出了诸如哈利的父母、邓布利多校长等优秀的巫师和女巫。二是国内考古出土的西汉时期的朱雀衔环杯（图2-2）。器形作朱雀衔环，蠹立于两高足杯之间的兽背上。朱雀昂首翘尾，喙部衔有青白

图 2-1　雅典学苑的神话动物鹰狮怪兽形象，叶舒宪摄

图 2-2　满城汉墓出土朱雀衔环杯，现藏于河北博物院

玉制成的玉环。单看图像我们是无法了解其背后所承载的历史意义的，要解读这件器物，必须具备神话学的知识。汉代中国人想象的宇宙四方，分别有四种神话生物为代表——南方朱雀、北方玄武、东方苍龙、西方白虎，合起来称为四神。这件器物用朱雀表示南方之神，杯身和朱雀身上的绿松石以及喙部衔的青白玉环，分别是天赐玉露、天门开合和永生不死的象征。所以这件器物是中国古代神话宇宙观和不死信仰的形象化再编码。

一、神话学简史

神话学简史可以简要地划分三个阶段，分别是雏形阶段、学科建设阶段和成熟阶段。雏形阶段始于公元前 5 世纪至 18 世纪。主要代表学说有寓意说和欧赫美尔主义（Euhemerism）。寓意说和欧赫美尔主义的产生，与古希腊哲学家们对神话的怀疑和非难不无关系。其认识根源是用逻各斯的权威即合理主义对待神话的一种批判反应。也就是说，哲学家们一方面把神话作为不合理的东西加以排斥，而另一方面又试图给予合理的解释。早期的古希腊哲学家对待神话的这种普遍态度，成为理解神话学起源的关键。这里引用美国加州大学洛杉矶分校古典学教授凯瑟琳·摩根所著《从前苏格拉底到柏拉图的神话和哲学》第二章结尾的理论认识，供大家参考：

> 逻各斯与秘所思、理性与非理性、哲学与诗歌、文字与口语。所有的概念体系都被古代哲学家或现代学者各怀心思地追溯到古代材料之中。对每个体系进行梳理，了解它们在古风或者古典时期是怎么回事是有帮助的，但也会有过于简单化的危险。需要注意的是，对于这些对立概念的任何一方有所倾向，都会导致其对立面崩塌，从而二者融合。秘所思倾向于与非理性、口语和诗歌相结合，而逻各斯则吸收了理性、文字和哲学。这样的简单化，正如我们所见的，低估了双方相互渗透的程度。既然如此，为什么要不厌其烦地进行概念分类？因为在面对这些对立面的时候，我们需要意识到，如果想要明白哲学对既包容又游离的神话的运用，那么多种体系渗透到彼此之间的方法是最重要的。我们必须警惕赫拉克利特和巴门尼德吸收神话元素的原因，因为他们都以某种方式陷入口语和诗歌的思维模式中。他们仅仅部分地摆脱了这种思维模式，或者他们对神话的运用就是为了使得一部分非理性返回到哲学中。此外，那些存在问题的概念分类及其逻辑关系的建构主要是来自哲学的自我展现及其为鼓吹自身合法性所做的修辞。

研究它们如何在早期希腊哲学思想中延续,将有助于我们看到哲学组织其思想体系的方式并决定我们如何组织自己的思想。当早期哲学确立秘所思和逻各斯的对立时,它的确是非同凡响的。①

关于神话的本质在于寓意的观点,公元前6世纪的古希腊人色诺芬尼(又译"克塞诺芬尼")和泰奥格尼斯都有过论述。泰奥格尼斯认为在荷马史诗《伊利亚特》中表现的特洛伊和希腊双方诸神之间的战争,实际上是各种元素之间的斗争。他还解释说,神祇不单纯是各种自然规律的反映,而且还部分地反映了思虑、欲望等各种伦理的原理。色诺芬尼的观点更加具有道德理性的倾向。他认为诗人们描述的诸神言行表现出非常明显的道德缺陷,像荷马和赫西俄德把人类所有应遭到指责的行为都归罪于众神:偷窃、奸淫和欺骗等。他还尖锐地批评希腊神话将神人视为同形的观念,试图从万神殿的基础上构想出一位唯一性的全知全能的至上神:

有一个唯一的神,是神灵和人类中间最伟大的;他无论在形体上或思想上都不像凡人。

神是全视、全知、全听的。

神毫不费力地以他的心灵和思想力左右一切。

神永远保持在同一个地方,根本不动,一会在这里一会在那里动来动去对他是不相宜的。②

不能不说,色诺芬尼构想的新神话,是一种类似一神教的、半抽象的信仰观念。与原始信仰不同的是,它同时表现出强烈的道德理念和哲学理念。由此看,对神话的寓意说的解释,体现着哲学起源时代与神话分道扬镳的价值取向。后来又经过巴门尼德、恩培多克勒、亚里士多德等哲学家的发挥,寓意说成为西方学术史上神话解释的主流观点。

寓意说认为神话的基础在于自然现象,但与此同时,也有像伊壁鸠鲁那样的观点,认为神话是灵魂生活中特定场面的寓意化。这样的看法可以看作20世纪出现的神话心理学派的先驱。埃伦赖希指出:"寓意,即把抽象的伦理的理念用神话的外衣有意识有目的地加以掩盖起来,是有诗意化的结果。真正的神话在它的起源上来看,根本不会考虑到需要用寓意。但是,象征性神话因其界

---

① [美]凯瑟琳·摩根:《从前苏格拉底到柏拉图的神话和哲学》,李琴、董佳译,陕西师范大学出版社总社,2019年,第38页。
② [古希腊]克塞诺芬尼:《论自然》,见北京大学哲学系外国哲学史教研室编译:《古希腊罗马哲学》,商务印书馆,1961年,第46—47页。

限划不清而归属于寓意神话的可能性是有的。宇宙的本质性的原理之间的斗争，或者季节与季节的对立，变成两个互相对立的伦理准则即'善与恶'的斗争，就是这种例子。另外，我们也不应忽略神话在宗教发展史上所起的作用，其寓意占有极为重要的地位。"[1] 对于神话的寓意说在宗教和神学发展方面的作用，这里不再展开论述，希望有兴趣的读者参看如下两部书：史宗主编的《20世纪西方宗教人类学文选》[2]；德国学者汉斯·布鲁门伯格的《神话研究》[3]。

欧赫美尔主义这个术语，又译为艾凡迈主义，得名于欧赫美尔（Euhemeros）这个人，其代表著作《神圣史》（Sacred History）。他认为：神祇原来都是立下过丰功伟绩的人；神话是历史的夸张变形而已。这种观点和寓意说一样持久不衰，至今仍然有不少学者承认欧赫美尔主义是理解神话的好方法。大林太良举出的案例是中国学者徐松石对射日神话的看法。《淮南子》和《楚辞》中讲到一则神话：尧之时十日并出，焦禾稼杀草木。尧乃使羿，羿射十日，中其九日。有人解释说，十日无疑是指十个君主，而不是指十个太阳。在苗族的射日神话中，九日被射中，一日逃走，则清楚说明九个夷王被屈服和一个夷王逃之夭夭，或者九夷屈服而中原王朝再度兴盛起来。此类观点在神话学界有很大争议。甲骨文中发现的十干（甲乙丙丁……）和十二支（子丑寅卯……）共二十二个名称，这足以证明至少殷商时代就信奉天上有十个太阳轮流照耀的自然神话观念。与此对应的文献是《山海经》所记东海扶桑树上共有十个太阳的叙事。

神话学进入学科成立的阶段，是在欧洲的启蒙运动时期。由于在未开化民族中基督教教士的传教活动，引发出美洲印第安神话和希腊神话的比较研究。另外，印度和中国的宗教也被介绍到欧洲，使得欧洲一部分知识人开始改变其欧洲中心主义的优越感。意大利哲学家维柯是这一时期最重要的神话理论家，他在1725年发表的《新科学》是神话学科成立的标志。在《新科学》中，维柯提出核心关键词"诗性智慧"。诗歌作为文艺的一种体裁，"诗性智慧"这个说法听起来好像属于文学的。其实维柯采用这个词就相当于后来德国新康德主义哲学家卡西尔等人说的"神话思维"[4]，或者是法国人类学家列维－斯特劳斯所称的"野性的思维"[5]。为了有效对接后两个术语，如今更多采用的关键词是"神

---

[1] ［日］大林太良：《神话学入门》，林相泰、贾福水译，中国民间文艺出版社，1989年，第3页。
[2] 史宗主编：《20世纪西方宗教人类学文选》，金泽、宋立道、徐大建等译，上海三联书店，1995年。
[3] ［德］汉斯·布鲁门伯格：《神话研究》（上、下），胡继华译，上海人民出版社，2014年。
[4] ［德］恩斯特·卡西尔：《神话思维》，黄龙保、周振选译，中国社会科学出版社，1992年。
[5] ［法］列维－斯特劳斯：《野性的思维》，李幼蒸译，商务印书馆，1987年。

话信仰"。这样改造语词的基本考量是，给"神话"一词后缀上"信仰"一词，就不至于联想到文学和童话方面去，而是便于聚焦到史前和早期文明意识形态与核心价值方面。

《新科学》的主体部分是第二卷"诗性的智慧"。维柯在这一卷末尾的"结论"中这样说道：

> ……实际上如我们在神话故事中已看出的，古代智慧毋宁说是创造了或凭虚构地描绘了一些神话故事。从这些神话故事中仿佛从胎盘中我们发现到全部玄奥智慧的大轮廓。可以说，各民族在这些神话故事里通过人类感官方面的语言以粗糙的方式描绘各门科学的世界起源，后来专家学者们的专门研究才通过推理和总结替我们弄清楚。从这一切我们可以替本卷下结论说：神学诗人们是人类智慧的感官，而哲学家们则是人类社会的理智。①

如今看来，本着实事求是的原则，"神学诗人"这样的中文译名，或许也是容易引起误解的，若能够修改成"被神话观念支配的诗人"，就比较符合维柯的原意。在维柯所要论证的人类智力发生原理中，诗性智慧即神话思维为第一阶段，哲学思维或玄学智慧为第二阶段。前者是后者的母胎和原型。

维柯认为，人类诗性智慧的终极源头在于占卜活动。因此，他对占卜给予高度关注。《新科学》第二卷说道：

> 在诸异教民族中，智慧是从缪斯女神开始的。荷马在《奥德赛》里一段名言中给智慧下的定义是"关于善与恶的知识"，后来叫作占卜术。原来就是在把占卜当作自然不许凡人掌握而加以禁止这个事实的基础上，天神才创建了犹太人的真正的旧教，从旧教派生了我们的基督教。因此，缪斯的最初的特性一定就是凭天神预兆来占卜的一种学问。这就是一切民族的凡俗智慧，对此下文还要详谈。这种学问就是按照神的预见性这一属性来观照天神，因此从 divine（占卜或猜测）这个词派生出的神的本质或神道（divinity）。我们马上就要看到，神学诗人们（必然就是创建希腊人道的人）都精通这种凡俗智慧。②

维柯时代以基督徒的眼光看，占卜习俗被视为"凡俗"的内容。他所理解的凡俗，指的是非基督教的，即异教的一切。因为按照基督教的一神教之神学

---

① ［意］维柯：《新科学》，朱光潜译，商务印书馆，2009年，第448页。
② ［意］维柯：《新科学》，朱光潜译，商务印书馆，2009年，第179—180页。

理解方式，只有基督教的才是神圣的。按照今日的成熟的宗教学原理看，占卜并非世俗的活动，其实是来自原始宗教的一种具有普遍性的表现形式。维柯能够认定占卜为诗性智慧论的重要起点，这自然让我们中国人联想到，汉字的初始形态即甲骨文，其作为书写符号系统而出现，本身就是商代帝王占卜记录的结果。六经之首的《易经》本来也是算卦占卜之书。维柯从占卜到宗教的二段式考察思路，是弗雷泽从巫术到宗教和科学的三段式文化进化模型之先导。今天借助于史前考古的大量成果，已经大大超越基督教文献叙事的有限历史视野，可以按照大小传统论的划分新标准，将探讨神话或诗性智慧起源的工作，充分落实到甲骨文出现之前的史前社会意识形态中了。回望300年前，给维柯带来根本局限性的观点便是他的基督教历史观。例如他认为："希伯来人是世界中最早的民族，而且他们在圣书里如实地保存了他们对世界开始以来的一些记忆。"[①]他考察的人类史早期脉络也只能是借助于《旧约·创世记》叙事的希伯来人的神话观点。

在维柯之后，德国学者赫尔德是最初认识到神话是反映一种世界观的学者。他证实了宗教因素在神话和艺术作品中所起的作用，而且它决定神话和艺术作品的性质和意义。另一位德国学者克罗伊策著有《古代诸民族的象征主义和神话》（1812）一书，试图从希腊神话和神秘仪式中发现某种纯粹的、原始的、东方神智的象征。他认为，神话是在祭司学校以象征的形式被传承下来的。《科学的神话学概论》（1825）作者奥托弗里特·米勒指出，对神话的解释必然是对神话起源的解释。因为真正的原始的神话同诗人和哲学家加工的神话之间存在着差别，所以有必要还原神话的原始因素，而后在方法论上加以研究。德国哲学家谢林要比以上几位学者更具前瞻性，其思考神话的视角也更具形而上的取向。在《神话哲学》（1857）中，谢林提出如下观点：对于神话必须要从其自身中去认识，而且，我们要研究的问题与其说是神话的内容，还不如说是神话被人们感受和相信的程度。谢林还指出，神话是人类认识世界的早期方式，是理性和哲学的源头。我们常说，神话是文化的元编码。在谢林这里，神话就是哲学的原编码。

神话学作为一门学科，其成熟阶段始于19世纪末20世纪初。这一时期，随着文化人类学、近东考古大发现和比较宗教学的成熟，再加上精神分析学的推波助澜作用，给神话学带来多方面的发展动力，并得到空前的繁荣。比较19世

[①] ［意］维柯：《新科学》，朱光潜译，商务印书馆，2009年，第59页。

纪下半叶以前的神话学理论，可以看出，早先的神话学理论主要是思辨的、抽象的，而成熟阶段的神话学理论则主要建立在跨文化材料积累的基础之上。人类学家约翰·贝蒂（John Beattie）概括了人类学上两者间的差别，他说：

> 正是18、19世纪到非洲、北美、太平洋等地区的传教士和旅行者所记叙的内容，为19世纪后半叶撰写的第一批人类学著述提供了最基础的原始材料。在此之前当然也存在着"许多思想家"大量推测，讨论人类的制度及其起源……尽管这些思想家的思辨充满真知灼见，但他们毕竟不是经验主义科学家；他们所得出的结论并非基于能够得到证明，恰恰相反，这些结论是根据一些原则推导和演绎出来的，而这些原则在其自身的文化之中也往往隐含不露。他们实际上是欧洲的哲学家和历史学家，而不是神话学家。①

仅仅生活在自身的文化氛围中的人之所以意识不到本文化的编码原则，就是因为"只缘身在此山中"的单一视野局限，而人类学所开启的文化比较视野，正是有效治疗这种文化近视症的良方。上一章已经提到过，1856年比较神话学正式形成，以麦克斯·缪勒的《比较神话学》为标志。到了1871年，英国学者爱德华·泰勒的《原始文化：神话、哲学、宗教、语言、艺术和习俗发展之研究》出版，人们看到的是更广大范围的文化比较。这部书标志着文化人类学这门以人类为研究对象的新学科的诞生。泰勒的神话观是一种哲学的神话观，他将神话划入宗教之下，又将宗教与科学置于哲学之下。泰勒认为，哲学有原始哲学和现代哲学之分。原始哲学与原始宗教同一，不存在原始科学。相反，现代哲学却有两个分支，一是宗教，一是科学。这两个分支中，科学远为重要，并且是原始宗教的现代对应物。现代宗教由两部分组成，一是形而上学，一是伦理学，两者都是原始宗教所没有的。形而上学研究的是非物质的实体，"原始人"对此是没有概念的。原始文化中并非没有伦理学，但它却并不包含在原始宗教之中，在泰勒看来，伦理学与泛灵论哲学在较高一级文化中的结合是那样紧密，那样有力，然而在低一级文化中，这一结合似乎还未出现。用"万物有灵论"指称宗教的原初形态，是泰勒的创举。他认为，无论是现代宗教，还是原始宗教，都是源自对神的信仰和对灵魂的信仰。在原始宗教中，灵魂居于一切物体之中，神就是除人之外所有物质实体中的灵魂。泰勒的神话观代表着19世纪末人类学学科发生期的知识全球化新观念。其《原始文化：神话、哲学、宗教、语言、

---

① 载引自［英］罗伯特·西格尔：《神话密钥》，刘象愚译，外语教学与研究出版社，2015年，第3页。

艺术和习俗发展之研究》用三章（第八至第十章）篇幅讨论神话，紧接着用七章篇幅阐述万物有灵论，再用一章讨论仪式[1]。这样的处理，就把神话和原始宗教的来源问题紧密联系起来。而考察原始宗教的视角也突破了旧大陆的空间局限，深入新大陆上现存的初民社会和部落社会。这样就比维柯主要依据古希腊史诗材料研究人类的神话智慧，迈出大跨越的一步。

与泰勒同样在剑桥大学任教的人类学家弗雷泽，也是文化人类学的先驱之一。在其十二卷本的巨著《金枝》中，弗雷泽表达了和泰勒近似的神话学观点，泰勒认为，神话是原始宗教的一部分，原始宗教是哲学的一部分，而哲学本身是普遍存在的。弗雷泽还同样认为原始宗教与科学是相互排斥的：原始宗教是虚假的，科学是真实的。作为古典人类学家的代表，泰勒和弗雷泽所取材的神话资料已经不再限于欧亚大陆，而是基本上涵盖了世界各地的各民族神话。关于《金枝》对20世纪文学的重要影响，有美国学者维克里的著作《〈金枝〉的文学影响》给出全景式的概述。其中第五章专论"《金枝》的文学应用"，相当于阐释弗雷泽如何给当代作家和诗人们再启蒙，让他们补习"神话视野"的课程。[2]在《金枝》问世之后登上文坛的大批新人，都成为人类学、比较宗教学和原始文化的热衷者。国内近有四川大学刘曼的博士论文《魔杖与阴影——〈金枝〉及其在西方的影响研究》[3]出版，可供研究人类学派的神话研究者参考。著名人类学家杨堃领衔撰写的论文《人类学派对我国神话学研究的影响》[4]，也是进入中国神话学领地的初学者们必读的导引性著述。若参照"寻找金枝"的西方神话研究范式去探究中国古代的核心神话模式，有笔者的文集《金枝玉叶——比较神话学的中国视角》，相关的内容将在本书第四章展开，于此不赘。

就亚洲学者来说，最先从西欧引进神话学的是日本学者。"神话"一词，是英语Myth、德语Mythe、拉丁语Mythus、希腊语Mythos的日语翻译词，借用了中国这两个汉字。同样的，日语所用"神话学"一词，也是从英语Mythology、德语和法语的Mythologie翻译而来的。因为东方的各个古文明中并没有这样一门学问。在西学东渐背景下的日本，对神话进行科学的、系统的研究，

---

[1] [英]爱德华·泰勒：《原始文化：神话、哲学、宗教、语言、艺术和习俗发展之研究》，连树声译，上海文艺出版社，1992年，第796—862页。

[2] John B. Vickert, *The Literary Impact of The Golden Bough*, Princeton: Princeton University Press, 1973, pp.139-178.

[3] 刘曼：《魔杖与阴影——〈金枝〉及其在西方的影响研究》，陕西师范大学出版总社，2017年。

[4] 杨堃、王文宝：《人类学派对我国神话学研究的影响》，见袁珂主编：《中国神话》（第1辑），中国民间文艺出版社，1987年，第14—30页。

是从明治时代后期开始的。到了1904年，高木敏雄《比较神话学》出版，标志着日本神话学研究已经趋于成熟。而同时期的中国却刚刚从日本引进作为学术术语的"神话"概念。

二、古典神话学的研究

古典学，英文 Classical Studies，源自拉丁文 classicus，意为最高贵的、最优越的。现在的古典学已经是大学人文学科中的一个重要分支，其研究领域包括语言学、文学、哲学、历史学、艺术学、考古学等，尤其以古希腊和古罗马为研究对象。大凡讲到古希腊、古罗马文明，一般都是要从神话开始，对西方人来说，这是人文学术的根基。言必称希腊，是西方中心主义学人的一个非常鲜明的特色。然而，随着人类学的出现，开始出现了一种知识观的转向。从20世纪初的《金枝》到世纪末的《黑色雅典娜：古典文明的亚非之根》[①]，西方知识界的文化寻根之旅，经历了一次又一次认识上的启蒙，终于站到了全面清算西方中心主义和白种人优越论偏见的自我解构立场上。

这一历程十分清晰地体现出从殖民时代到后殖民时代，西方学术思想的巨大变迁和批判理论的日益深化。自古希腊时代以来西方"理性"自大的一统天下终于宣告结束。人们已经能够识别权力和利益如何驱使"理性"作伪，往昔被奉为"科学"和"真理"的东西，如今接二连三地暴露出"建构"和"虚设"的马脚。尤其是马丁·贝尔纳的三卷巨著《黑色雅典娜：古典文明的亚非之根》的问世，被称为是有史以来最大胆的著作之一。作者向所有秉持欧洲中心主义观点的西方人的常识提出挑战，指出希腊古典文明深厚的根源在于亚非语文化，这个事实被掩埋，完全是拜18世纪以来的种族主义偏见所赐。重新揭示古埃及文明对整个地中海文明的奠基作用，甚至承认古埃及人和腓尼基人对希腊半岛的殖民，需要首先跳出欧洲学术观念中根深蒂固的"雅利安模式"。（图2-3、图2-4）

三、现代神话学的方法流派

如前一章所述，在我国的高等文科教育中，神话被划归民间文学或民俗学，而民俗学又是社会学这个一级学科属下的二级学科，神话学在学科划分上的尴尬地位，由此可见一斑。这种学科划分，其实是一种本末倒置。神话是文化的

[①] ［美］马丁·贝尔纳：《黑色雅典娜：古典文明的亚非之根》，郝田虎、程英译，吉林出版集团，2011年。

图 2-3　埃及大金字塔前的斯芬克斯像

图 2-4　荷兰莱顿古典博物馆陈列的古希腊塑像群

原编码，是一切科学、哲学、文学、史学、政治学、艺术学、宗教学等人文学科的源头，对神话的认识不健全，必将导致对其他人文学科认识的偏狭化，丧失有关其源头的发生学洞见能力。大部分文学专业的学人，在不知的情况下习惯于将神话的多方面社会功能缩减为文学的或审美的一种功能，这种偏狭化的认知，也会十分不利于从根本上理解神话意义的理论高度和眼界的广度。所以，就当今国内的神话学研究来说，当务之急是如何重新建立神话学的独立学科。2017年12月，上海交通大学成立了全球第一家综合性的"神话学研究院"，使得这一迫切的学科再定位的任务，摆在整个文科学界的面前。

从国际方面看，如今的神话学已经发展为一门相当成熟的交叉学科。据劳里·杭柯的统计，古典时期的西方哲人至少提出了十种关于神话的假说，有些在历史上得到复活并直至现代。到20世纪初，随着人类学的经验主义的神话研究的崛起，它们才逐渐失去影响力。在此，有必要对这十种假说进行简单介绍：

1. "神话阐释"。这一假说的代表是赫西奥德和荷马，在他们的史诗中，他们对神话的阐释有一种自由化倾向。

2. 哲学的批判。前一章已经提到，这一假说视神话为理性的对立面，是轴心时代的一大特色。从色诺芬尼到赫拉克利特，再到柏拉图，是这一假说形成的主流。

3. 前科学解释。这一假说试图通过一种"科学"的解释达成和神话的和解，比如泰勒斯将水视为万物之源的说法，表明其鲜明特色。

4. 建立于自然现象之上的寓言式阐释。如视阿波罗为火，波塞冬为水，阿耳忒弥斯是月亮，赫拉是空气，等等。

5. 建立于精神特质之上的寓言式阐释。如雅典娜是智慧，阿瑞斯是无理智，阿佛洛狄忒是情欲，赫耳墨斯是聪敏。

6. 语源学阐释。这一假说是为了制造神话的"合理"印象，认为诸神的秘密藏匿于他们的名称和描述词中。这一假说直到当代仍然在中国的神话学研究中占有相当分量，比如将禹的名称和一种虫子联系起来，将鲧的原型和一种鱼联系起来。

7. 历史的阐释。由西方的历史学之父希罗多德创立。

8. 诸神为人类之神格化的阐释。这种阐释，在欧赫美尔主义那里发挥得淋漓尽致。

9. 社会学的阐释或牧师、法律制定者和统治者的谎言等。这种假说产生于英雄时代衰微之时，苏格拉底和柏拉图是这一假说的倡导者。

10. 心理学阐释。恐惧作为信仰和崇拜之根源得到伊壁鸠鲁一派的提倡。①

劳里·杭柯还指出，因为神话这个概念不断被当代学术研究所修正，所以从理论上对神话研究的范式进行分类是必要的。他将现代学者们的神话方法分为十二类，这十二类又可分为四组，分别是历史的、心理学的、社会学的、结构透视的。以下便是劳里·杭柯罗列的十二类研究范式，以供参考：

1. 作为认识范畴来源的神话；
2. 作为象征性表述形式的神话；
3. 作为潜意识投射的神话；
4. 作为世界观和生活整合要素的神话；
5. 作为行为特许状的神话；
6. 作为社会制度合法化证明的神话；
7. 作为社会契合的标记的神话；
8. 作为文化的镜子和社会的组织等的神话；
9. 作为历史状况之结果的神话。
10. 作为传播宗教的神话；
11. 作为宗教形式的神话；
12. 作为结构媒介的神话。②

因为神话所创造的观念宽泛到几乎模糊不清的地步，所以以上分类，只是依靠神话观点的发展而做出的一种既不过于宽泛又不过分狭窄的界定。劳里·杭柯在将古代的神话观和现代的神话观进行比对之后，为神话"小心翼翼"地做出定义。他的这个定义，也被神话学家们广泛接受：

> 神话，是个关于神祇们的故事，是种宗教性的叙述，它涉及宇宙起源、创世、重大的事件，以及神祇们典型性的行为，其结果则是那些至今仍在宇宙、自然、文化及一切由此而来的东西被创造出来并被赋予了秩序。神话传达并认定社会的宗教价值规范，它提供应遵循的行为模式，确认宗教仪式及其实际结果的功效，树立神圣物的崇拜。神话的真正环境在宗教仪式和礼仪之中。神话之外的仪式行为包含对世界秩序的保护；靠着效法神圣榜样防止世界陷入混乱之中。创造业

---

① ［芬兰］劳里·杭柯：《神话界定问题》，见［美］阿兰·邓迪斯编：《西方神话学论文选》，朝戈金、尹伊、金泽等译，上海文艺出版社，1994年，第60—62页。
② ［芬兰］劳里·杭柯：《神话界定问题》，见［美］阿兰·邓迪斯编：《西方神话学论文选》，朝戈金、尹伊、金泽等译，上海文艺出版社，1994年，第63—65页。

绩的再现，例如某神祇在初始时治愈的激情，是神话和仪式的共同目的。这种方式一直流传至今，其功效，例如治愈一个病人，可在此时此地再次获得。也是在这种方式中，那些在原始时代创造出来并反映在神话中的世界的秩序，作为一种范例和模式，对今天的人们仍有其价值。对于一个宗教人士来讲，神话中所讲述的时间具有其真实性。由于这个原因，在日常用语中术语神话的运用不同于学术界定的不精确。①

劳里·杭柯提出的神话学研究的这十二种范式，分别对应不同的学科和理论流派，几乎涵盖了人文社会科学的各个领地。对比起来看，那种将神话变成文学中的一种类型而加以研究的套路就显得十分狭隘了。从取材的范围看，文化人类学的神话学研究，已经真正做到了在全世界范围内取材，从过去的言必称希腊罗马，到现在涵盖五大洲的所有原住民社会的神话。这种研究视野和格局的大拓展，让神话成为最能彰显人类文化多样性的对象。

四、神话的八种理论解释模式

作为神话研究的常见理论模型，本书在劳里·杭柯的梳理基础上，再加以简化和修订，归纳为八种方法模式：前面七种是来自西方学者的，后面一种是笔者在2010年提出的。笔者希望通过这样的理论和方法的改造，相应地凸显符合中国文化实际情况的中国理论和中国话语。

1. 语言学的解释。前面已经介绍过比较神话学的奠基人麦克斯·缪勒，他同样也是比较语言学的开创者。语言学疾病说认为人类语言的发展经历四个时期：首先是词的形成期，乃为人类历史之开端；其次为方言期，印欧语系、汉藏语系等主要语系在此期间逐渐形成；再是神话期，即每一个词都可以成为一则神话；最后是民族语言期，各民族文学也正是在此时形成。语言学的解释模式，作为神话学的奠基性方法，其影响至今还在延续，尤其是对于汉字的神话学研究，语言学和文字学的知识显得尤其重要。例如，大写的英语字母A，即来自希腊文的阿尔法，字形本身就蕴含着一个神话原型。如果将A字倒立过来，它的原型就会一目了然地呈现出来，那正是神圣牛角的象征符号②。至于中国汉字的早期形态，其象征性就更加直观和普遍。陈寅恪先生曾经声称，每一个汉字都是一个史料。新出土的甲骨文、金文，有许多都是象形文字的标本，其原始

---

① ［芬兰］劳里·杭柯：《神话界定问题》，见［美］阿兰·邓迪斯编：《西方神话学论文选》，朝戈金、尹伊、金泽等译，上海文艺出版社，1994年，第66页。
② 唐卉：《希腊神话历史探赜》，复旦大学出版社，2019年，第1—14页。

意象就能代表一个视觉的原型，只是因为神话在后代变得难解。由于语言文字走向抽象化和概念化，字词原意才被逐渐遗忘。如宙斯（Zeus）本义为"天"，后来本义模糊，又理解为天神；再如盗火英雄普罗米修斯（Prometheus），这个名称在希腊文中本义不明，但在古印度梵语中有对应词 pramatyas，为钻木取火的人。钻木取火方法废除后，词义模糊，盗火神话便从误读中产生。借鉴这种方法考察汉字与神话，也可以得到意想不到的线索。如射手英雄后羿的身份认定曾引起广泛的争论，但是联系到后羿的名字"羿"代表着两支并列的箭，那么他的真实身份就呼之而出了。原始神话中的太阳神往往就是射手，初民把太阳发光理解成射出的金箭，今天语言学中仍有"射线"一词。希腊太阳神阿波罗，其标志便是弓箭。后羿射日神话反映的不是人与自然的对立，而可能是太阳神家族的兄弟内讧。[①]

在麦克斯·缪勒看来，"在创造神话的那个时代，每个词，无论是名词还是动词，都有其充分的原生功用，每个词都是笨重和复杂的，它们的内涵非常丰富，远远超出它们所应所说的东西。……在我们的谈话里是东方破晓，朝阳升起，而古代的诗人却只能这样想和这样说：太阳爱着黎明，拥抱着黎明。在我们看来是日落，而在古人看来却是太阳老了、衰竭或死了"[②]。汉语中将光线称为"射线"的古老习惯，恰好反映出太阳神为神射手的古老信仰观念。"羿"这个汉字本身作为两支并列的箭，表明羿的神格一定与太阳有关，其妻子为嫦娥月神，又偷食了不死药，这恰好吻合阴阳对转的《周易》二元论原理。由此可见，通过字源学的方法研究华夏神话，将是一个大有可为的领域。

2. 仪式学派的解释。从宗教仪式解说神话由来，把神话视为仪式内容的语言叙述或说明，认为仪式在先、神话在后，这是 20 世纪初剑桥大学一派的观点，后人称为"神话仪式学派"或"剑桥学派"。弗雷泽的《金枝》将基督教的核心神话——基督死而复活的原型追溯到远古社会的谷神祭祀，把表演神的死亡与复活的仪式解释为农耕社会原始信仰的产物。代表作有赫丽生《希腊宗教研究导论》[③]，通过年节仪式礼俗活动，来考察催生神话故事的文化土壤，这部书堪称范例。

卡彭特在《荷马史诗中的民间故事、虚构和英雄传说》中认为，《奥德赛》

[①] 相关的研究案例，参看叶舒宪：《英雄与太阳——中国上古史诗的原型重构》，上海社会科学院出版社，1991年；吴晓东：《西王母神话与日月神体系》，青海民族出版社，2023年。
[②] ［英］麦克斯·缪勒：《比较神话学》，金泽译，上海文艺出版社，1989年，第68页。
[③] ［英］赫丽生：《希腊宗教研究导论》，谢世坚译，广西师范大学出版社，2006年。

的故事主干源于图腾记忆,主人公奥德修斯为熊图腾的后裔。我国学者萧兵将《诗经·大雅·生民》中讲述的后稷三弃三收的情节解释为图腾即位的考验仪式。

每年农历六月初一到初六,甘肃省康乐县西南部莲花山地区的群众都会自发举行一年一度的民歌盛会,过去花儿会规模之广,辐射三州六县的七十八个会场,其以表现形式的即兴性、韵律的固定性、语言的乡土性为最大特色,简称"野花儿"。(图2-5、图2-6)这一盛况,其实与酒文化的关系十分密切,在某种程度上来说,花儿会的狂欢仪式和古希腊的酒神狂欢有相似之处。类似花儿会的民间盛会,在中国大地上随处可见。仪式和神话起源于远古时期,它们是维持宇宙和社会秩序的具有决定性意义的重要行为的反复。因此,对这种行为作为行动的礼仪和作为口头讲述的神话也在不断被更新。神话和仪式是密不可分地结合在一起的。仪式要借助神话阐明其意义,否则就会失去它的效力,而神话要依靠仪式表现出来,否则其古义难明。只有当神话赋予仪式以明确的含义时,神话才能起到解释仪式的作用。

3. 自然学派的解释。这一神话学派用天文、气象、地理、植物等方面的知识来解说神话,把神话视为用隐喻和语言的形式表达的原始科学。该派较为极端的支流有"太阳神话学派""月亮神话学派"等,将一切神话都看成对某一种自然现象的幻想性图解。吴应祥《植物与希腊神话》一书通过二十多个神话故事将相关的植物学知识还原,既普及科学,又为理解神话提供自然科学角度。例如,西方人用玫瑰表达爱情,以希腊的爱神典故为依据。相传玫瑰原是白色,爱神阿佛洛狄忒为救情人阿多尼斯而奔跑,手脚被玫瑰刺扎破,血滴花上,把白花染红。从此玫瑰就是红色,并成为爱的象征。[①]此外,还有学者用北极光现象解释烛龙神话,用历法改革解说羿射九日神话,用外星与地球相撞解释女娲补天和鲧禹治水神话,等等。但是,自然学派的解释有时会走上极端,如台湾学者杜而未用月亮学派观点研究中国神话,把《周易》《楚辞》《庄子》《山海经》等解说成月亮神宗教的经书,实在是有以偏盖全之嫌。正因为此,自然神话学派所采用的神话解释法,受到了各方面的批评。日本神话学家松村武雄把这些批评归纳为以下四点:(1)自然神话学派所采用的神话解释方法,是对神话中出现的神名进行语言学的比较研究。但是,为了使这种方法产生确实的效果,需要以其音韵对应规律已经确立为前提。可是在19世纪后半叶,还不完全具备这点。(2)自然神话学派在解释神话时,完全依赖语言学上的证明,错

[①] 吴应祥:《植物与希腊神话》,科学普及出版社,1984年。

图 2-5　甘肃莲花山花儿会上演唱的人们

图 2-6　甘肃莲花山花儿会的半夜演唱盛况

误地忽略了其他方面的遗留物,例如,在祭祀中使用过的实物,形成神话构成因素的民间传承等。(3)一元论地看待神话的主题,认为神话就是自然现象的反映,无视人文神话的存在。而且,从许多自然现象中只是抽取了一种特定的现象,并把它看作贯穿一切神话的主题,这是不合理的。(4)他们视神话为固定不变的东西,无视神话的名称所指明的事物在许多情况下不一定成为神话叙述的对象的事实,而直接从神的名字推断神话的意义。松村武雄的这些总结,可以说正是切中要害。

4.历史的解释。所谓历史的解释,就是把神话讲述看成真实历史人物和历史事件的寓言。人类学家通过对部落社会的研究,发现神话不仅是部落全部的历史,还是一种神圣的历史。人们讲述神话是一种庄严的仪式行为,而且只有部落领袖或巫师才能讲述,对于听者来说,怀疑这些神话的真实性简直是无法想象的。大洋洲的一些原住民在举行成年礼仪式上讲述神话,他们追溯氏族先祖的事迹以获得祖先的护佑,讲述创世神话以增强部落的力量,讲述人类起源的神话为促进人口繁衍。同样,在《旧约》中,也有关于上帝创世、挪亚方舟、伊甸园和人祖犯罪的神话,这些都被虔诚的希伯来人视为信史。如果看中国的情况,我们有孔庙、关公庙、岳庙,那么就不得不承认这种把人奉为神的现象不仅是可能的,而且是普遍存在的。不过,在确认哪些神话是历史,哪些不是历史,需要充分研究,不可一概而论。这一方面,以顾颉刚先生为首的古史辨派颇具代表性,他们在神话与历史之间划清界限。而文学人类学的宗旨,则是重建神话历史,亦即重新阐释神话的历史性与历史的神话性。这一方面的研究,目前已经取得了可喜的成就。

历史学者关注神话学,并将神话作为历史叙事的一个重要方面来看待,这是后现代史学与现代性的"历史科学"分道扬镳的突出表现。一个经典性的研究案例是美国汉学家柯文的《历史三调:作为事件、经历和神话的义和团》。作者在序言中指出:

> 作为事件的义和团代表的是对过去的一种特殊的解读,而作为神话的义和团代表的是以过去为载体而对现在进行的一种特殊的解读。两条路径都在过去与现在之间建立了一种互动关系,在此过程中,现在的人们经常按照自己不断变化的多样化的见解有意识或无意识地重新塑造着过去。[①]

---

① [美]柯文:《历史三调:作为事件、经历和神话的义和团》,杜继东译,江苏人民出版社,2000年,序言第2—3页。

"神话历史丛书"有两部代表著作：从神话学视角重新解读中国第一部断代史《春秋》的专著《断裂中的神圣重构——〈春秋〉的神话隐喻》（图2-7）；从神话学视角重新探讨中华文明发生的专著《图说中华文明发生史》（图2-8）。该丛书还包括《儒家神话》《韩国神话历史》《苏美尔神话历史》等[①]。

图2-7 《断裂中的神圣隐喻——〈春秋〉的神话隐喻》封面　　图2-8 《图说中华文明发生史》封面

5. 心理学的解释。以弗洛伊德和荣格为代表的心理学家认为，人类各族神话虽然有别，但都是共同性心理因素的投射物。弗洛伊德把神话看成人类被压抑的本能冲动的象征性释放，正因为如此，弗洛伊德常常把神话与梦相提并论。在1900年问世的经典著作《释梦》中，弗洛伊德提出著名的俄狄浦斯情结：

> 如果《俄狄浦斯》像感动当年希腊观众那样感动当代观众，我们只能做这样的解释：它的感人之处并不在于命运和人的意志之间的冲突，而应在于那些构成冲突的材料的特殊性质。在我们内心一定有一种什么东西时刻准备承认这种强加到俄狄浦斯命运上的力量。……他

[①] 近年新增出版的有胡建升的《文化大传统与神话历史》，安琪的《南诏大理国的图像叙事与神话历史》，以及公维军的《〈管子〉"神话历史"研究》等。

的（俄狄浦斯的）命运能感动我们，只是因为那可能也是我们的命运，它是我们所有人的命运，是它使我们把最初的性冲动指向了我们的母亲而把最初的怨恨和第一个谋害的愿望指向了父亲。我们的梦证实了这一点。俄狄浦斯弑父娶母仅是告诉我们，自己儿童时期的愿望得到了满足。但是我们比这位国王更为幸运，因为我们成功地克制了对母亲的性冲动，忘却了对父亲的嫉恨，没有成为精神神经症的患者。我们的原始欲望在俄狄浦斯身上获得了满足……①

弗洛伊德从表层的——或者说是表象的——意义对俄狄浦斯的悲剧结尾做出了心理学上的解释。俄狄浦斯故事讲述的是这个人物对加诸其身的命运的徒劳抗争。然而从潜意识上说，俄狄浦斯最想做的正是表面上他最不想做的事情。

如果说弗洛伊德将无意识视为是本能压抑的产物，那么对荣格来说，无意识是继承物，而非创造物，亦即无意识是与生俱来的，而且它所包含的内容也远不止被压抑的本能。基于这一认识，荣格把神话看成民族集体的梦，把梦看作个人化的神话。

受弗洛伊德的影响，美国的神话学家约瑟夫·坎贝尔在《千面英雄》中，将杀父娶母的俄狄浦斯同历史上的罗马教皇格列高利一世相提并论，通过精神分析揭示出某种人类学的意义，即对杀父娶母的无意识冲动的强制性监控，构成普遍的文明。我们应知道俄狄浦斯所知的：肉欲将会瞬间变成自我亵渎的汪洋大海。乱伦者自放于人类社群之外的荒野，以其生命来赎罪。②

此外，精神分析学派的另一学者若海姆（Géza Róheim，又译为罗亨）在《梦幻之门》中将世界各族洪水神话的起因归结为人体排尿欲望的梦。由于欲望的普遍性，洪水神话不可避免地出现在几乎所有人类群体中。从功能看，洪水神话的效应是以梦幻转移方式疏导欲望，防止睡眠者尿床。③

6. 哲学的解释。神话的内容涉及严肃的哲理问题，诸如宇宙的起源，人类和万物的由来，罪恶的惩罚，都是哲学需要回答的难题。于是从哲学角度解释神话的意蕴，把神话看成哲学的前身，便顺理成章了。同样以俄狄浦斯神话为例，黑格尔从中看出哲学的内涵，并且把俄狄浦斯视为哲学家的原型。其原

---

① ［奥］弗洛伊德：《释梦》，吕俊等译，见《弗洛伊德文集》（第1卷），长春出版社，1998年，第459页。该书将"俄狄浦斯"译为"伊谛普斯"，引文修改。
② ［美］约瑟夫·坎贝尔：《千面英雄》，张承谟译，上海文艺出版社，2000年，第362页。
③ ［匈牙利］罗亨：《作为膀胱梦的洪水神话》，见［美］阿兰·邓迪斯编：《洪水神话》，陈建宪等译，陕西师范大学出版总社，2013年，第129—142页。

因，正如当代哲学家高克斯（Jean-Joseph Goux）在《哲人俄狄浦斯》（*Odipus, Philosopher*）中提出的，战胜人面狮身女妖，意味着主体的自我觉醒和对传统启蒙仪式的颠覆。俄狄浦斯与苏格拉底一样，不盲从先在的知识，而从自身中发现真理。他们建立了一种以人的自我认识为基础的新启蒙仪式；世界不再由神的显现而得到指导，人自己可以指导自己；只有人可以找到一切意义的基础。古希腊名言"认识你自己"只不过是对俄狄浦斯所猜破的斯芬克斯谜语的一种回应。①（图2-9）

当然，神话与哲学之间必然存在重叠，因此对神话进行哲学的阐释是十分必要的②。不过，对神话与哲学之间的关系应该持有更加多样性的观点，如果把整个西方哲学都看作俄狄浦斯式的神话，就会显得过分。例如，法兰克福兄弟提出了"哲学之前"的理论，用以区别神话时代的先民和现代人的思维。依照他们的观点，古代近东各民族都是处在一个原始的文化阶段，这一阶段可以恰当地被称作"前哲学"阶段。现代人的思维是哲学的，即抽象的、批判的、不动感情的。哲学仅是采用哲学思维的其中一个领域，真正采用哲学思维的是科学。基于这种区分，法兰克福兄弟坚称，古代人与现代人截然相反，他们的思维是"神话创作的"，即具体的、不加批判的、诉诸感情的。所以，哲学与神话创作思维方式之间的差别就体现在关于认识世界和感知世界的观念上。

图2-9 当代再创作的神话景观：俄狄浦斯与斯芬克斯

---

① Jean-Joseph Goux, *Odipus, Philosopher*, Stanford: Stanford University Press, 1993.
② 这方面新出版的译著有：凯文·斯齐布瑞克的《神话的哲学思考》，凯瑟琳·摩根的《从前苏格拉底到柏拉图的神话和哲学》等。

7. 结构主义的解释。20世纪中叶，以列维－斯特劳斯、艾德蒙·利奇为代表的一批学者认为，从字面上理解的神话，其实是不能真正读懂神话的。要了解神话的奥秘，必须把握其深层的结构。而结构分析的目的不在于对单个神话进行说明，而在于发现普遍结构的规则，进而探索神话思维的一般逻辑。在列维－斯特劳斯的论文《神话的结构研究》中，作者从俄狄浦斯的绰号"肿脚的人"入手，强调这个称号中隐含有深层意义：人与土地的关系。整个故事的深层意蕴就是，强调人由土地所生和人不由土地所生这两种对立的观念。在另一篇著名论文《乱伦与神话》中，列维－斯特劳斯又把俄狄浦斯神话同美洲印第安神话、欧洲中世纪传说相比较，揭示出乱伦禁忌的意识作为普遍的深层结构，如何生成叙述各异的作品。通过对神话的结构分析法，列维－斯特劳斯认为二元对立的模式是结构主义分析的核心方法，也是人类思维的普遍特征。艾德蒙·利奇受此启发，用二元对立模式对《圣经·创世记》做出经典性的解读。利奇将《创世记》开头四章分为上段、中段和下段，分别对应上帝七天创造世界的故事，伊甸园的故事和该隐、亚伯的故事。在列举一系列与之相似的结构之后，利奇指出，结构主义分析法的新颖之处并不在于神话所讲的事实当中，而在于程序方面。每个神话都具有各自独立的意义，但我们不是着眼于提取每个神话的独立意义，而是相反，所有的神话都是某一复合体系中的一个故事，一个神话出现的模式，在这个复合体系中的其他部分以同样的形式或变形的形式反复出现。[①]（图2-10）

从结构主义的立场看待神话的社会功能，就不难看到，虽然世界上各个不同的民族处在不同的文化生态中，但却面临着共同的生存问题。如人有生命，却不得不走向死亡；人是大自然的一部分，同时又是异于大自然的文化智慧生物；人们要追溯自己所崇拜的祖先，结果却发现自己是始祖乱伦的后裔（如伏羲女娲兄妹婚之类）；等等。神话要针对这些难题，提出理性的调节，其功能就在于化解这些永恒对立的矛盾，使人类能够超越精神困惑和焦虑，恢复心理的平衡。

8. 文化编码的解释。综观中国现代学术史，影响最大的一个学派是古史辨派，影响人们对中国传统文化认识最具震撼力的新学科是考古学。从学术超越与创新的意义看，古史辨派的重要缺陷是将上古史还原成神话传说，判定为后人造伪的"伪史"，却没有条件对神话意象和神话帝王谱系进行有效解读，割裂了

---

① [英] E. 利奇：《作为神话的〈创世记〉》，胡立平等译，见叶舒宪选编：《结构主义神话学》，陕西师范大学出版社，1988年，第127—144页。

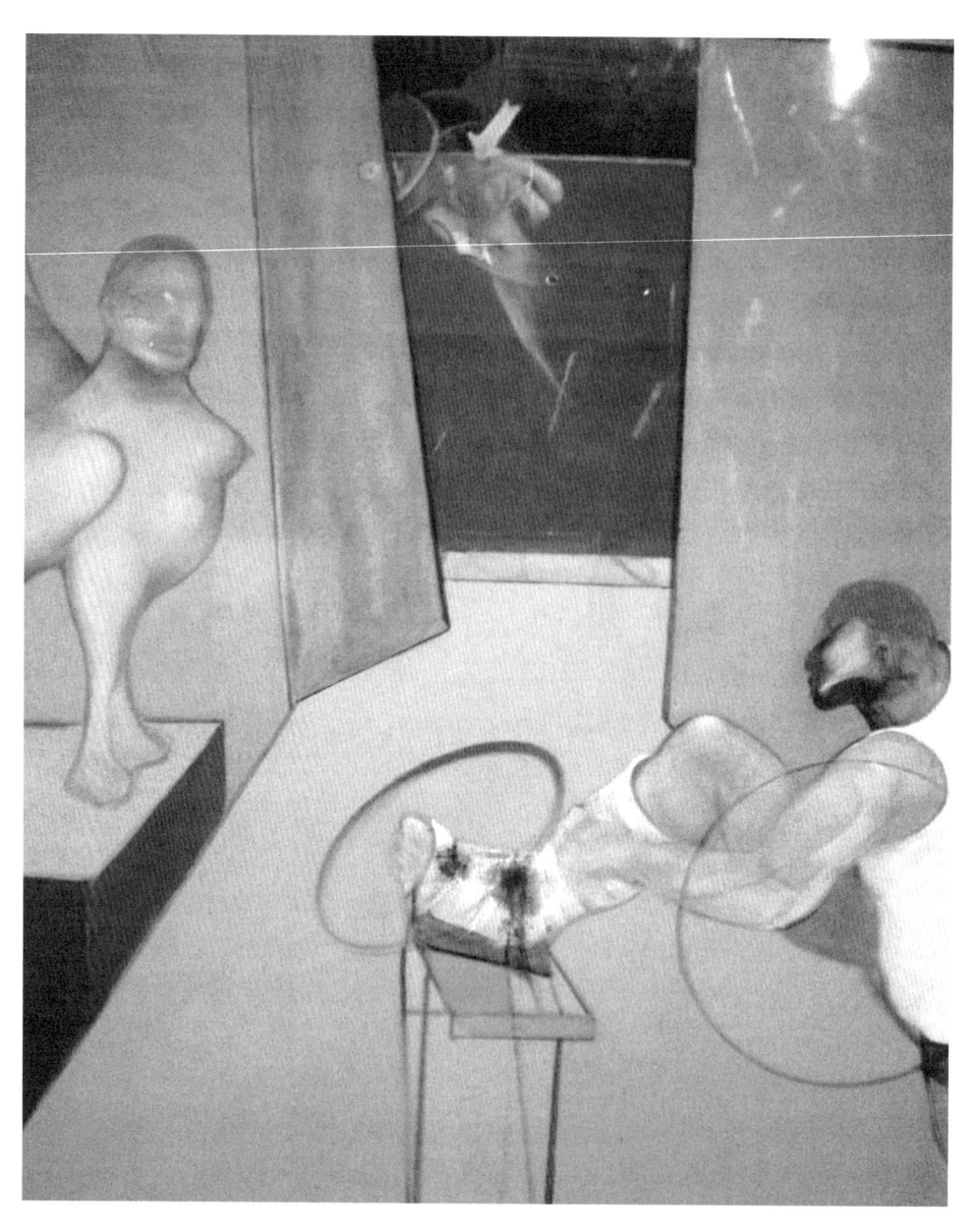

图 2-10 神话原型的当代再编码：英国画家培根的《肿脚的俄狄浦斯和斯芬克斯》

神话与历史的血脉关联。自1921年瑞典学者安特生发现仰韶文化以来，中国考古学的发掘成就举世瞩目，几乎完全改写了上古史和史前史，但是大量考古文物的年代虽然得到确认，其所承载的神话意义和信仰观念却大都隐蔽着，欠缺一种有效的解读方式。

改革开放以来，国内新兴的文学人类学研究群体，将克服以上两方面缺陷作为自己的学术重任，借助于国际上新兴的显学——文化人类学的知识视野和方法，开启对中国上古文化的重新认识与再解读工作。经过近30年的理论探索，文学人类学研究群体先后提出三重证据法、四重证据法、大小传统理论、N级编码理论、"玉文化先统一中国"（"玉成中国"）等理论命题。

简言之，三重证据法是在王国维的二重证据法基础上于20世纪90年代提出的，主要是在传世文献的一重证据，出土的甲骨文、金文和竹简帛书等二重证据基础之上，将民间传承的活态文化作为第三重证据。2005年，文学人类学方面又正式提出四重证据法，即将图像、实物、化石、遗址和基因等物质因素作为第四重证据，通过四重证据之间的互阐互释，揭示无文字时代的文化面貌和被文字遮蔽的历史信息，达到立体性释古的目的。所谓大小传统理论，是将文字书写传统视为小传统，无文字的文化传统视为大传统，通过探索大传统的媒介符号——图像与物，将考察神话历史的视野扩展到史前。（图2-11）梳理大传统的符号系统，给象形汉字的小传统找到符号编码的原型，将甲骨文视为二级编码，将经典文献视为三级编码，经典以后的所有写作则为N级编码，据此考察华夏的文化文本，可长达近万年之久。这一部分内容详见第六章。

图2-11 "神话学文库"丛书之一：《文化符号学——大小传统新视野》

参考文献

[1] 大林太良. 神话学入门[M]. 林相泰, 等译. 北京: 中国民间文艺出版社, 1989.

[2] 西格尔. 神话理论[M]. 刘象愚, 译. 北京: 外语教学与研究出版社, 2008.

[3] 邓迪斯. 西方神话学论文选[M]. 朝戈金, 等译. 上海: 上海文艺出版社, 1994.

[4] 顾颉刚. 古史辨: 第7册[M]. 上海: 上海古籍出版社, 1982.

[5] 萧兵. 中国文化的精英: 太阳英雄神话比较研究[M]. 上海: 上海文艺出版社, 1989.

[6] 叶舒宪. 图说中华文明发生史[M]. 广州: 南方日报出版社, 2015.

[7] 叶舒宪. 结构主义神话学[M]. 西安: 陕西师范大学出版社, 1988.

[8] 马昌仪. 中国神话学百年文论选[M]. 西安: 陕西师范大学出版总社, 2014.

[9] 叶舒宪, 章米力, 柳倩月. 文化符号学: 大小传统新视野[M]. 西安: 陕西师范大学出版总社, 2013.

[10] 唐卉.《希腊神话历史探赜》[M]. 上海: 复旦大学出版社, 2019.

[11] 凯瑟琳·摩根. 从前苏格拉底到柏拉图的神话和哲学[M]. 李琴, 董佳, 译. 西安: 陕西师范大学出版总社, 2019.

[12] 金斯利. 在智慧的暗处[M]. 梁永安, 译. 台北: 立绪文化出版公司, 2003.

[13] LINCOLN, B. Theorizing myth: narrative, ideology, and scholarship[M]. Chicago and London: The University of Chicago Press, 1999.

第三章　神话观念编码现实：文化基因作用

在认识人类的行为与人类文化的走向方面，迄今的科学探索尚未成功。从狩猎部落进入农业社会、文明国家，再到工业社会，都不是人类理性预设的结果。人类是"被发展"的，即被一种看不见的力量驱使前行。人作为文化动物，必然受其文化观念的支配。探寻每一个文明的观念之源，需要诉诸史前至文明之初的神话观念形成史。当代神话学家通过解析西方文明源头的文学作品，揭示神话观念支配仪式行为和叙事表达的规则。本章解析《史记·秦始皇本纪》的历史叙事案例，再现支配华夏国家统治者行为的观念要素，提示神话观念如何编码现实生活的文化基因作用，即支配人的观念和行为的决定作用。神话观念的文化基因作用说，可以呼应恩格斯晚年提出的意识形态的反作用力与韦伯的宗教观念决定论，说明神话观念对意识形态和文化文本的原型编码功能，并引向一种普遍有效的人文研究指导性范式。

一、求解人类行为之谜

人类的行为到底是由什么因素决定的？旧大陆上的人类为什么会在距今一万年前后相继走出狩猎采集的生活方式，开始尝试农耕和畜牧两种全新的生产生活方式？没有预见，也没有事前的理性规划和设计，人类就这样"被农业化"，从追逐野兽的猎人，变成为播种谷物的农夫。人类学会种田养家的技术后，随后不久就"被文明"了。从近东地区的农业起源到尼罗河畔修筑起城市和高耸入云的金字塔，仅仅用了数千年时间。之所以说"被文明"，是因为事先没有丝毫的预言和预设。人类各个族群或许在局部有许多发明创造，但是在总体上却是盲目地被一种看不见的力量驱使着前行的。同样道理，数百年前开始降临世界的资本主义工业化浪潮，以及最近以来的国际互联网化和全球化浪潮，也都不是任何个人和群体主动规划设计的结果。时至今日我们才不得不承认，一向自认为是理性动物的人类，其实并没有什么先见之明，无论是古人还是今人。古人比较谦虚谨慎，把一切与预测和预言相关的事物都留给神庙中的神谕，或者留给神职人员如萨满、巫师、预言师、占卜师一类。现代人祛除古老的信仰之魅以后变得日益自大起来，自以为是宇宙的灵长，能够这样那样，甚至改天换地。但是在经历多次大规模战争后，数以亿计的同胞死于非命，到头来才意识到：人类迄今为止毕竟还无法预知自身的命运，也不能掌控这个世界的未来，甚至全世界那么多经济学家都没有一人能够准确预测一次金融危机的到来。应该说，人及其文化的变化之奥秘，是有史以来最难解的斯芬克斯谜题。求解尚未成功，学者仍须努力。

在没有一种理论能够解说自己的行为及其结果的知识缺陷前提下，我们不得不说：人类是理性动物这一哲学命题，只能在十分有限的范围里讲才是有意义的。驱动人类行为的内在机制研究，成为人文社会科学的最具前沿性的课题，亟待获得体制性的学术推进与多学科拓展及协作。国内的文学人类学研究一派，希望结合中国文化的实际情况，从理论与实践两个方面展开探索并有所贡献。目前的聚焦点是：集中求解华夏文明从神话观念到行为，再到历史事件的因果关系。

根据如今达到的学术水准，就人类行为因果关系解释而言，能够大致论述清楚的，就在于文化决定论：特定的文化传统决定该文化群体成员的一般行为。至于要问到为什么位于北非的古埃及文明创造出大金字塔，南亚的古印度文明创造出印度教和佛教的隐修生活方式，只有东亚的华夏文明孕育出万里长城和传国玉玺，那就必须诉诸每一种文明的内部视角，求解其内在的文化法则，这样才不至于泛泛而谈和大而化之。这也就从旁说明，为什么文化人类学的学科定性，从19世纪初创时的"人的科学"转向20世纪后期的"文化的解释（学）"[1]（克利福德·吉尔兹的著作名）；从追求放之四海而皆准的人类文化进化之通则，转到逐个认识和理解每一种地方文化的特有属性。[2] "人"的概念终于从高度抽象走向相对具体。古代中国人不同于古埃及人和古希腊人的所有奥秘，都需要在全球文明大视野上重新开启再认识的工程。而文化的差异与文明的差异一样，只能诉诸该文化或文明的深层观念结构，也就相当于生物的基因层面，才能找到有效解答的路径。

---

[1] Clifford Geertz, *The Interpretation of Culture*, New York: Basic Books, 1973.
[2] 参看叶舒宪：《文学与人类学——知识全球化时代的文学研究》，社会科学文献出版社，2003年，第19—39页。

二、从神话－仪式到神话观念决定论：伯克特与奥奈恩斯

对于文学专业和文化人类学专业的学科结合点而言，神话是双方面都十分倚重的研究对象。神话学也因此成了作为新兴交叉学科的文学人类学用功最多的研究领域。文学专业的师生们一般关注的是神话的文学属性，以分析神话叙事的人物形象、主题、母题、语言修辞和文体风格方面为能事；人类学专业方面关注的则是：神话与仪式作为一个文化结合体，其运作机制及在特定文化群体（社会）中的功能。就此而言，文学只是神话的外在表达形式的一个方面，其背后的价值观和驱动力、运作机制才是决定性的。这就好比一场木偶戏的演出，在台面上动作和表演的是木偶，而实际支配木偶动作的是幕后的操纵人。迄今为止的研究已经大致找到了历史木偶戏的幕后操纵者，那就是支配神话想象和叙事的神话信仰和神话观念。

没有视黄金为神圣的神话价值观，就不会有古希腊人对黄金时代和金苹果之争的想象叙事。同样，如果没有尊崇玉石为神圣和永生象征的华夏神话价值观，就不会出现卞和献玉璞、和氏璧及完璧归赵一类神话历史行为，更不会出现秦始皇的开国玉玺和汉武帝的金缕玉衣葬礼制度。接下来的任务似乎日益明确，那就是从文学性的神话研究，迈进神话观念的发生学研究，类似福柯在西方文明范围内所实施的知识考古学，或可称为一种"神话观念考古学"。有鉴于此，近年来的研究视野和对象，从汉字书写的上古神话故事，拓展到先于汉字而发生和传承数千载的史前玉礼器之脉络。这种知识的转变带来的是大传统和小传统这一组术语的重新界定：以先于、外于文字记录的传统为大，以文字记录的书写传统为小。借助于四重证据法的求解优势，希望能够重建失落已久的大传统文化文本，进而将无文字的大传统与汉字记录的小传统实现无缝对接，从而获得某种前无古人的文明史知识深度。

研究文学起源的西方学者曾经把目光聚焦在古希腊文学，希望能够发现"悲剧的诞生"（尼采的著作标题）之奥秘，这种努力的持续性在20世纪形成一种理论流派，即神话－仪式学派，认为希腊戏剧起源于宗教仪式，表演行为的原初动力并不是审美和娱乐的，而是拜神的和信仰的。[①]酒神精神和日神精神等新术语，从文学研究领域跨越到人类学领域。由此看，神话文学的研究就开始让

[①] 参看［英］简·艾伦·赫丽生：《希腊宗教研究导论》，谢世坚译，广西师范大学出版社，2006年；［英］J. E. 赫丽生：《艺术与仪式》，董衡巽译，见叶舒宪选编：《神话－原型批评》，陕西师范大学出版社，1987年，第67—80页。

位于神话的观念动力研究，即通过神话观念的重建，理解古人的行为动机，从而诠释整个文化的支配性法则，而不只是文学文本的表现法则。

神话－仪式学派留下的理论遗产之一就是，对神话与仪式二者孰先孰后的辨析。从行为先于语言的进化史事实看，似乎是仪式决定神话；但是从人是观念动物，有什么观念才会有什么行为的视角看，还是神话观念决定仪式。更加具有本源性和动力性的要素，指向驱动仪式行为的观念要素。瓦尔特·伯克特从文化人类学入手，取得引人注目的成就，被邀请到哈佛大学担任古典学的客座教授，他的德文著述渐渐被翻译为英文，在英语世界广泛传播。笔者主持的中国社会科学院重大项目"中华文明探源的神话学研究"子课题译著系列中，共列入瓦尔特·伯克特的三部大作，就是着眼于他在希腊神话研究中走出文学本位局限的重要开拓性意义。《从狩猎到献祭：希腊葬礼仪式剖析》一文，节选自其影响深远的代表作《人科杀戮者》[①]第一章，作者以古希腊文学乃至整个西方文学的开篇第一"作品"《伊利亚特》叙述的人物葬礼描写为例，表明文学如何成为人类学家求解葬礼仪式行为的重要媒介。是什么样的观念支配着大传统的狩猎仪式向小传统的古希腊丧葬仪式转化、过渡和置换的全过程呢？原来就是神话性的观念。（图3-1、图3-2）

图3-1　希腊人面狮身女妖斯芬克斯像，叶舒宪2010年摄于瑞士苏黎世大学博物馆

[①] Walter Burkert, *Homo Necans: The Anthropology of Ancient Greek Sacrificial Ritual and Myth*, Berkeley: University of California Press, 1983.

图 3-2 雅典卫城的帕提农神庙,叶舒宪 2024 年摄于雅典

英国古典学家奥奈恩斯《欧洲思想的起源》一书，是半个多世纪前由剑桥大学出版社推出的英文巨著，在汉语学术界不为人知。作者精通希腊罗马古文献，尤其专注于从古老的神话文学中寻找思想史的信仰开端。他认为所谓的哲学和科学，均无例外地来源于文明初始期的信仰观念。这方面的研究是极为引人入胜的："那是一些关于生命、思维以及人类命运的基本信仰，这些信仰决定着每一个人的话语和行为。情况不仅仅对于希腊人而言如此。从某种意义上说，我们将发掘的是欧洲以及欧洲之外其他地方的文明之根源。我认为，在希腊和罗马的语言与最早期的文学作品中可追溯到的基本信仰同样被日耳曼人、凯尔特人和其他民族的人们共享，至少在某些情况下，这些信仰在旧石器时代就被普遍接受，它们可以解释当时人们的怪异行为，并且在当代的习俗和成语中仍然不为人认识到地默默存在着。"[1] 这些不为人知的神话信仰观念，到了后世就更加令人难以察觉，犹如人类学家需要破解的文化密码，默默地潜存在历史事件的表象背后。用结构主义人类学的代表列维－斯特劳斯的说法，人类学与历史学的基本区别就在于，历史学研究的是人们意识到的东西，而人类学则要探究人们没有意识到的东西。对于马克思主义者而言，文化和社会中没有被意识到的东西是生产力和生产关系的深层结构。对于结构主义者而言，文化中没有意识到的东西则在于观念结构，如所谓"二元对立"的观念逻辑等。

究竟是从物质生产方面还是从观念形态方面寻找人类社会的决定性要素？19世纪是以前者为主流的研究趋向。20世纪以来由于马克斯·韦伯的《新教伦理与资本主义精神》之影响，开始转向以后者为主流的研究趋向。本章希望继续这一重要问题的讨论，并有助于马克思主义理论的传承创新和与时俱进。

三、《史记·秦始皇本纪》的历史因果

神话观念如何支配历史人物的行为，以上所举瓦尔特·伯克特与奥奈恩斯两位西方学者的辨析，着眼点都是西方文明的第一部"作品"即荷马史诗。华夏文明的文学史源头并未留下类似荷马史诗的宏大叙事作品。下文将以司马迁撰写的中国第一部通史著作的局部历史叙事为例，即通过《史记·秦始皇本纪》所记载的围绕国家最高统治者的行为和事件，展现神话观念的潜在性支配作用，以此作为神话观念－文化基因决定论的中国版实例。

---

[1] Richard Broxton Onians, *The Origins of European Thought*, Cambridge:Cambridge University Press, 1954, p.1.

假如我们想知道世界历史上的某一年发生了什么，翻开翦伯赞主编、齐思和等史学专家精心编撰的《中外历史年表》，在公元前211年下，分别记录着中国和迦太基、罗马等三个国度的几件历史大事，其中有关中国和罗马的大事如下：

中国，庚寅，秦始皇三十六年

东郡人刻"始皇死而地分"于陨石；石旁居民皆被杀。徙三万家于河北榆中。

外国－罗马

击败叙拉古，叙拉古降罗马，西西里其余部分亦复属罗马。①

历史学家们这样展开这一年的中外历史简要叙述，中国方面依据的就是《史记·秦始皇本纪》对秦始皇三十六年的一百多字的叙事。为还原出事件的因果关系，兹全文引述如下：

荧惑守心。有坠星下东郡，至地为石，黔首或刻其石曰"始皇帝死而地分"。始皇闻之，遣御史逐问，莫服，尽取石旁居人诛之，因燔销其石。始皇不乐，使博士为仙真人诗，及行所游天下，传令乐人歌弦之。秋，使者从关东夜过华阴平舒道，有人持璧遮使者曰："为吾遗滈池君。"因言曰："今年祖龙死。"使者问其故，因忽不见，置其璧去。使者奉璧具以闻。始皇默然良久，曰："山鬼固不过知一岁事也。"退言曰："祖龙者，人之先也。"使御府视璧，乃二十八年行渡江所沉璧也。于是始皇卜之，卦得游徙吉。迁北河榆中三万家。拜爵一级。②

秦始皇三十六年即公元前211年，这是秦王嬴政建立统一大帝国后的第十年。按说十年大庆应该有一番热闹，可是在《秦始皇本纪》中，司马迁对讲述这一年的国家大事惜墨如金，没有其他记录，仅此段文字中的两件事：其一是流星陨石刻写的预言，带来株连九族之灾。一句"尽取石旁居人诛之"，尽显这位暴君的心狠手辣和内心胆怯。其二是神人带来的玉璧所蕴含的神秘信息。玉璧相当于希腊神话中阿波罗神庙里的神谕！嬴政在八年前渡江时遭遇风浪，就是依靠投入江中的这枚玉璧转危为安的。八年后这枚玉璧又神奇地回到始皇帝面前，他指示御府官员检视这枚玉璧，亲自占卜，其结果是引发如下历史事件——

---

① 翦伯赞主编：《中外历史年表》，中华书局，1961年，第99页。
② 《史记》，中华书局，1982年，第259页。

第三章　神话观念编码现实：文化基因作用 | 047

"迁北河榆中三万家。"如果要追究这一年里的皇帝所做两大事件之起因，一次屠杀无辜，一次大规模搬迁，原来都是由统治者信奉的神话观念所驱动的。杀戮的原因在史书中交代得很直接，为重罚不吉谶言的编造者。因为地上的陨石来自天空，给人的神话联想就是天意下达的媒介。① 为解除东郡陨石上出现不吉利预言的精神威胁，嬴政的举措只有大开杀戒。三万户搬迁的原因稍微复杂一点，是随着失而复得的玉璧带来的神话信息："江神以璧遗滈池之神，告始皇之将终也。且秦水德王，故其君将亡，水神先自相告也。"② 水神预知未来的限度，恰好是第二年。面对这一神秘信息的态度，嬴政自己还是不明所以，于是占卜神意，结果神意表明如果能大规模迁徙人口，就会逢凶化吉。唐人张守节《史记正义》中讲得清楚："言徙三万家以应卜卦游徙吉也。"③ 三万家户扶老携幼，远徙搬迁，原来只是为了应验卜卦验辞的神圣性。

面对从天上降下来流星陨石及承载着不吉谶语的神秘玉璧，秦王嬴政默然许久才说出一句话，那相当于当时人信奉的至理名言："山鬼固不过知一岁事也。"换言之，超自然的鬼神能够预测未来的时间限度，无非就是一年以后，不能有更加长远的预见。我们不知道司马迁是怎样得知秦始皇在面临重要事件时所说的一句如此具体而确切话的，或许司马迁所生活的西汉时代仍然虔诚地信奉这句话所表达的民间信仰内容。《秦始皇本纪》的叙事写到下一年（公元前210年，即秦始皇三十七年）的七月就是始皇之死，我们几乎难以断定：司马迁是在写历史还是在写神话传奇？为什么鬼神所能预知的"一岁事"，精准无比，如此灵验？

如果不了解玉璧这种圆片状有中孔的玉礼器在华夏大传统中始于9000年前的小南山文化和5000年前的良渚文化，到2000多年前的秦始皇时代，已经延续有近7000年的玉器神话观念传统，后人很容易就忽略了这种玉礼器在上古历史叙事中的重要作用。看来阅读古书不仅要培养文字训诂的功夫，更需要重建大传统的新知识观，以及由此建立起来的文化文本观念。

大一统帝国的创建者嬴政，无法预知自己的命运与帝国政权的未来，憧憬与恐惧交加的内心状态，如何依赖身边的神职人员（方士、巫师之类）④，都得以逼真呈现。司马迁笔下的"始皇卜之"四字，让我们看到自商代甲骨卜辞以

---

① 有关陨石与金属降自天空的神话观，参看［美］伊利亚德：《铁器时代的神话》，王伟等译，载《百色学院学报》2014年第2期，第1—10页。
② 《史记》，中华书局，1982年，第260页。
③ 《史记》，中华书局，1982年，第260页。
④ 相关的经典性研究，见顾颉刚：《秦汉的方士与儒生》，上海古籍出版社，1978年。特别参看第三章"神仙说与方士"，第9—12页。

来的帝王亲自占卜神意的历史传统,怎样在秦汉统一之际依然延续其顽强的生命力。这也是我们为什么要把中国历史还原为神话历史的基本依据。那些盲从西方哲学家的所谓世界史有个"轴心时代",各大文明同时发生"哲学革命"和思想突破①说的流行著述者,不知该对中国历史上这一年的事件做何理解?

其实司马迁笔下的秦始皇早就对新兴的统一国家之安危抱有深深忧虑。他不惜耗费庞大的人力物力修筑长城的根本动机,来自卢生的一个谶言,即"亡秦者胡也"五个字。修长城为的是阻挡北方游牧族群即胡人的威胁。

卢生何许人也?是当时社会中能够代鬼神立言、为鬼神传言的一种宗教角色。且看公元前215至前213年间,《秦始皇本纪》的选择性叙事:

> 三十二年,始皇之碣石,使燕人卢生求羡门、高誓。刻碣石门。坏城郭,决通堤防。……
>
> 因使韩终、侯公、石生求仙人不死之药。始皇巡北边,从上郡入。燕人卢生使入海还,以鬼神事,因奏录图书,曰"亡秦者胡也"。始皇乃使将军蒙恬发兵三十万人北击胡,略取河南地。
>
> 三十三年,发诸尝逋亡人、赘婿、贾人略取陆梁地,为桂林、象郡、南海,以适遣戍。西北斥逐匈奴。自榆中并河以东,属之阴山,以为〔四〕十四县,城河上为塞。又使蒙恬渡河取高阙、〔阳〕山、北假中,筑亭障以逐戎人。徙谪,实之初县。禁不得祠。明星出西方。三十四年,适治狱吏不直者,筑长城及南越地。②

这两年间的叙事,突出始皇帝经营南北两方边疆要塞的努力。用司马迁引用贾谊《过秦论》的原话说:"乃使蒙恬北筑长城而守藩篱,却匈奴七百余里,胡人不敢南下而牧马,士不敢弯弓而报怨。"举世闻名的万里长城就是这样产生的。胡人即北方游牧民族匈奴。燕人卢生能够为皇帝重用,靠的就是"以鬼神事"的一技之长。卢生假借古图书而发出的"亡秦者胡也"五字谶言,是嬴政发动三十万大军北击匈奴并修筑长城的主因。可见自以为获得天命,自以为功业和领地都超过三皇五帝的始皇帝,并不能心安理得地享受太平,他极度看中一切体现天命和鬼神意图的征兆,以求趋利避害。古希腊忒拜城邦的国王俄狄浦斯聪明无比,是天下唯一能够猜破斯芬克斯谜语的人。但他无法认识自己

---

① 笔者批判轴心时代和哲学突破说严重误导中国学界的文章是《"神话中国"VS"轴心时代":"哲学突破"说及"科学中国"说批判》(见谭佳主编:《神话中国》,生活·读书·新知三联书店,2019年,第3—51页)。

② 《史记》,中华书局,1982年,第251—253页。

的命运，无意间犯下弑父娶母的重罪。能够看破这一切的唯一人物是国王手下的神职人员忒瑞西阿斯，一位盲人预言师。无独有偶，秦王嬴政的国家政权也需要依靠神职人员卢生传达天命和鬼神意图。信仰之中的神话观念，成为统治者维系其江山社稷的根本。（图3-3）

与玉璧能够代表神意的情况类似，由嬴政首创的皇帝玉玺象征国家权力的制度，也是建立在天人合一与政教合一的神话逻辑基础上。在一幅山东武梁祠出土的汉画像石"荆轲刺秦王"图像[①]中，秦王借以威慑刺客的唯一法宝就是他左手高举过头所把握的一枚传国玉玺。玉玺本身不仅是天上发光体的神圣象征，上面还有神赐的天命符号之见证，就是秦国丞相李斯用虫鱼篆书体写的八字真言："受命于天，既寿永昌。"[②] 虽然现实是残酷的，大秦王朝仅仅持续了十五年就灭亡了，远远达不到"既寿永昌"的理想，但是统治者对天命神话的信仰还是真实的。司马迁

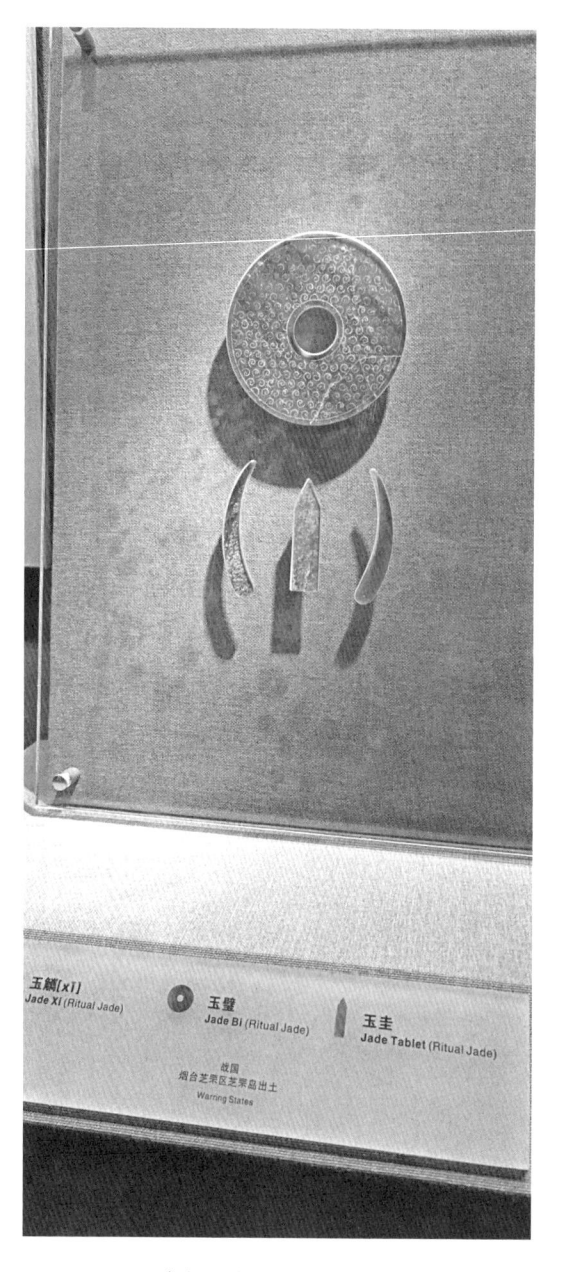

图3-3 秦始皇东巡芝罘岛祭祀用玉璧、玉圭、玉觽，烟台芝罘岛出土，叶舒宪摄于烟台博物馆

---

① 现存美国普林斯顿大学艺术博物馆，引自［英］乔纳森·克莱门特斯：《秦始皇》，杨英译，国际文化出版公司，2008年，扉页。
② 唐荣祚：《玉说》引《传国玺考》，见吴大澂等：《古玉鉴定指南》，宋惕冰、李娜华点校，北京燕山出版社，1998年，第158页。

的选择性叙事充分显出为什么华夏历史是神话历史的道理。(图 3-4、图 3-5)

　　玉玺与国家最高统治者的对应关系,到了曹雪芹的小说《红楼梦》里,就置换为男主人公贾宝玉与他的通灵宝玉之关系。比秦汉时代更加明确的功能描述,那就是在通灵宝玉反面书写的三种神秘作用的说明:"一除邪祟,二疗冤疾,

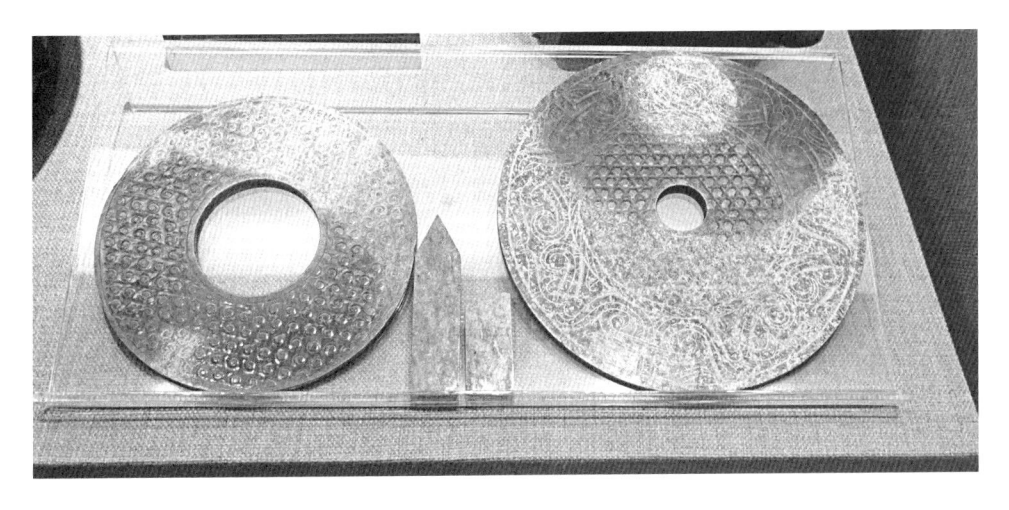

图 3-4　汉代玉璧玉圭,山东荣成出土,叶舒宪摄于烟台博物馆

图 3-5　汉代浮雕五螭龙大玉璧,叶舒宪摄于青岛博物馆

第三章　神话观念编码现实:文化基因作用　|　051

三知祸福。"①

曹雪芹不愧是华夏玉文化精义的真正传人。在"三知祸福"即预知未来这一项宗教功能上，贾宝玉的通灵宝玉已经超过秦始皇的传国玉玺，这就充分展现玉教神话信仰自新石器时代至封建社会最后一个朝代的历史全程延续性。秦始皇时代的人们坚信玉玺能够充分代表"受命于天"的统治合法性，那是国家的信仰，因此国家的最高政令要以"玺书"的特殊形式加以颁布和传播；曹雪芹时代的人们依然相信玉器能够通灵，即通神，这是一种典型的神话功效，通灵宝玉可保佑个体生命的安危，这属于民间信仰。无论是以帝王为代表的国家信仰还是以平民为代表的民间信仰，二者都是玉教信仰的文化大传统在汉字记录小传统中的遗留物。华夏文明的史书与文学从各自不同的视角，反映出同一种先于国家而存在的史前玉教信仰在文化文本建构编码与再编码中的潜在支配力。

对于神话与政治及意识形态的关系，迄今为止只有很少的神话学家或哲学家给予充分的关注和研究。②这方面较新的成果是2002年问世的《神话的哲学思考》(*Thinking Through Myths*: *Philosophical Perspectives*，2002) 一书。这部论文集的编者凯文·斯齐布瑞克（Kevin Schilbrack）是神学院教育背景的哲学教授。该书第九篇论文《神话与意识形态》的作者克里斯托弗·弗拉德（Christopher Flood）是当代英国著名政治理论家，他在结论部分这样写道："政治神话理论需要去除其神秘性。神话创造是一种充斥在政治交往文本中的日常活动。没必要把神话视为一些特殊形式的表达或把信仰置身于一种非理性精神病态的神话当中。神话创造并不是什么稀奇事，它并没有什么错误之处，它完全是借意识形态信仰使政治事件变得容易理解。一些故事在经过一段长时间后在一个社会集团中显得比较重要；另外一些故事转瞬即逝。但是神话式叙述文的创造及再创造是政治生活当中永恒的特征。"③本章提示的神话观念决定论，就是要凸显神话观念对意识形态的原型性编码作用。一旦某个文化共同体的原型编码得以揭示，该文化文本的历史生成演变轨迹，其编码与再编码的永恒性运作关系就能够显现出来。人类"赖以生存的神话"（Myths to Live By，约瑟夫·坎贝尔的著作标题）这个当代命题，也就能够获得透彻的理解了。

---

① 曹雪芹：《红楼梦》（校注本），北京师范大学出版社，1987年，第154页。
② 这方面可资参考的中文文献有［德］卡西尔：《国家的神话》，张国忠译，浙江人民出版社，1988年；孙广德：《政治神话论》，台湾商务印书馆，1990年。
③ Kevin Schilbrack, *Thinking Through Myths: Philosophical Perspectives*, London and New York: Routledge, 2002, p.188.

四、文化基因：探寻文化中的决定因素

本章希望尝试建构一种新的神话观念理论，将神话观念作为人类对现实原编码的符号工具，从中彰显神话观念对整个文化文本衍生过程的奠基性、决定性作用，称之为文化基因作用。本章试图从求解人类行为动机之谜入手，提示和论述神话观念作为文化基因的理论命题，倡导一种思想史、观念史同文化史的整合性研究视野。历史事件不是孤立存在的，通过对历史因果关系的探究，能否再现支配统治者行为的观念要素呢？20世纪初年的法国马克思主义学者保尔·拉法格撰写《思想起源论》（1909）一书，就遵循着当时引领潮流的经济决定论，这部书的另一种译名就叫《卡尔·马克思的经济决定论》。该书以批判唯心主义的思想起源观而著称，分六部分，即"卡尔·马克思的历史方法""抽象思想的起源""正义思想的起源""善的思想的起源""灵魂观念的起源和发展""上帝的信仰"等。拉法格用神话传说的材料，解说正义、善等道德观念的起源和演变，论证道德起源于经济环境的伦理学根本观点，在经济决定论与神话观念决定论之间留下一个巨大的鸿沟。填平这个鸿沟的任务，由20世纪的神话学研究来完成。

从奥奈恩斯的西方思想起源的神话学研究，到瓦尔特·伯克特的古希腊仪式及神话观念的相关性研究，我们看到最近几代国际领先学者在解决疑难问题方面的突破性进展。在前辈学人的成就基础上，笔者尝试从理论上揭示神话观念决定论的命题，并表述为文化基因决定论，以期引起进一步的争鸣和讨论。

英国当代史学理论家卡尔给"决定论"所下的定义是：

> 它是一种信念，相信所发生的每一件事都有一个或几个原因，而且除非这个原因或这些原因中的某种东西有了改变，否则这件事是不可能以另外一种方式发生的。决定论并不是个历史的问题，而是一切人的行为的问题。人的行动没有原因，因而这些行动便非决定了的，这样的人正跟我们在上一讲中讨论过的那种处于社会之外的个人相同，也是一种抽象的东西。波珀的"在人类事物中每种事都是可能的"这种说法，要么是毫无意义的，要么就是错误的。在日常生活里，没有人相信，也没有人能够相信这一点。每件事都有原因这个原理，是了解我们周围在发生什么事的能力的一个条件。[①]

---

① ［英］爱德华·霍列特·卡尔：《历史是什么》，吴柱存译，商务印书馆，1981年，第100—101页。

对此需要补充一点说明，那就是：人类最初的信念不是来自教堂里的圣经阅读和传授，而是来自所有文化和文明的史前时代。只有从文化大传统基础方面弄清一个文化的核心观念是如何由来的，神话观念决定现实编码和文化编码的透视空间才得以真正打开，而对于发挥文化基因作用的本土性神话观念的探求和辨析，才有望成为普遍有效的人文研究指导性范式。[①] 这将给西学东渐以来流行的滥用外来理论和概念研究本土历史现实的所谓贴标签式"研究"做法敲响警钟，并有效启发本土文化的再自觉和再认知过程。

参考文献

［1］巴特. 符号学原理［M］. 李幼蒸，译. 北京：中国人民大学出版社，2008.

［2］佩金格尔. 符号侦探：解密人类最古老的象征符号［M］. 朱宁燕，译. 北京：北京联合出版公司，2019.

［3］鲁惟一. 汉代的信仰、神话和理性［M］. 王浩，译. 北京：北京大学出版社，2009.

［4］钟宗宪. 中国神话的基础结构［M］. 台北：洪叶文化，2006.

［5］叶舒宪. 文化与文本［M］. 北京：中央编译出版社，1998.

［6］李继凯，叶舒宪. 文化文本［M］. 北京：商务印书馆，2021.

［7］吴秋林. 图像文化人类学［M］. 北京：民族出版社，2010.

［8］吴秋林. 义化基因论［M］. 北京：商务印书馆，2017.

［9］邓启耀. 非文字书写的文化史：视觉人类学论稿［M］. 北京：商务印书馆，2019.

［10］DUBUISSON, D. Twentieth century mythologies: Dumezil［M］, Levi-Strauss, Eliade, trans. London: Equinox Publishing Ltd, 2006.

---

① 关于大传统新知识观，参看叶舒宪、章米力、柳倩月编：《文化符号学——大小传统新视野》，陕西师范大学出版总社，2013年。

第四章 "神话中国"观与文明探源

"神话中国"作为理论命题，伴随中华文明探源的神话学研究而来，其所针对的是流行的轴心时代和科学突破等外来空降观念对中国传统认识的误导作用。本章以《史记·五帝本纪》为例，说明司马迁如何切断神话与历史的原生态关联，将完整的神话历史叙事脉络打散，以及当下的交叉学科研究范式四重证据法如何复原并激活失落的上古史。

"神话中国"是文学人类学一派面对西学东渐大背景下形成的流行偏见而提出的针锋相对术语，具有迫切的现实意义和理论意义。选用"神话"作为界定中国文化传统的关键词，使之成为中国的定语，其理论目标是：突破以"科学"和"哲学"等现代性的、完全西化的词语来界定中国传统的学术偏见和成见，激发对本土文化再自觉的启蒙过程，引导人们走出对中国文化研究的认识误区。

就此而言，倡导"神话中国"的观念，是对西学东渐以来造成的张冠李戴和郢书燕说之类流弊现象的公开反抗，其直接的反驳对象，是盲从德国学者雅斯贝尔斯虚构的学术假象，直接照搬到中国历史文化研究的普遍流俗。什么是雅斯贝尔斯营造的学术假象呢？那就是将在古希腊发生的"哲学突破"或"轴心（时代）突破"，横向推演到整个世界，使之成为某种具有人类普世性的思想运动。就好比自然科学发现的万有引力定律，能在世界上任何一个地点发挥同样作用那样。中国传统、印度传统、希伯来传统等，居然都和古希腊一样，在同一个历史时期内，发生同样的思想观念大突破运动。这样的轴心突破理论，足以让非西方世界的人们听起来感到备受鼓舞，但是其遮蔽不同文化真相的负面效果，要远远大于其所能揭示的。

就其根源来说，轴心时代突破说，在德国学界本身仅是各种各样的理论假说中的一种而已，并没有多少回应和效法者。一旦有美国社会学家看中这种论调并将雅斯贝尔斯原著翻译为英文，其传播就率先在美国学界打开空间，随即引起美国汉学界的热烈讨论，再通过当代留美学习的中国学者的反馈，输入中国学界。其理论旅行的三级跳之效果，恐怕是其始作俑者和英文译者都始料未及的。眼下，在我国文科学界，讲到古代思想文化，一般的教科书和学术论著中，已呈现出言必称轴心时代的偏激现象。

笔者认为理论工作者有必要针锋相对，开展自我反思和批评讨论。若不能走出此类当代学术偏见，文化自觉就难免沦为空话。中国古代没有发生类似古希腊那样的科学革命和哲学革命，依然被某种前科学的思想意识笼罩、支配。这是除古希腊之外的全球文化现象，各文明古国或非文明社会皆如此，并不只是中国现象，没有什么需要避讳和掩盖的。

在科学或哲学思维之前的人类观念状态，学界曾有"原始思维""野性的思维"诸如此类术语。如今看来这些措辞都不够稳妥，主要因为其中隐含着沙文主义或殖民主义的味道。我们需要重新找到不带价值色彩、不带贬义和文化偏见的中性词语，于是便权衡筛选出"神话"这个通俗易懂的术语。就我国高校的学科分类而言，"神话"目前虽然只是民间文学和非遗方面的常见术语，但这只是非常狭隘化的神话概念。对照国际学界，神话不是附属于文学的小概念，而是统领整个人文的宏大概念。从维柯到卡西尔早已将"神话"与"思维"两个概念合成一个，即"神话思维"。就此而言，神话不只是民间文学或非遗的对象，也能够代表整个人类的前科学思维传统，这才是更具有普世性意义的。不同的社会群体，其前科学思维传统有一致性，也有文化特殊性，后者才是更值得关注的对象。倡导"神话中国"观，将有助于走出对中国传统文化认识方面的上述理论误区，重新面对本土文化的真相。

2009年，笔者提出从神话学视角开启中华文明探源研究，在中国社会科学院文学研究所比较文学室第一次设立重大攻坚项目，于同年发起有关"神话中国"和"神话历史"的学术讨论，并与广东省委协作启动广东省文化强省项目之"神话历史丛书"，由南方日报出版社和上海交通大学出版社先后推出，迄今出版12部专著，除侧重中国经典研究方面，还包括研究全球最早文明的《苏美尔神话历史》和有关近邻韩国的《韩国神话历史》等。2017年举办的中国比较文学学会文学人类学研究分会第七届年会文集《重述神话中国》（上海交通大学出版社，2019年），谭佳主编的《神话中国》（生活·读书·新知三联书店，2019年）也相继问世。一个新的本土文化理论体系正在形成，这对于打破西化理论误导下的中国观，聚焦由中国文明发生的独特道路所孕育出的特有文化基因，有着积极的作用。

中华文明探源的神话学研究范式，以四重证据法为方法论的起点，是融合文学、史学、哲学、艺术、宗教和考古等多学科知识的交叉学科范式。原来在单一学科视角无法把握的复杂性对象，将在实证研究与阐释研究互动的文化文本视野中找到确切的定位。就上古史的谱系研究而言，交叉学科范式不纠缠早期历史叙事究竟是神话传说还是客观历史的争辩，并将历史叙事的真伪之争视为某种学术陷阱。古史辨派继承兰克学派的"历史科学"标准，将上古史的三皇五帝谱系乃至夏商历史都判断为层垒堆积而成的"伪史"，殊不知神话历史的叙事模型，具有跨文化跨族群的普世性。每一个族群或民族的早期历史都是以民间口传形式遗留下来的，照例都始于神话叙事。

非神话或解神话的过程，要伴随文明化的进程才会出现。只有柏拉图攻击以荷马史诗为代表的神话叙事传统，才有可能给科学和哲学打开大门。换言之，秘索思与逻各斯是截然对立的思维方式，逻各斯的权威只在古希腊文明中发生，并未发生在其他文明之中。借用外来的"历史科学"标准去衡量左丘明、司马迁、班固，将本土上古史判定为"伪史"，其结果只能证明古代中国根本没有"历史科学"的观念，犯错的不是司马迁作为国家史官偏要追求什么"究天人之际"，而是将神话与历史分割对立起来的现代研究者。司马迁肯定也有伴随文明化进程而来的理性化自觉，但这种理性化的结果，也只能是达到某种有限理性而已，而根本不可能达到科学理性！否则的话，像古希腊那样的哲学和科学的突破也能够在中国古代发生，哪里还会等到近代西学东渐才正式引进"赛先生"来我国？

历史是延续的，也是断裂的，有些断裂后的链条或环节，就永远找不回来了。历史研究者如果能够在某种程度上找回失落的历史环节，那将是非常有意义的学术突破。因为司马迁的有限理性，已经开始切断原有的神话历史的重要因果联系，特别是神话叙事与史前信仰的联系。例如：黄帝的国号有熊，被《史记》保留到后世；但是有熊圣号背后的丰富神话内容与信仰观念，都被司马迁无情地割舍掉了。同样，《楚世家》记载的楚先祖名"穴熊"，其得名故事完整保留在《山海经》中，也被司马迁无情地割舍掉了。这导致后人百思不得其解："颛顼—祝融—穴熊—鬻熊—熊丽—熊狂—熊绎……"的楚王谱是怎样由来的？楚王族本姓芈，要如此多"熊"号何为？1940年代长沙出土的战国楚帛书讲述以天熊伏羲为首的创世记神话，这样的内容当然为司马迁所不取，因为他只写《五帝本纪》，根本没有写《三皇本纪》。等到司马贞为弥补《史记》的重大缺失而添加《三皇本纪》，时光已到唐朝，先秦时期的伏羲圣号"天熊"就被司马

贞弄丢了。这一丢不要紧，完整无缺的神话历史脉络"天熊—有熊—穴熊—鬻熊"就永远被尘封地下。（图4-1、图4-2）

为什么说以皇家史官著述形式流传至今的古史其实是断裂的、残缺不全的？历史又是如何断裂的？近20年才流行的非遗观念，为求解问题提供了生动完整的丰富案例：各个无文字民族或族群的口传史诗叙事，一般都承载着本族社群的原史叙事功能。对无文字民族而言，除此以外别无历史。文史本浑然一体，遵循着一般性的叙事模型：开天辟地，人类起源，本族先祖，以本族先祖的降生大地作为人类起源叙事。先祖天降人间，是常见的叙事原型。[①]其起源在于石器时代萨满通神叙事（幻象），体现着史前文化信仰的普遍性特质，从史前部落社会的口传传统，一直延续至文明国家的历史叙事。

汉字的出现提供书写文本取代口传历史叙事的条件。从甲骨文只服务于商代统治者的占卜需要来看，汉字的最初使用语境不是世俗的，而是带有鲜明宗教性特征的。同样，商周青铜器铭文即金文，其使用的语境同样带有鲜明的宗教特征。金文叙事开篇通常以"王若曰"三字为表达模式，其意是特指王者代替附体在其身上的神灵说。一般而言，"王若曰"模型叙事的发生地是国家宗庙之类。伴随以"王格庙（宫）"之类模式化套语，表明事件发生地点的特殊性——国家级别的神圣场域和仪式性质的认定。换言之，金文叙事关系到统治阶级的政教合一活动，事关权力－财富分配与神圣性青铜器的子孙万代传承，这肯定不同于俗民百姓在篝火边的一般性讲唱行为。从甲骨文到金文的叙事全部笼罩在通神语境的神权政治背景之下，这完全符合人间社会最高统治者号称"天子"的神话政治身份。就此而言，文明探源工程岂能完全照搬科学主义的考古实证范式，而缺乏对"神话中国"与"神话历史"的解释学体认功夫？

相对于兰克的"历史科学"范式，维柯《新科学》概括出的"历史哲学"的三段论范式，倒是更具有跨文化的普遍性：神的时代—半神半人的英雄时代—人的时代。由于古希腊以外的所有民族都没有发生科学思维的轴心突破，因此所有的历史讲述都从神话叙事开始，而讲述到英雄祖先之后的人的时代，依然要大体遵循神－人互动或天人感应的叙事逻辑。

如果说古人根本没有客观的科学的历史叙事，那就只能是出于主观选择的和神话想象支配的历史叙事。其真相究竟是怎样的呢？

以司马迁首创的《五帝本纪》开篇叙事为例：

[①] 田兆元：《神话与中国社会》，上海人民出版社，1998年，第415—452页。

图 4-1　陕西韩城汉太史祠供奉的司马迁画像，叶舒宪摄

第四章　"神话中国"观与文明探源 | 059

图 4-2　神话历史依然延续在当下：像祭神一样祭祀太史公，用当地礼俗花馍枣山为祭品，叶舒宪摄于韩城司马迁祠

黄帝者，少典之子，姓公孙，名曰轩辕。生而神灵，弱而能言……
……炎帝欲侵陵诸侯，诸侯咸归轩辕。轩辕乃修德振兵，治五气，艺五种，抚万民，度四方，教熊罴貔貅䝙虎，以与炎帝战于阪泉之野。三战，然后得其志。①

黄帝建立社会权威的方式是武力征战，其作战形式却是神话般的野兽大军出阵，以此非凡的征战方式一连三次，终于打败炎帝神农氏，建立第一个强权古国。司马迁记录黄帝率六种猛兽大军征战一事，丝毫没有表示疑惑，说明他是信奉自己所写内容的。这种人兽不分的景象，再度发生在《秦本纪》所记秦人先祖孟戏、中衍二位的形象特征刻画方面："大廉玄孙曰孟戏、中衍，鸟身人言。"② 唐张守节《史记正义》云："身体是鸟而能人言。又云口及手足似鸟也。"本来，在司马迁之前的战国古书《山海经》中习惯描述人鸟合体或人兽合体的幻想形象，早已屡见不鲜。司马迁对《山海经》的内容明确表示不可信，但是他自己竟然也照样拷贝《山海经》人兽不分的传统神话写法，将这类莫须有的玄幻内容搬进国家正史。这就是为什么必须还原整个二十四史以"神话历史"的本土真面目。

不过，司马迁对前代的神话历史内容绝非照抄，他毕竟大大压缩了玄幻场面和纯想象叙事的篇幅与出现频率。但这也只是程度的改变，而非性质的改变。看了黄帝的猛兽大军征战和秦人祖先二位"鸟身人言"，大家都会有所体会。用司马迁自己的话说："百家言黄帝，其言不雅驯。"在这种情况下，《五帝本纪》只给黄帝留下576个字的叙事篇幅，即从海量史料信息中择优而精选，标准即是雅驯与否。相信在百家言黄帝的叙事中，有关黄帝死后升天的叙事内容会非常丰富多彩。可是司马迁写黄帝之死却惜墨如金，仅有六个字："黄帝崩，葬桥山。"仅剩下死亡事件本身和葬地这两个信息。这确实非常雅驯。被他删节不用的神话情节是怎样的呢？《五帝本纪》中没有记下的内容，但在《封禅书》中却间接叙述出来，那便是齐人公孙卿所言黄帝铸宝鼎升天一事：

申公，齐人。与安期生通，受黄帝言，无书，独有此鼎书。曰"汉兴复当黄帝之时"。……

申公曰："……黄帝采首山铜，铸鼎于荆山下。鼎既成，有龙垂胡髯下迎黄帝。黄帝上骑，群臣后宫从上者七十余人，龙乃上去。余

---

① 《史记》，中华书局，1982年，第1—3页。
② 《史记》，中华书局，1982年，第174页。

小臣不得上，乃悉持龙髯，龙髯拔，堕，堕黄帝之弓。百姓仰望黄帝既上天，乃抱其弓与胡髯号，故后世因名其处曰鼎湖，其弓曰乌号。"①

"神话中国"观旨在说明：文化文本的元编码没有例外，全部是神话编码，这不仅是古史和古书所遵循的编写原则，也是中国大地上无数名目的发生原理。如果你去河南一个名叫灵宝的县城旅行，可能不会想到黄帝铸鼎升天的历史典故。但是当你走到灵宝的铸鼎原，发现还有龙须沟，相传这里是当年黄帝所骑之龙的龙须坠落之处，当地还有一种草名为龙须草，相传乃龙须所化，你终于完成一次带入体验式的非遗教育课。民间文学被文学人类学认定为求证历史文化的第三重证据，能够对古书和文物起到双重激活作用。

灵宝铸鼎原的体验之旅表明，神话，特别是原生态神话，能够立即激活被理性化过程埋没和遗忘的真实历史内容。当年的汉武帝在亲口听闻公孙卿所述黄帝铸鼎升天神话事件之际，也被深深震撼，于是出现如下真实的历史场面：

于是天子曰："嗟乎！吾诚得如黄帝，吾视去妻子如脱屣耳。"乃拜卿为郎，东使候神于太室。②

如今的教育制度是历史教育与文学教育完全分开的，二者分属不同的一级学科。这导致历史学博士不用学习神话课程，文学博士也不必读《史记》等史书。我们为什么需要提倡"神话历史"观念？因为，对我国各民族而言，历史与神话不可分割对待。一旦从历史叙事中删除神话内容，历史的完整性就会断裂，历史叙事中天人之际的感应内容就会被遮蔽，因而变得僵死和难解；神话内容一旦得到复原，原生态的历史就有可能复活了。

神话不但能让历史复活，也会让文物被重新激活，尤其是鼎和弓这样的常见器物。没有黄帝铸鼎升天的神话想象作为脑洞引导，你自己去各大博物馆看一百个鼎，也不一定能有类似汉武帝那样代入式、穿越性的神幻体验。

作为第三重证据的地方风物传说，还可举出河南新乡比干墓和比干庙中播种的"无心草"。相传比干因直谏商纣王而被剖心，比干庙中至今仍生长着的"无心草"，是对"神话中国"和"神话历史"理念的极佳诠释（图4-3、图4-4）。

---

① 《史记》，中华书局，1982年，第1393—1394页。
② 《史记》，中华书局，1982年，第1394页。

图 4-3　河南新乡比干庙，叶舒宪摄

图 4-4　比干庙中的无心草（无心菜），叶舒宪摄

第四章　"神话中国"观与文明探源 | 063

参考文献

［1］李济. 中国文明的开始［M］. 南京：江苏教育出版社，2005.
［2］夏鼐. 中国文明的起源［M］. 北京：中华书局，2009.
［3］张光直. 中国青铜时代［M］. 北京：生活·读书·新知三联书店，1983.
［4］梅列金斯基. 神话的诗学［M］. 魏庆征，译. 北京：商务印书馆，1990.
［5］叶舒宪. 神话意象［M］. 北京：北京大学出版社，2007.
［6］李龙. 岁时请神：中国诸神图志［M］. 北京：中信出版集团，2024.

第五章　魔法石之祖：玉石神话催生文明

　　本章聚焦西方文明得以发生的基础：考察地中海新石器时代文化中的神圣玉石的发展和演变情况，说明在以冶金技术为条件的青铜时代到来之前，更早的社会价值物是如何伴随农耕革命和多神教神话信仰同步建构的过程。第一部分以万年地中海文化为大背景，揭示在史前时代起到魔法石鼻祖作用的神圣玉石非黑曜石莫属。第二部分展现距今11000年的前陶新石器时代之狩猎采集人群，如何在聚集性的宗教礼仪活动中建构早期神圣祭祀性建筑，用黑曜石镶嵌最初的石雕神像之双眼；并为解决大量增长的人口吃饭问题，而开启对野生谷物的驯化和耕种，将黑曜石作为体现社会价值的奢侈品资源对外传播的同时，将农业生产的技术四散传播到整个近东地区。第三部分转向伴随古埃及文明和苏美尔文明而来的新玉石种类——青金石，如何后来居上，演变成建构人类早期文明国家神话元宇宙的神性素材。

一、黑曜石神话：万年地中海的魔法石鼻祖

　　新旧世纪之交，要在全球范围内筛选出一部最具影响力的创意作品，那么首屈一指的就是英国女作家 J. K. 罗琳的《哈利·波特》系列。该系列第一部于2000年在我国出版中译本，名为《哈利·波特与魔法石》。小说的英国原版名称是 *Harry Potter and the Philosopher's Stone*，直译应为《哈利·波特与哲人石》。随后，该书美国版出版商认为"哲人石"这个词比较晦涩难懂，不利于推广发行，故改为 *Harry Potter and the Sorcerer's Stone*。这两个书名中，前者为"哲人石"，后一个采用了更具神奇效果的"魔法石"。这二词均源于西方炼金术，属于同义或近义词。将古代炼金术士看成早期的哲人，这和我国道教将掌握炼丹术者视为现实社会的神仙一样，旨在突出神话观的优先地位。罗琳选择一件在西方

传统中足以体现超自然幻想能量的法宝，作为小说人物塑造和情节发展的引线，这是她从民间传奇的流行写法中学来的故事创意技巧。

《哈利·波特与魔法石》第 13 章"尼可·勒梅"中首次透露这位炼金术士与魔法石的关系：

> 赫敏在从图书馆旧书中查找线索后告诉哈利和罗恩："我一直在查找尼可·勒梅的资料，终于让我找到了。他是一位古代的炼金术士尼可·勒梅，是人们所知的唯一一位制造出魔法石的人。"①

书中还用点题之笔写道："魔法石是一种具有惊人功能的神奇物质。它能把任何普通金属变成纯金，还能制作长生不老药，使服用者的肉体不朽。"这样的特色描述，让中国读者很容易联想到神话英雄后羿独自从西王母大神那里获取的不死药，还有神魔小说《西游记》中的西王母蟠桃和唐僧肉的同类永生不死功能。

在《哈利·波特与"混血王子"》第 23 章"灵魂碎片"中，邓布利多向哈利讲述尼可·勒梅制造魔法石的具体背景是这样的：

> 多年前，在我还年轻、阅历还不丰富的时候，我曾与一个名叫盖勒特·格林德沃的人一起寻找过死亡圣器。我们的友谊迅速升温，我们一起谈论着要为巫师夺取控制权，要迫使麻瓜们屈膝投降……但后来我们产生了分歧，导致了一场激烈的冲突。后来，我发现了尼可·勒梅和他的魔法石。魔法石是由尼可·勒梅在 600 多年前制造出来的，从那以后，他一直依靠魔法石制作的长生不老药维持生命。②

魔法石神话的这些内容，构建起传说的炼金术师尼可·勒梅与魔法石在虚拟的魔法世界中的渊源关系，成为小说故事发展的主线索。小说围绕着魔法石展开了哈利·波特等人与伏地魔之间惊心动魄的斗争。自从《哈利·波特》小说系列外加改编的电影系列在新世纪全球大流行后，魔法石神话的声誉也超过《一千零一夜》中的阿拉丁的神灯，成为各类文创想象竞相效仿和追捧的超级神物。罗琳在作品中一再暗示的魔法起源地古埃及文明，同样激起无数读者和观众的寻根探索渴望。

如果说魔法石神话是西方古代炼金术传统遗留给现代社会的创意想象圣物，那么其产生的历史，充其量只能上溯到冶金术发明以后的岁月里。有没有比魔

---

① ［英］J. K. 罗琳：《哈利·波特与魔法石》，苏农译，人民文学出版社，2019 年，第 325 页。
② ［英］J. K. 罗琳：《哈利·波特与"混血王子"》，马爱农、马爱新译，人民文学出版社，2020 年，第 743 页。

法石更早出现在人类想象中的神奇石头种类呢？答案是相当肯定的。那是一种由大自然造化在亿万年以前天然冶炼而成的火山喷发岩浆凝结后的深色晶石。它，早在万年地中海文化的初始阶段，便发挥出神奇作用，成为农耕革命和新石器革命的伟大伴生物和见证物。

2024年，上海博物馆从古老的地中海南岸文明古国调集700多件珍贵文物，举办名为"金字塔之巅：古埃及文明大展"的特展活动，一时间门庭若市，来自各地的观众摩肩接踵。展览中的一件文物（图5-1）引起笔者的关注，因为它正是足以代表前冶金时代的老资格的魔法石。

要问7000年前的古埃及魔法石是什么样的，这件黑曜石刀细密的锯齿形刀刃，已经暗示出某种解答的线索。不过缺乏专业性的解说，一般人很难看懂这两件玉刀的文化蕴含。好在当今的西方医学衍生出一种替代疗法，称为晶石疗法。富有经验的英国医师西蒙、苏·莉莉著有晶石疗法的教科书《晶石的能量》，其中对黑曜石的医学功能陈述如下：

黑曜石

含包裹体的复杂硅酸盐矿物

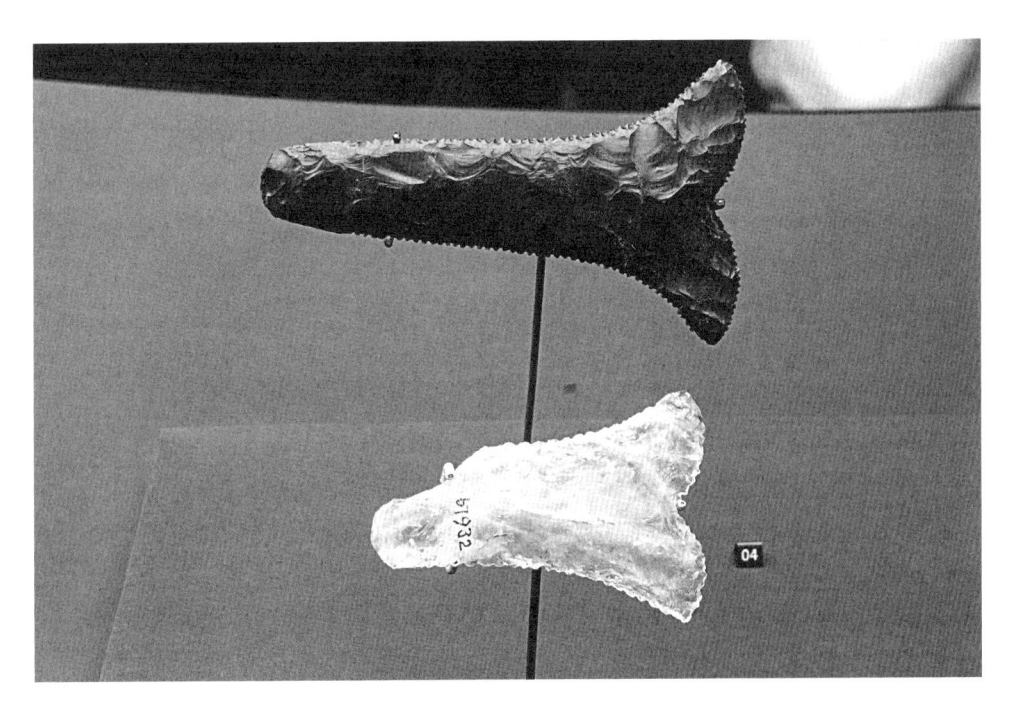

图5-1 鱼尾形玉刀：上一件材质为黑曜石，下一件材质为水晶。皆为古埃及前王朝时期，时间距今7300年至5000年间，现藏于埃及国家博物馆，叶舒宪2024年11月摄于上海博物馆

第五章 魔法石之祖：玉石神话催生文明 | 067

黑曜石由火山岩浆快速冷却形成，主要发现于火山地区。其黑颜色成因是由于矿物成分内部含有的铁。从结构上讲，它更像玻璃而非晶体。

颜色：黑色、墨绿色、灰色、棕红色

光泽：玻璃光泽

硬度：6

晶系：非晶质

…………

魔力：用传统的抛光方法可以做成占卜工具

　　一个平滑的黑曜石盘片或者抛光过的黑曜石球能用作辅助透视镜

　　能发现被隐藏的或被遗失的东西

治疗功能：黑曜石能把隐藏的问题、情绪和精神创伤带出表面

　　黑曜石能让消化系统重新得到平衡

　　黑曜石能接地气并保护我们

关键词：启迪、净化、转变[①]

大自然提供的某一种特殊石头，为什么能够享有魔法石鼻祖的美誉？它又是如何催生出当今晶石医学的观念联想，成为"启迪、净化、转变"的象征神物的呢？

以下内容，将为此提供完整而充分的历史原因。先要介绍社会生物学之父爱德华·威尔逊有关宗教信仰起源于"心灵的幻象"的观点，找出理解数万年以来的人类拜物教现象得以发生的学理线索。

兼为哈佛大学荣誉教授、哈佛大学昆虫馆荣誉馆长的爱德华·威尔逊于2014年出版《人类存在的意义》一书，这个书名很容易让读者联想到哲学家的专业工作，而作者却是以研究蚂蚁起步的顶级生物学家，甚至在业界享有"当代达尔文"的崇高声望。与哲学家们普遍的无神论立场不同，威尔逊强调人类存在的非生物特性必然体现为宗教，并将催生宗教现象的主体根源归结为"心灵的幻象"。

威尔逊认为，人类存在的意义与其他一切生物的本能驱动原理不同，首先

[①] ［英］西蒙、［英］苏·莉莉：《晶石的能量》，刘知纲译，鹭江出版社，2016年，第50—51页。引文有删节。

就在于人类能够用自己幻想出的因果关系来解释所有事物的终极原因，那便是千奇百怪的超自然存在的精灵和神祇。人类幻想的因果关系表现，以最具有哲理意蕴的神话类型为代表，那就是各民族和各族群集体信奉并在神圣仪式场合讲唱的创世神话[1]。数万年之久的信仰仪式实践的传承，积淀成为人类精神文化无比深厚的根脉。

> 伴随着科学的起源和发展，越来越多的自然现象已经能够作为由其他可分析的事物造成的结果而被理解，所以人们就不再用各种超自然力量来作为安慰。但在人们心灵深处的本能的驱使下，仍然会受到宗教和类似宗教的意识形态的影响。[2]

从这段话的末一句看，今人常用于各种政治场合的术语"意识形态"，在威尔逊心目中就是某种类似宗教的精神信仰或主观信念产物。这就大体上揭示出从幻象到神话，从神话到意识形态的人类精神进化史脉络。这里也包含着人类在40亿年生物进化史上独自完成超生物变革的重要奥秘。有关幻象的起源及其在早期社会中所发挥的类似意识形态功能，"神话学文库"第二辑的最后一部书《萨满之声：梦幻叙事概览》，给出来自世界四大洲36位萨满医师的口述性部落社会的珍贵资料，读者可以从中得到丰富多样的启示，于此不赘。

萨满教源于旧石器时代先民部落社会的狩猎采集生活传统。精灵（万物有灵）信仰、灵力（马纳）信仰和图腾崇拜，是萨满教时代的常见宗教表现方式。千奇百怪的精灵和动物图腾，会在部落社会精神领袖——萨满医师们的幻象中反复呈现，并强有力地发挥精神医疗能量的引领作用。史前的造型艺术，如西欧旧石器时代末期的洞穴壁画和新石器时代早期的小雕像（包括动物形的和人形的），如今在很大程度上可以归结为萨满教礼仪实践的物化保留形态。取代萨满教信仰形态的新宗教，是以男女诸神崇拜为特征的多神教信仰[3]。多神教信仰是伴随人类历史上最伟大的一次革命——农业革命而来的。农业起源与诸神起源的伴生性关联，在二者哪个是因哪个是果的问题上，专家们目前还没有达成一致意见。可以确认，世界最早发生的文明古国，基本上属于多神教信仰笼

---

[1] 为回应某些西方汉学家认为中国传统没有创世神话的偏见，文学人类学团队在中国现有的54个民族中已经找出51个民族的创世神话，并汇聚成一部大书。参看叶舒宪、王宪昭编：《中华创世神话精选》，上海人民出版社，2020年。
[2] [美]爱德华·威尔逊：《人类存在的意义》，钱静、魏薇译，浙江人民出版社，2018年，第155页。
[3] 关于从萨满信仰到多神教神话信仰，再到一神教神话信仰的历史递进过程。参看叶舒宪：《文明互鉴的文化基因视角——重写文学史的前提》，见曹顺庆编：《中外文化与文论》（第2辑），四川大学出版社，2024年。

罩下的政权，如苏美尔、古埃及、巴比伦和克里特的米诺文明等。尤为令人惊奇的是，有一种特殊材质的石头，在亚洲最西端的多神教信仰起源和农业起源时期的早期定居社会中闪亮登场，它的矿物学学名叫黑曜石。

由于黑曜石作为最初的魔法石而登上人类历史舞台，这时距离文明国家的出现还有6000多年的时间差，我们不能贸然使用"跨国贸易"这样的语词，只能用跨地区的远距离贸易来尝试说明10000年前以来地中海东岸地区，黑曜石在催生社会文明化进程中的重要作用。

二、农业革命、黑曜石与祖先崇拜起源

如果对比一下中国和西亚的农业起源期，明显差异不仅是农作物种类上的大米小米对大麦小麦，而且更突出地表现在原始陶器起源的伴生与否方面：人工驯化的稷稻农业生产的出现，在我国北方旱作地区和南方水田地区都是和制陶技术同步出现的；而西亚的情况则恰恰相反，是先有农业生产，过了大约两三千年之后，才出现最早的陶器生产。为此，考古学专家不得不发明一个新术语"前陶新石器时代"，并将其分为一早一晚两个时段，早段称为"前陶新石器时代A段"（英文简称PPNA），时间为距今11500年至距今10500年；晚段则命名为"前陶新石器时代B段"（英文简称PPNB），时间为距今10500年至距今9000年。

世界著名考古学家、澳大利亚国立大学的彼得·贝尔伍德在2005年出版《最早的农人：农业社会的起源》一书，这是一部专门论述人类社会农业起源情况的专著，其中居然8次提到黑曜石。为什么会这样呢？笔者在实施"中华文明探源的神话学研究"重大项目期间，于2015年撰文尝试解答这个疑问："值得引以为参照的是，国际考古学界和人类学界考察西亚地区文明发生的渊源，也聚焦到一种特殊的玉石崇拜现象：黑曜石。黑曜石被神化的过程大大早于世界上所有其他种类的玉石和宝石，而且早在近一万年前起就开始拉动史前人类的远程贸易交换行为。在那个时期，东亚的玉文化尚处在孕育的前夜，或者可以说尚未正式登场。从黑曜石的圣化扩展到青金石和金属矿石的圣化，全部过程仅用了数千年时间，就把人类带入最早的两大文明古国阶段——苏美尔和埃及。这就意味着，研究西亚和北非古文明起源的视野，因为抛开文献束缚而进入到承载宗教信仰和神话观念的文物与矿物，所以聚焦点放在从距今10000年到距今5000年这一时期。没有对特殊石头的关注就没有金属矿石的开采活动。这是

人类有史以来认识文明的空前深远的研究视野。"[1]

农业革命，黑曜石崇拜和多神教信仰的起源，这三者的共生性和彼此间的相互作用，成为驱动史前社会人口激增和社会复杂化的显著动力要素。从三者的同步登场，到城邦文明国家的出现，其间存在一种直接的因果关联过程。这在《最早的农人：农业社会的起源》一书中得到简明扼要的论说。该书第三章"西南亚农业起源"中有一个小节，题为"新石器革命的真正转折点"。贝尔伍德写道："对于大多数人来说，新石器革命的概念是指驯化作物农业的起源，它发生在西南亚的前陶新石器 A 段晚期或前陶新石器 B 段早期，约在公元前 9000 年至前 8500 年。……没有这场革命，就没有后来的文明。……这两种趋势是人口和家畜数量势不可挡增长的结果。这一时期见证了绵羊和山羊畜牧业的起源，也奠定了美索不达米亚早期城市的基础。这些活动造就了后来文明的辉煌，如欧贝德、乌鲁克和苏萨文化等，以及公元前三千纪的苏美尔、阿卡德和埃兰文明。美索不达米亚低地是后来这些文明的发祥之地。大约在公元前 6000 年，欧贝德灌溉农业人群在这里殖民，它们的经济和文化传统很大程度上源于前陶新石器 B 段。"[2]

对于我国一般读者而言，十分陌生的史前考古专业术语"前陶新石器 B 段"所代表的文化发展，为何对人类文明起源有那么重要的作用呢？如果连陶器类的容器生产都还没有出现，当时人用什么材质的容器来烹饪和饮食呢？我们看一下 21 世纪以来联合国教科文组织主持编写的《人类文明史》第一卷是这样描述的：这个时期持续了两千年或更长的一段时间，在西亚历史上具有非常重要的作用。因为这个时期结束时，人们除了种植植物，也开始家养五种动物：狗、山羊、绵羊、牛和猪。石质容器开始广泛盛行和复杂化，用泥灰和灰烬混合物做成的白色器皿也依照石质容器做成，并烤成早期陶器的样子，其中有些容器还涂了漆。许多遗址中开始出现壁画。对灰泥的了解使人们开始大量生产小雕像、小铸像、石膏浮雕等。开始用涂有泥灰的动物头骨装饰建筑物可能是祭祀仪式的需要。第一件金属小制品是用铜和铅做成的，用不同材料做成的珠子也开始兴起。用上等燧石和进口的黑曜石生产了大量的工具和武器（图 5-2）。[3]

---

[1] 叶舒宪、公维军：《从玉教到佛教——本土信仰与外来信仰的置换研究之一》，载《民族艺术》2015 年第 4 期。
[2] ［澳］彼得·贝尔伍德：《最早的农人：农业社会的起源》，陈洪波等译，上海古籍出版社，2020 年，第 85—86 页。
[3] ［法］S. J. 德拉埃主编：《人类文明史》（第 1 卷），中文版编译委员会译，译林出版社，2015 年，第 399—400 页。

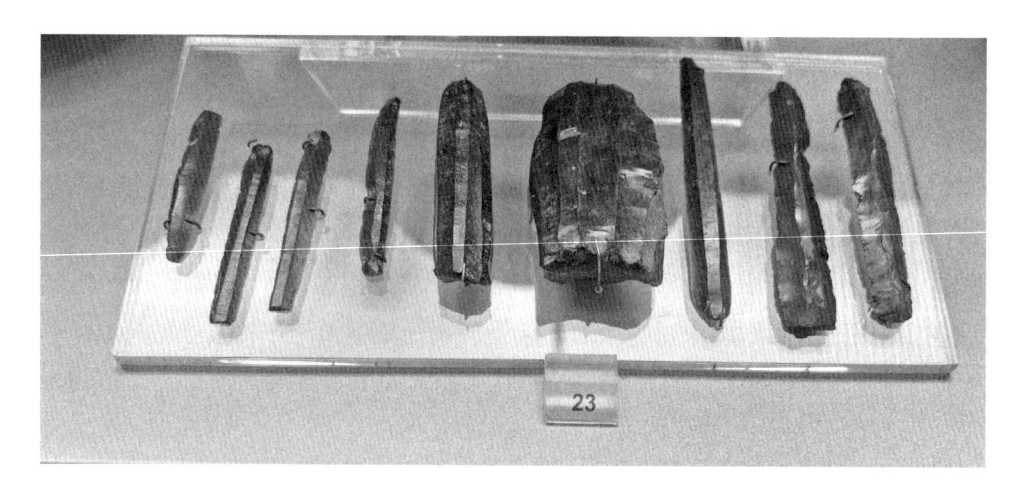

图5-2 爱琴海地区用黑曜石打制的石核、石刀，其年代从旧石器时代晚期就已经开启，据解说词这些黑曜石原料来自临近的米洛斯岛的火山区，叶舒宪2024年摄于希腊圣托里尼岛史前博物馆

此处不仅解答了前陶器时代的日用容器为石质容器的问题，而且再度强调黑曜石，将其视为一万多年以前世界上唯一享有进出口待遇和远距离运输的"商品"。换言之，在制陶术和冶金技术都没有发生以前，西部亚洲不同地区间的可辨识的交换产品，就是这种偏黑色的火山岩石。

黑曜石的贸易行为对拉动该地区文明化进程发挥着积极作用。上千人居住的中心聚落伴随有贸易场所、集体储存库、手工业基地和仪礼类建筑，亚麻衣服也在同期出现，主要用于仪礼类活动。社会分工和等级制的萌芽由此得到显现。

此时期出现的各种小雕像是神像吗？他们是什么神呢？除了延续旧石器时代狩猎采集社会的大母神和各种女神，小雕像中也有性别特征不明显的神，据推测其中不乏新晋而来的农业村社人群所供奉的祖先神。

祖先神的出现，伴随着农耕革命和定居生活方式的到来。因为人依赖土地生产食物，农业人口与特定土地的绑定关系得以建立和巩固。"当然，并不是所有这些变化都在前陶新石器时代才出现，女性塑像在欧亚大陆旧石器时代晚期艺术史上已经扮演了一个重要角色。纳图夫文化中也有去除颅骨的现象。但是对头（或颅骨）的崇拜显然表明了人们对'祖先'的日益重视，集体合葬也是如此，"[①]文学人类学所倡导的第三重证据即民族学和民俗学的材料，对于说明祖先崇拜伴随农业社会而来的现象，发挥着关键的证明作用："民族学记载

[①] ［澳］彼得·贝尔伍德：《最早的农人：农业社会的起源》，陈洪波等译，上海古籍出版社，2020年，第71页。

确凿表明祖先往往与血统世系相关。反之，血统世系往往与某一粮食生产地的所有权相关。'土地公有的血缘群体'长期以来一直都是人类学研究的重要关注对象。很多狩猎者和采集者，以及生活在人口密度低、土地可无偿获得地方的耕种者，社会结构都是双边的，血统关系并不重要。但是，当人口越来越密集，当土地的获得需要某种正式认可时，我们就会看到通过世系或血统来表明土地使用权的情况。世系要求确立一个祖先，从他那里可以追溯大家都一致认可的血统（展示颅骨可能就是发挥这个作用！）。"[1]民族学方面还有早期农耕社会的刀耕火种式生活方式的报告，其中伴生的一种血腥礼俗，命名为猎头巫术。甚至有在村寨入口摆放人头桩的现象，这些都是史前时期"展示颅骨"风俗遗留在后世的真实写照。至于农耕神话信仰中人头与谷物头（即谷穗）的生命力交感关系，笔者已在《高唐神女与维纳斯——中西文化中的爱与美主题》[2]书中有详细讨论；有关祖灵信仰和祖灵凭依圣物在中国传统中的表现方式的讨论，可参见笔者《祖灵在天：玉人像与玉柄形器的故事五千年》[3]。

以上的引述大致表明：多神教观念伴随早期农业社会和黑曜石传播运动的起源情况。各种考古发现的材料罗列，并不足以激活此类万年前的黑色晶石。这里有必要引用史前学研究中的一种观点，重建黑曜石作为魔法石鼻祖的真切文化语境。2005年英文读书界的一部畅销书《走进新石器时代的心灵》，引用一位名为乔纳森·拉斯特的专家观点说：

> 黑曜石工具的生产本身，就如同史前社会的魔法师绘制洞穴壁画一般，属于一种萨满教的实践活动。[4]

回顾本章初提到的当今晶石医学对黑曜石蕴含正能量的论述，再去体认石器时代萨满医师利用黑曜石刀具的魔法神力为病人治疗的场景，就能够做到古今贯通的深度理解和整体把握。《晶石的能量》在讲述医疗传统的章节，还有如下的开场白："古人相信晶石是他们的先祖从天堂送下来的礼物[5]"。

这句判断语，充满着"带入感和体验感"。它已经将同时伴随着农业革命而来的黑曜石崇拜与祖先崇拜的相关性，和盘托出了。黑曜石为何能够当选历史上一切魔法石的祖型问题，也相应有了答案。有一种专家观点认为，在农业

---

[1] [澳]彼得·贝尔伍德：《最早的农人：农业社会的起源》，陈洪波等译，上海古籍出版社，2020年，第73页。
[2] 该书第一版于1997年在中国社会科学出版社出版，第三版于2020年在陕西人民出版社出版。
[3] 叶舒宪：《高唐神女与维纳斯——中西文化中的爱与美主题》，上海人民出版社，2021年。
[4] David Lewis-Williams, David Pearce, *Inside the Neolithic Mind*, London: Thames & Hudson, 2005, p. 105.
[5] [英]西蒙、[英]苏·莉莉：《晶石的能量》，刘知纲译，鹭江出版社，2016年，第10页。

起源、黑曜石崇拜起源和祖先神崇拜起源三者之间，是精神信仰因素对人类行为发挥驱动作用。贝尔伍德就引用考古学家雅克·考文的观点说：新宗教崇拜带来的符号革命是西南亚新石器时代变革的主要动力之一。雅克·考文专门研究农业起源问题，在中东地区做过20多年的田野发掘工作。他在2000年推出《诸神与农业的起源》一书，第三章题为"象征的变革与新石器时代宗教的起源"，具体分析对象为9000年前土耳其黑曜石主产地附近的市镇神庙中的坐姿女神像等。

最后，再介绍另一位英国史前学专家英国学术院院士、雷丁大学教授史蒂文·米森《史前人类简史》的相关观点。米森根据1994至2002年新发掘的土耳其南部遗址哥贝力克巨石建筑，认为这里才是爆发新石器时代革命的中心地点。早在11000多年前，就有一批居民来到这里的山丘上，修筑出令人难以置信的宏大建筑：从石灰岩床上凿下了巨大的T型石柱。许多石柱高约2.44米，重达7吨。它们树立在圆形建筑内。每座建筑中心都置有两根石柱，最多有8根石柱被均匀地安排在边缘，石柱间设有长凳。许多石柱的表面刻有野生动物的形象——蛇、狐狸、野猪、野牛、瞪羚和仙鹤——还有类似红崖象形图案的神秘符号。有根柱子的表面刻着一条人类手臂，柱子本身犹如巨大的人类躯干。①

这种11000多年以前的山冈建筑奇观是由怎样的人群完成的？那时还没有发生农业革命，这一切工作都是由狩猎采集人群完成的。遗址的动物骨骼都属于野生种类，这表明哥贝克力人群曾经捕捉瞪羚、野牛和野猪。遗址的发现者，德国考古学家克劳斯·施密特认为这些石柱建筑群是欧亚大陆西端所知最早的典型宗教仪式场所，生活在山丘周围方圆100公里的不同人群会季节性地来这里举行祭祀大集会。史蒂文·米森对此提出一个大胆推测，西亚农业革命的起源，与哥贝克力的盛大宗教祭祀行为有直接的因果关联。原来的狩猎采集者为应对远近聚集而来的大量人群，将原来的野生谷物改变成人工驯化的新品种。他是这样描述的："小麦的驯化可能与人们同新仙女木期的恶劣环境做斗争关系不大，而只是驱使狩猎采集者在土耳其南部开凿和竖立巨型石柱的理念所带来的意外副产品。"②做出如此推断后，米森还发出深情的感叹：2002年10月的一个傍晚，站在山顶上，我真的觉得世界历史的转折点在哥贝克力而非耶利哥。

---

① ［英］史蒂文·米森：《史前人类简史：从冰河融化到农耕诞生的一万五千年》，王晨译，北京日报出版社，2021年，第83—84页。
② ［英］史蒂文·米森：《史前人类简史：从冰河融化到农耕诞生的一万五千年》，王晨译，北京日报出版社，2021年，第85页。

我想象着新石器时代的人在祭祀典礼结束后离开哥贝克力，把一袋袋的谷粒带回自己的野生园圃去播种，这样就把新的农耕生活方式传播到四方。

既然土耳其南部丘陵山地是西亚大陆黑曜石的唯一主产地，这种黑色火山岩资源也理所当然成为交换农产品粮食的筹码。新石器时代在土耳其南部萌发的贸易网络向南延展到约旦河谷地区，其结果是"在所有早期新石器时代遗址中都发现了黑曜石[①]"。美国学者布莱恩·费根绘制的地中海东部地区两个黑曜石矿源地（皆在土耳其）及其向周边输送传播玉石材料的示意图（图5-3），堪称是我们这个星球上发生最早的"玉石之路"，它比丝绸之路的出现至少要早8000至9000年。

在10000年前，当地的黑曜石资源除了用作工具和武器生产之外，还充分发挥其所蕴含的魔法神力，为最初的神像塑造发挥画龙点睛作用。1993年土耳其东南部考古发掘出乌尔法人（Urfa Man）石雕偶像（图5-4），其双眼就是用黑曜石镶嵌的。

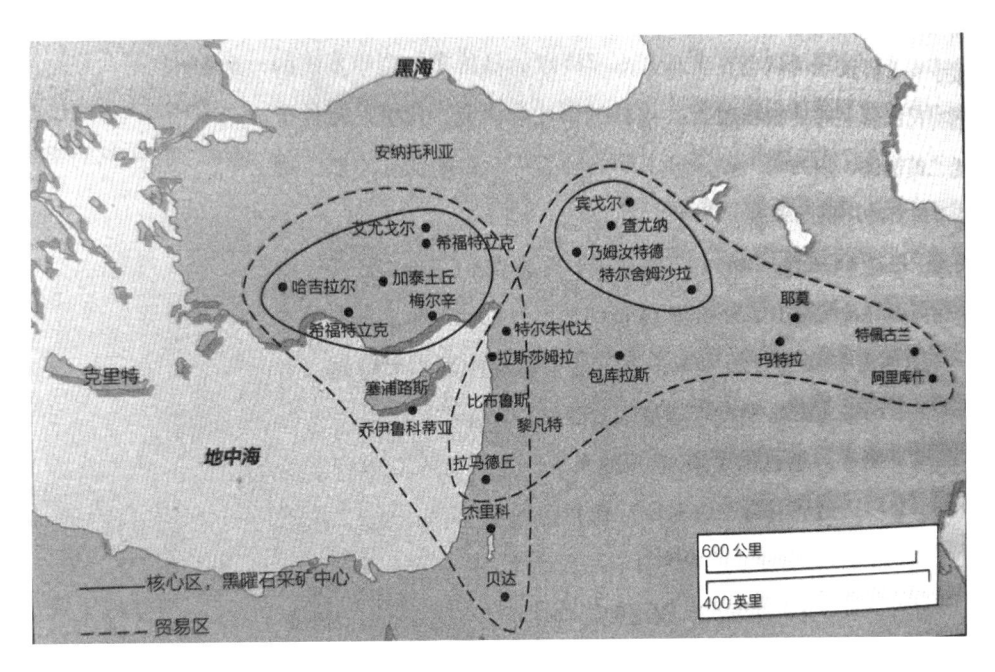

图5-3 地中海东部地区黑曜石矿源地及其向周边传播示意图
（引自布莱恩·费根：《考古学与史前文明》，袁媛译，中信出版集团，2020年，第146页）

---

① [英]史蒂文·米森：《史前人类简史：从冰河融化到农耕诞生的一万五千年》，王晨译，北京日报出版社，2021年，第86页。

图 5-4　1993 年土耳其东南部考古发掘的乌尔法人雕像，距今 10300 年，高 1.9 米，人像的眼睛是用黑曜石镶嵌的，现藏于土耳其尚勒乌尔法考古博物馆

2023 年在距离哥贝克力石阵不远的地点再度发现石器时代的巨石建筑遗址——卡拉汉特佩遗址。先入选联合国教科文组织世界遗产的哥贝克力石阵（Göbekli Tepe），又迎来其新的姐妹遗址和大批神圣动物石雕像。被媒体誉为"历

史的零点"（zero-point of history）的西亚圣地，正在经历一场出人意料的面积大扩容。2024年11月4日至8日，首届世界新石器时代考古大会在土耳其尚勒乌尔法召开，吸引了来自64个国家486家机构的1000名学者共赴盛会并参观考古现场。开幕式后首发的主旨演讲人，就是本章多次引用的彼得·贝尔伍德教授，他演讲的题目为"进入新石器时代：食物生产在过去12000年间对全球人类历史的影响"。

三、青金石：地中海文明的神话元宇宙

马克思曾用"拜金主义"这样的拜物教术语形容西方资本主义的特征。当今的国际金融市场上，黄金依然是首屈一指的价值投资标的。而中国人熟知的成语"黄金有价玉无价"，却也揭示出我国文明传统中还有比黄金更贵重的奢侈物玉石。本章以上两节的内容，表明在西方文明的祖根即地中海文明孕育期的上万年历史时段中，比黄金和一切贵金属更早登场的代表早期社会神话价值观的圣物，是以土耳其为主产地、以希腊半岛以南的基克拉迪群岛为副产地的黑曜石。如果说黑曜石是催生西方文明的整个地中海文化新石器时代的标志性圣物，那么另外一种玉石——主产地在中亚地区阿富汗的青金石（又译天青石），就是世界文明古国中最早的两个——苏美尔文明和古埃及文明所共享的标志性圣物。

上海博物馆2024年举办的"金字塔之巅——古埃及文明大展"中，一件金光灿灿的超级项圈加项链（图5-5），是引发围观较多的文物。由于前两年在四川广汉三星堆出土一批3000多年前的古蜀国金器饰品，再加全球的黄金投资者在2024年取得意想不到的超额收益，当下的文博热中所有黄金文物都比其他文物具有更加显著的吸睛效果。

从国王御制项圈的解说词（图5-6）中可知，这件金光灿灿的三千年文物的主要材质有三种：黄金、青金石和铅质玻璃。黄金，一般人都不陌生。青金石，是一种以深青色为底色的不透光的玉石，底色中还闪烁着金色的斑点。铅质玻璃，属于人工仿制的青金石产品。由于青金石材料的稀缺性高于黄金，所以古埃及人发明出一种仿制品来替代青金石，这便是玻璃（琉璃）的发明。对于古埃及的统治阶层而言，"除去黄金，他们也钟爱青金石，常用它来镶嵌神像"。换一种更直白的说法，黄金代表太阳神的光芒，青金石则可以代表神圣的深邃太空。二者的结合不只是出于对审美的视觉效果的追求，更重要的是体现神话的元宇宙观的需要。对于所有的文明古国来说，是神话宇宙观决定价值观和价值

物，没有例外的情况。古埃及第二十二王朝的另一件皇室文物（图 5-7），更能彰显黄金加青金石的制作工艺细节。

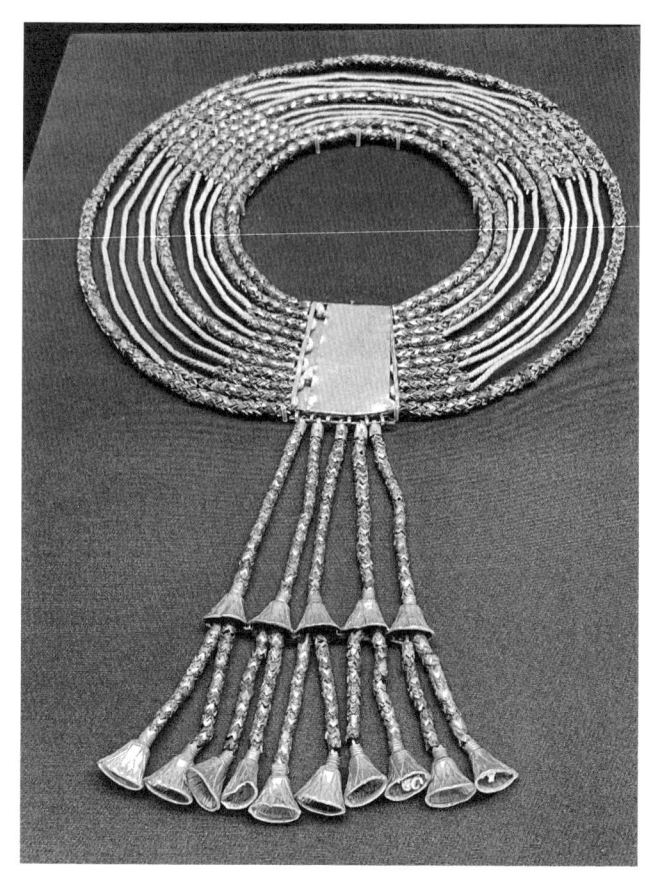

通常表现为鹰头人身的荷鲁斯，是埃及神话中的男性天空之神。他右眼为日，左眼为月，其神格对应埃及万神殿中的至上主神拉，既是为全宇宙带来光明的神圣象征，又是人间王权的重要标志——首选的法老权力符号。笔者尝试对这件古埃及第二十二王

图 5-5 古埃及第二十一王朝的国王御制项圈，材质为黄金加青金石，距今约 3000 年，叶舒宪摄于上海博物馆

图 5-6 古埃及第二十一王朝国王项圈的中英文全名及解说词，叶舒宪摄于上海博物馆

078 | 神话与创意：文化基因的理论视角

图5-7 古埃及第二十二王朝的神像饰品，用金和银制成主体，再用青金石镶嵌中央莲花座上的荷鲁斯神，距今约3000年，现藏于埃及国家博物馆，叶舒宪摄于上海博物馆

朝的神像饰品的图像叙事略加解析：在一左一右的两位女神加持下，荷鲁斯位居中央，以神羊化身形象，头顶太阳盘，端坐在莲花座上。莲花和神羊的象征意义皆为神圣生命力和死而再生能量。饰品周围一圈的材质都是黄金，唯有中央部位的荷鲁斯神像采用薄片状的青金石浮雕而成，再以镶嵌工艺纳入金质托架中。青金石与黄金的价值高下和神圣次序，在这件文物的精巧的总体构图中，已经得到清楚直观的呈现。用黄金加青金石或绿松石制成的著名文物荷鲁斯之眼，是当时流行的神圣护身符，象征着对佩戴者的神力保护和生命力再生。这种形象在古埃及工艺品和文学叙事中反复出现，凸显出荷鲁斯神的强大威力。荷鲁斯的鹰隼象征，一方面隐喻着天空和太阳，另一方面还要彰显作为法老守护神的意义，即保佑最高统治者及其国家的子民。

4000年前第十二王朝的一件金玉组合的多彩饰品（图5-8），就是由金色的黄金，加上红色玛瑙、深青色青金石、天蓝色绿松石珠串编织为一体的。埃及统治者为什么如此偏爱黄金和玉石呢？埃及神话中最有故事的女性角色伊西斯女神的一个别名，便可以透露出当时人的沉浸式神话联想——"青金石与绿松

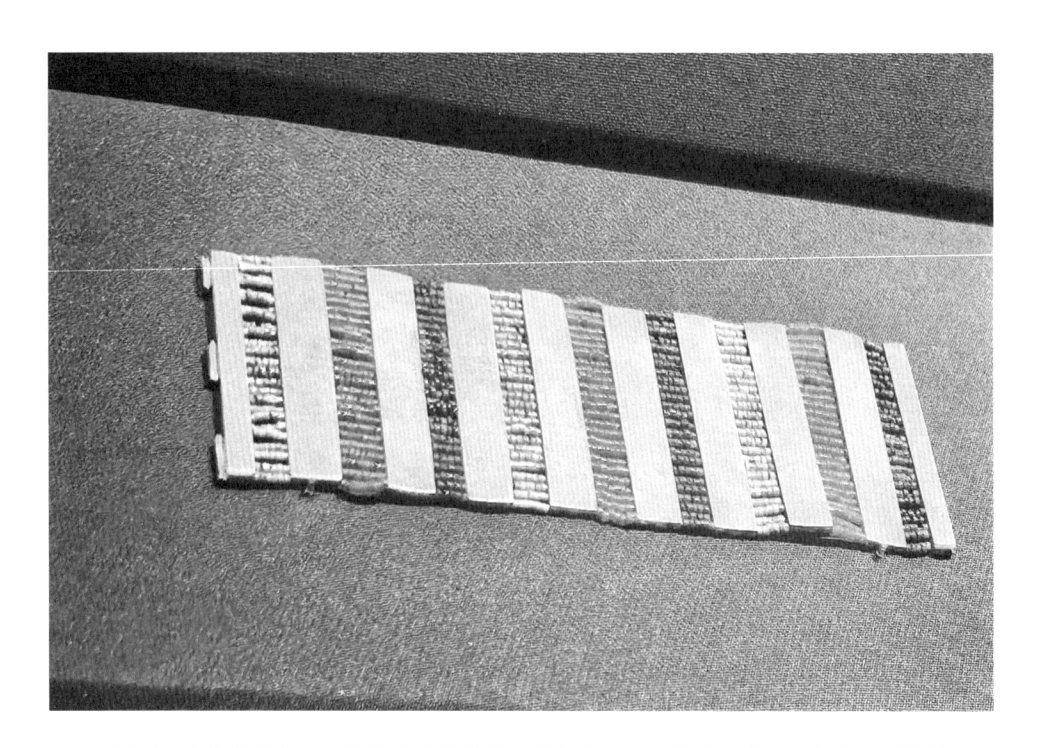

图 5-8　古埃及第十二王朝的串珠宽手镯，用黄金、红玉髓（玛瑙）、青金石、绿松石、玻璃五种材料的珠子编制而成，距今约 4000 年，现藏于埃及国家博物馆，叶舒宪摄于上海博物馆

石女神"（图 5-9）。这和我国纳西族东巴经经文中唱诵的四种神圣化玉石的情况，属于完全同类的拜物教信仰的文化编码，即拜神和拜物的统一性。从颜色上的差异看，深青色的青金石体现夜空之色，而天蓝色的绿松石则体现白昼的天空。古埃及文物中常见的深青色琉璃，属于人造的青金石；而天蓝色的费昂斯（釉砂），则属于人造绿松石。

在历史研究中，如果第四重证据能够和其他三重证据产生对应的情况，那就是人文学研究更加接近科学实证的理想的解决方案。用青金石类比天神和天空的神话元宇宙观，并非古埃及人的发明，而是来自更早的苏美尔文明。苏美尔人发明的楔形文字是最古老的文字，在随后的书写文学中留下十分确凿的证明。《苏美尔神话》中译本附录的文章《苏美尔青金石神话研究》[①]对此做出较详细的陈述，共包括八个神话叙事的内容。这里仅引用第一个神话案例，月神

---

① 该文见［美］克拉莫尔：《苏美尔神话》，叶舒宪、金立江译，陕西师范大学出版总社，2013 年，附录第 175—198 页。

图 5-9 公元前 7 世纪，后埃及时期用人造绿松石即费昂斯制作的伊西斯女神像，萨卡拉考古遗址出土，叶舒宪摄于上海博物馆

第五章 魔法石之祖：玉石神话催生文明 | 081

南纳乘坐一艘圆形船做穿越天界的旅行："于是就给黑暗的青金石的天空带来光亮。"

这篇题为《宇宙的组织》的神话文本所使用的合成词"青金石的天空"（lapis lazuli sky），清楚表明苏美尔人建构的神话元宇宙特色，将藏青色玉石联想为构成天宇的质料，这与女娲补天神话隐喻的以五色玉石为天的中国式想象，有异曲同工之处。由天推及天神，再推及天神特性即永生不死，玉石神话信仰的三位一体教义形成都遵循着同样的类比逻辑。

本章的结尾，在论述人类最早文明古国埃及和苏美尔的青金石神话元宇宙观建构同时，仍要提及更老资格的魔法石即黑曜石的命运。它并没有在文明国家诞生以后完全隐退或消亡，而是和后起的美石青金石、绿松石等并驾齐驱，只不过在数量上和耀眼程度上显得略逊一筹罢了。

审视这件4200年前的古埃及第六王朝金质鹰集神荷鲁斯头像（图5-10），值得留意荷鲁斯神化身鹰隼形象的刻画细节：以黄金为底加镶嵌黑曜石的工艺完成鹰隼眼睛的创意设计。这不是回应一万年前土耳其石雕神像的点睛之笔吗？地中海文化大传统的上五千年信仰和仪式行为，如何为下五千年文明的皇家艺术提供创意方向，在此看得十分明白。

最后看看20世纪最有轰动效应的考古发现，1922年对埃及新王国第十八王朝法老图坦卡蒙（公元前1333—前1323年）之墓的发掘，引人注目的顶级文物是法老木乃伊上的黄金大面罩（图5-11）。其艺术创意就在于：采用虚拟现实的建构方式，将死去的法老变为天神。究竟如何建构呢？用代表太阳光的黄金和代表天界的青金石来做成木乃伊的仿真外观，彰显出尤与伦比的玄幻感和神圣感。

图坦卡蒙的金面罩以虚拟神像的方式来制作，黄金为主体，外加条纹状镶嵌的青金石、绿松石、红玛瑙和模仿青金石的青色琉璃。眼眶和眉毛均用青金石勾勒，眼球用白色石英石，唯有瞳孔是以黑曜石镶嵌的。这里再次发挥黑曜石的点睛之用。从金镶玉的大面罩对各种玉石材质的使用比例，可以看出最老资格的又黑又亮的魔法石，是怎样逐渐让位于后来居上的蓝色美石——青金石和绿松石的。

如果仔细端详图坦卡蒙黄金大面罩的背面（图5-12）造型，你会在瑰丽的玄幻中体悟到蓝天日出的壮美景象，这就反衬出古埃及人将青金石的美丽色泽类比天宇的惊艳联想。整个面罩的背后就是一幅在蓝天背景中发散出太阳的万道金光的绚丽意象。当然，古埃及艺人的匠心设计，还是借自更古老的苏美尔人的神话创意：以青金石为天的构成材料。

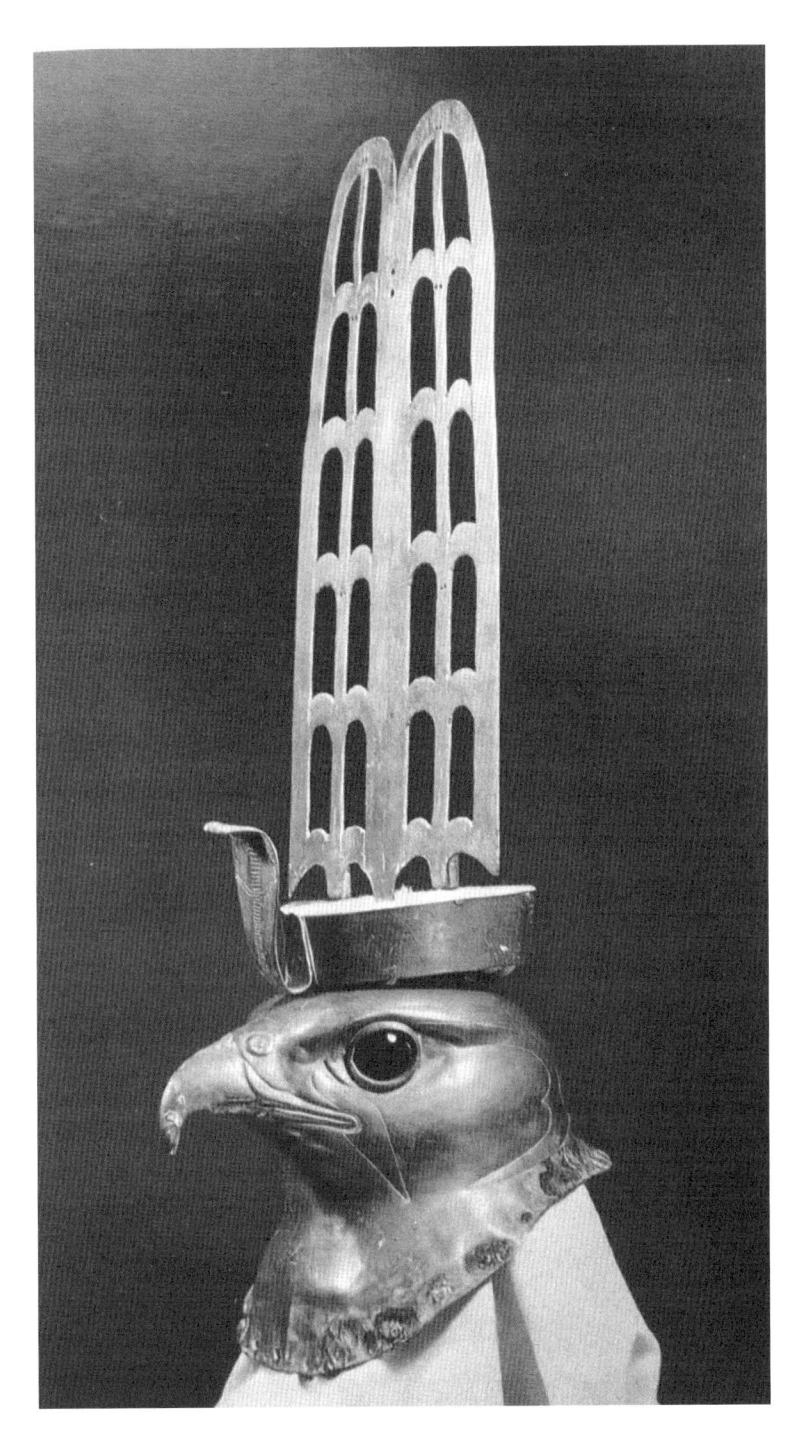

图 5-10 古埃及第六王朝金质鹰隼神荷鲁斯头像，出自荷鲁斯最早的崇拜中心地赫拉康波利斯，距今约 4200 年，现藏于埃及国家博物馆

（引自理查德·威尔金森：《埃及众神》，颜海英等译，贵州人民出版社，2022 年，第 201 页）

第五章　魔法石之祖：玉石神话催生文明 | 083

图5-11　古埃及新王国第十八王朝法老图坦卡蒙木乃伊的黄金大面罩,用黄金加青金石、绿松石制成。距今约3400年。现存于埃及国家博物馆

（引自海伦·斯特拉德威克编辑：《古埃及》,刘雪婷等译,上海科学技术文献出版社,2008年,第302页）

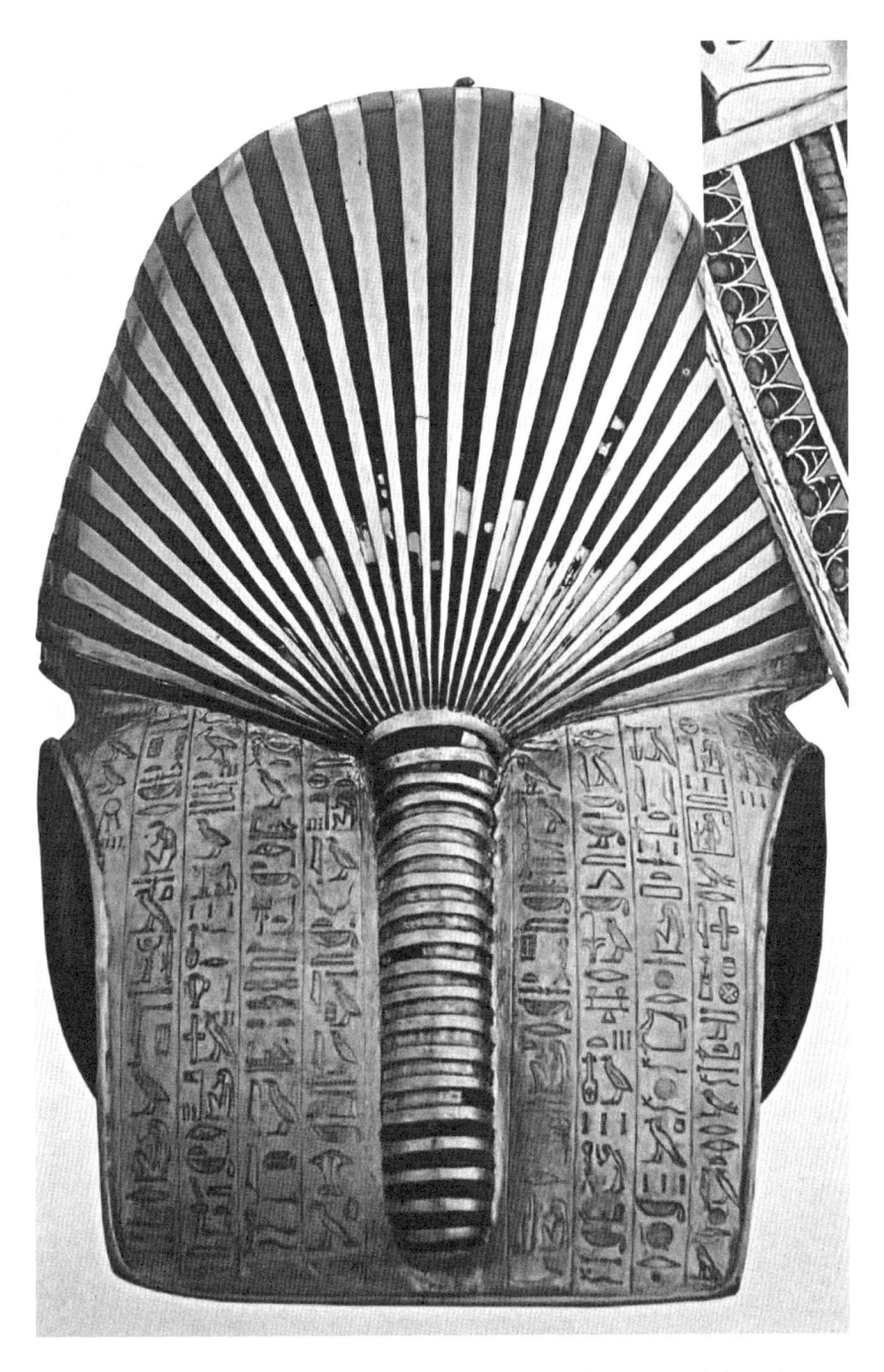

图 5-12 古埃及第十八王朝的图坦卡蒙黄金加青金石面罩的背面照
（引自海伦·斯特拉德威克编辑：《古埃及》，刘雪婷等译，上海科学技术文献出版社，2008年，第 303 页）

希望读者在本章论说中，能够不为帝王级的珠光宝气所迷惑，在深度历史理解的基础上，亲身体验到魔法石的功效：启迪、净化、转变。

参考文献

［1］西蒙，莉莉．晶石的能量［M］．刘知纲，译．厦门：鹭江出版社，2016.

［2］贝尔伍德．最早的农人：农业社会的起源［M］．陈洪波，等译．上海：上海古籍出版社，2020.

［3］斯特拉德威克．古埃及［M］．刘雪婷，等译．上海：上海科学技术文献出版社，2008.

［4］克拉莫尔．苏美尔神话［M］．叶舒宪，金立江，译．西安：陕西师范大学出版总社，2013.

［5］布罗代尔．地中海考古［M］．蒋明炜，等译．北京：社会科学文献出版社，2005.

［6］Mithen S. *After the ice: a global human history 20000—5000BC*［M］．Cambridge, Massachusetts: Harvard University Press, 2003.

［7］米森．史前人类简史［M］．王晨，译．北京：北京日报出版社，2021.

［8］夏鼐．埃及古珠考［M］．颜海英，等译．北京：社会科学文献出版社，2020.

第六章　玉石神话：中华认同的文化基因

本章从玉石神话来看中华文化认同的发生过程，有三方面：

第一，发现中国文化的大传统。前面章节提出，所谓大传统就是文字诞生以前的传统，一切小传统里的再编码都要回到大传统中去寻找元编码，这里有中华文化认同的根。

第二，玉文化作为文化基因有万年，成为塑造文明特质的信仰之根。从发现兴隆洼文化以来，中国玉文化起源被认定于8000年前，这里出现的玉玦，自北向南传播，经历4000年的历程到达珠三角地区。2018年新发现于吉林白城双塔遗址的玉环，距今足足1万年。玉文化在我国北方地区萌芽，用时约6000年覆盖到国土的大部分地区。在距今4000年前后，终于发现世界上最优等玉矿所在地——新疆和田。此后的4000年，是西玉东输的时期，来自新疆的和田玉大量输入中原，于是出现了"玉之所存，国之所存"的现象。玉文化是理解中华文化基因的不可缺少的密码。与苏美尔文明、古埃及文明崇尚黄金不同，中国文化主要崇尚玉石，加上随后出现的丝帛崇拜，合称为古汉语关键词"玉帛"，构成祭神拜祖的中介圣物谱。从以玉事神到比德于玉，玉文化孕育并维系了中国文明源远流长的信仰之根。

第三，玉石神话与华夏认同，玉文化与当代文化产业的关系。始于1万年前的北玉南传和4000年前的西玉东输，涵盖当今中国版图上的大部分区域。由玉石神话催生出的华夏认同，从某种程度上让我们了解到中国何以这么大、历史何以这么久的原因。而深厚的玉文化资源正是当今文化产业和创意经济的重要助力。

一、发现中国文化的大传统

本章涉及的一些神话学研究的方法论，我们称之为"格物致知"，这是与以往靠书本记载研究历史的方法截然不同的。众所周知，文字记载的内容只有3000年，所以要想进入3000年前的历史，光靠文字是行不通的，还要借助3000年前的"物"来证实。文学人类学提出大、小传统理论，实际上是对现有知识观的一种更新。这个理论旨在面向未来，过去没有人提到过，也没有人用此理论研究过文字之前的历史，所以它可以说是传统历史研究法的升级版。大传统理论的提出，是希望借助文字以外新发现的知识，把失落的文化信息重新寻找回来。我们在第一章就曾讲，神话绝非文学体裁那么简单。神话首先是对神的信仰。那么对古人来说，何为信仰？一切神圣的东西都是信仰，它与世俗有着本质的区别。如此一来，神话就成为对文化编码的原型。一旦了解到这一点，关于创意的问题就会迎刃而解。一切伟大的艺术家，都可以称得上是创意家。以《红楼梦》为例，其中就隐含着神话的创意。细读此书，就会发现曹雪芹的创意都来自对原编码的再编码。举个简单的例子，《红楼梦》原名叫《石头记》，其中主人公贾宝玉和林黛玉都带有"玉"字，贾宝玉身上的那块玉叫作通灵宝玉，仅这"通灵"二字，就能让人生发出多少神话的联想；再比如第一回讲到女娲炼石补天的情节，初看似乎没有什么特别之处，如果联系到贾宝玉那句"女人是水做的骨肉"，就会悟出这里面含有女神崇拜的意味。

上章讲述的有关苏美尔、古埃及的黑曜石、青金石神话，目的在于为人类文明的发生提供一个宏观背景，让大家意识到，宝石崇拜非中国人独有，世界各地都不乏宝石崇拜。更重要的是，对宝石的这种信仰拉动了人类走出原始荒蛮的状态，进入了商品的生产流通贸易，随后又建立了神权政治。因此，与文明相伴而来的东西，一定跟各种玉石、宝石有关。

新石器时代以来，中国东北地区的先民最先产生了玉石信仰（图6-1）。内蒙古赤峰出土的玉玦（图6-2），属于距今8000年前的兴隆洼文化。"玦"的发音与"绝"有关，所以古人有"绝人以玦"的说法。鸿门宴上有这么一段记载，范增"举所戴玉玦以示之（项羽）者三"，即范增通过举起其所戴玉玦提醒项羽要当机立断。屈原在即将告别楚王之时，将自己身上戴的一件玉玦抛于江中，以示决绝之意。这些都是小传统里的再编码，其原编码都要在大传统里去寻找。兴隆洼文化中出土的玉玦，都是成对的，一般位于死者头骨的两侧。很明显，玉玦原先是戴在死者耳朵上的。但是在8000年前，玉玦不是所有人都能够拥有的。

图 6-1　黑龙江小南山遗址出土玉玦，距今9000年，叶舒宪2023年摄于黑龙江省博物馆

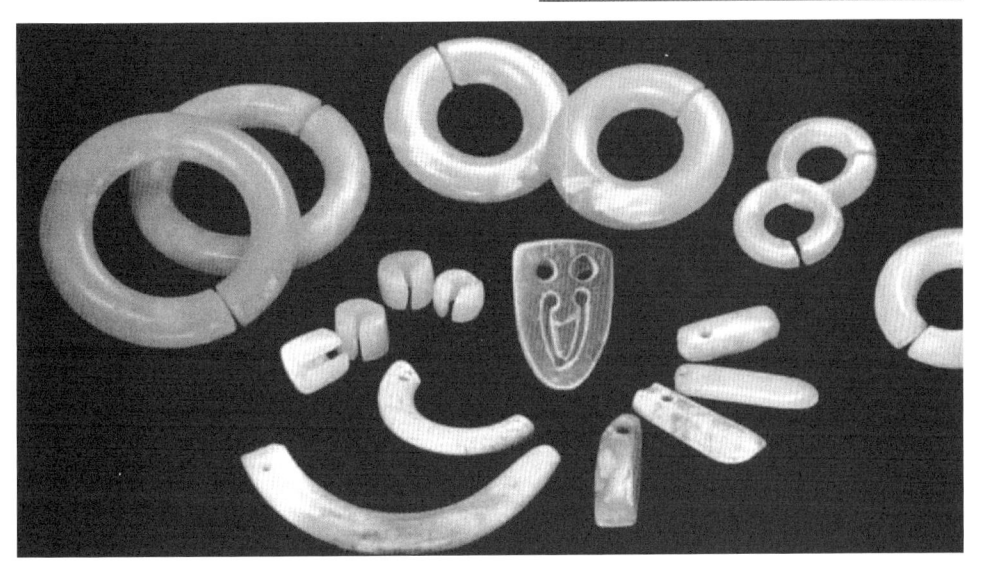

图 6-2　赤峰学院红山文化国际研究中心展出的兴隆洼文化玉器

从考古发掘的情况来看，100座墓葬中只有1座墓葬出玉玦，由此可见，佩戴者的身份非同一般。从其他陪葬物品看来，只有部落的首领或大巫师才有资格佩戴玉玦。

那么，巫师佩戴玉玦是起到装饰的作用还是别有深意呢？8000年前的先民恐怕还没有那种审美的层次。所以我们倾向于将之解读为一种信仰。《山海经》中有9处"珥蛇"记录，佩戴者不是指神就是指圣王。那么，为什么要佩戴在耳朵上呢？这就需要从中医的人体宇宙观入手。人体作为某种微缩版的小宇宙，与大宇宙息息相关。《听你之身：道的智慧》一书开篇写道：

我们通常认为我们的身体是独立自足的，是同我们呼吸的空气、我们脚踏的大地相分离的。不错，人体自身就是一个完整的宇宙。但是，

第六章　玉石神话：中华认同的文化基因　│　089

身体只是我们生活于其中的大宇宙的一部分，我们的生命须臾也离不开那个大宇宙。①

耳在中医身体观中具有联通大小宇宙的特殊意义。从《耳朵人体衍射图》（图6-3）可知，耳朵被想象为倒置的胚胎状人体蜷缩在子宫时的景象。耳朵上方是手足，耳垂部位则为人头。耳饰皆集中佩戴在耳垂部位，显然是对应人头的。宇宙之精气集中于耳垂的想象，使这一部位成为天人沟通时最重要的人体部位，这会让不熟悉中医知识的现代人感到费解。一旦补习了相关的远古人体观和宇宙精气说知识，耳部佩戴玦饰的神话意味就会了然于心。

考古学界一般将城市、文字、青铜器的出现作为文明诞生的标志。如果三者缺一，就不能构成文明，而只能归诸史前部落社会了。但是用这个标准来研究华夏文明，是远远不够的。陕西石峁遗址出土的用石头建筑的城市，距今约4000年，青铜器的历史也是4000多年前最先出现在齐家文化中，后来开始逐渐

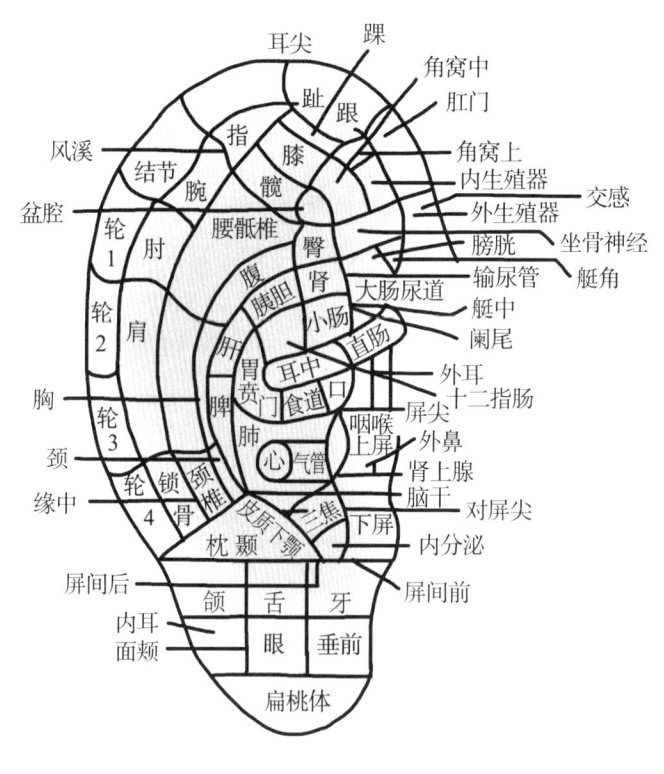

图6-3 耳朵人体衍射图

---

① Bisong Guo and Andrew Powell, *Listen to Your Body: the Wisdom of the Dao*, Honolulu: University of Hawaii Press, 2002, p .3.

090 ｜ 神话与创意：文化基因的理论视角

向中原地区发展；而甲骨文的历史只有 3300 年，且只集中在安阳地区，其他地区极少出现。如果用这样的标准来衡量文明的话，那中华文明至多有 3500 年，距离我们众所周知的 5000 年文明相差了整整 1500 年。上一章我们提到的苏美尔文明，其楔形文字有 5300 年的历史，而且那时早已出现了城市和青铜器。所以苏美尔文明在国际上被认为是最古老的文明，有些考古学家统计，苏美尔文明在 26 个指标上都要远远领先于同时期文明，所以它是不折不扣的人类文明的曙光。与之相比，世界上许多地区还是不毛之地。但是苏美尔文明只延续到公元前 2000 多年就消失了。目前尚不知地球上哪一个人种是苏美尔人的后裔。古埃及文明稍晚于苏美尔文明，诞生于 5000 年前。其时不但有了象形文字、青铜器、城市，而且也出现了青金石和绿松石崇拜。相比之下，中国声称的 5000 年文明就有点底气不足了。为什么这样说呢？因为和这两个真正的文明古国相比，我们的文字比人家要晚 2000 年，青铜器晚 1500 年，城市——目前发现最大的史前城市是陕西石峁遗址——似乎也要晚 1000 年左右。那用什么来证明我们的 5000 年文明呢？那就是我们独具特色且延续了近一万年的"玉文化"。

中华文明是世界上仅存的未曾中断的古老文明，这是苏美尔、古埃及、古巴比伦文明所没有的幸运。那么，从石器时代一直绵延至今，其文化生命力持久不衰的奥秘何在？虽然历经政治军事磨难与分合变迁、改朝换代，依然能够异常顽强地在亚洲东端广大地域里长久地将诸多不同族群与民族的庞大人口维系在一个大国的行政体制之内，其原因何在？这里就涉及一个文化认同的问题。萨利姆·阿布在《文化认同性的变形》中对这一概念作了简略的解释说：

> 文化认同性基本上是指民族性。民族性是指一个集团的特征，这种特征表现为其成员有着共同的历史或起源以及一种特殊的文化遗产，尽管其历史和起源经常被神话化，其文化遗产从未是完全同质的。根本的问题在于这些共同要素是有关的集团所表现出的鲜明特征，而且其他人也认为如此。[1]

此处阿布对文化认同的解释显得简单，但毕竟还是把握住了思考认同问题的核心要素——某种被神话化的历史或共同文化遗产。对中国来说，毋庸置疑，这种被神话化的历史或共同文化遗产就是指玉！

翻开最古老的字典《说文解字》，一般人会对开篇的 126 个带玉偏旁的字一头雾水：古人为什么要造出这么多在现在看来如此陌生的字？结合文化大传

---

[1] 《第欧根尼》中文精选编辑委员会编选：《文化认同性的变形》，商务印书馆，2008 年，第 11 页。

统的新知识，对这个问题的理解可能会渐渐水落石出。凡是小传统里出现的东西，都要从大传统的原编码里去寻找。大传统对于小传统是孕育、催生与被孕育、被催生的关系，或者说是原生与派生的关系。大传统铸塑而成的文化基因和模式，成为小传统发生的母胎，对小传统必然形成巨大和深远的影响。反过来，小传统之于大传统，除了有继承和拓展的关系，同时有取代、遮蔽与被取代、被遮蔽的关系。换言之，后起的小传统倚重文字符号，必然对无文字的大传统要素造成某种筛选、断裂、遮蔽和遗忘。这就是为什么现代人看不懂《说文解字》126个玉偏旁字的原因。3300多年的小传统里最美好的东西，都是和玉有关的。藏于台北延平宫的世界上最大的和田玉雕像，雕的是民族英雄郑成功（图6-4）。台湾人更是将他视为神灵，用最昂贵、最神圣的和田玉来纪念他。参考古埃及语中"雕像"一词的本义就是"使他存活着"。5000年前的红山文化玉熊雕像

图6-4 世界最大的和田玉雕像——台北延平宫郑成功像

（图6-5），展示在台北故宫的石器时代展厅中。红山文化时代的先民，有着鲜明的女神崇拜和熊崇拜。女神代表生育，熊代表着生命力。这种对生命力的崇拜，延续了5000年，一直到清朝乾隆时期，将和田美玉雕刻成熊形的风气仍不绝如缕（图6-6）。

图6-5 红山文化玉熊，台北故宫博物院展品

图 6-6　清乾隆时期白玉熊形玉尊，台北故宫博物院藏品

为了便于说明，通过对中国文化大小传统的重新划分，以及对中国玉石神话发生的古层分析，中原地区史前文化传统可简化为三个依次叠加的史前文化层：前仰韶时代（玉神崇拜期：玉玦、玉环璧、玉璜）、仰韶时代（玉礼神话孕育期：玉钺、玉璜、玉璧、玉镯）、龙山时代（玉礼神话形成期：玉琮、玉璋、玉圭）。这三个时代合起来构成中华文明孕育期的"玉器时代"，与地中海文

明发生期的"黄金时代"形成鲜明对照，由此得出中西神话的大传统研究断代系谱新视角。就东亚的玉文化而言，初步梳理出的玉石神话大传统的编年史体系如下：

玉石神话 1——珥蛇珥玉神话：玉玦、玉珠、玉璧、玉斧，距今 9000 年；

玉石神话 2——虹龙神话：玉璜、玉锛，距今 7000 年；

玉石神话 3——王权神话观：玉钺、玉圭，距今 6000 年；

玉石神话 4——黄帝食玉神话：玉英、玉琀，距今 5000 年；

玉石神话 5——尧舜班瑞神话：玉璋、玉戈，距今 4500 年；

玉石神话 6——夏禹玄圭神话：金玉组合礼器，距今 4000 年；

玉石神话 7——商纣王天智玉神话，距今 3200 年；

玉石神话 8——姜太公钓玉璜神话，距今 3000 年；

玉石神话 9——周穆王昆仑访玉神话，距今 2800 年；

玉石神话 10——楚王得和氏璧神话，距今 2500 年；

玉石神话 11——秦昭王求和氏璧神话，距今 2300 年；

玉石神话 12——秦始皇传国玉玺，距今 2200 年。

传统的中华史观以 5000 多年前的炎黄为开端，但是缺少商代以上的实物证据。从黄帝到殷商的一大段历史成为悬案。自疑古派思维风行现代学术界以来，东周以上的历史受到怀疑和挑战。12 个阶段的玉石神话叙事，均有相应的玉器实物做证据，所以不能看成文学虚构的神话。严谨而追求实学的人，会把炎黄和尧舜禹视为传说人物，不认可其历史真实性。如今的解决策略是，先打破和放弃神话与历史截然对立、不可调和的旧观念，借鉴新史学的"神话历史"概念，通过对考古文物的分析找出玉石神话观的历史传承发展线索，与相应的文献记载联系起来，重构华夏玉石神话信仰的核心价值观及其所支配的华夏神话历史大传统。

二、玉文化作为万年文化基因：塑造文明特质的信仰之根

前面对玉玦的神话观念作了初步的分析，这里再简单介绍一下玉玦的渊源情况，从而认识到这种仅见于东亚和东南亚的玉器是如何传播的。根据陈星灿研究员的研究，我国境内出土玉玦最早的当然是东北地区的兴隆洼文化，距今约 8000 年，后来影响到红山文化的环形玦、兽形玦。但是兽形玦是佩戴在胸前的，而不是挂在耳朵上的。但毫无疑问，佩戴这种兽形玦绝不是作装饰使用，而是一种显圣物。长江中下游地区出土玉玦最多的文化是河姆渡文化前期和马

家浜文化，虽然在形制上出现了一些变化，但还是可以看出和兴隆洼文化一脉相承的痕迹。新发现的黑龙江饶河县小南山遗址出土玉玦，又将玦的传统提前至9200年前。令人感到奇怪的是，玉文化极发达的良渚文化中，玉玦形器却极少发现，目前仅有一件出土。北阴阳营文化继承了马家浜文化玉玦的传统，表现出前后相继的特征。此外，在薛家岗文化、大溪文化等其他江南地区史前文化都出土了玉玦，形制上大同小异，可能是受到长江下游文化的影响。东南沿海的玉玦，虽然有自己的特色，但是璧形玦和环形玦与长江中下游又表现出极大的一致性。目前黄河上中游一带尚未发现史前玉玦的规模性分布，所以玉玦的传播极有可能是沿单线自北向南传播的。（图6-7）

要给图6-8这件极具抽象意味的玉器命名，是一件非常困难的事情。虽然在20世纪80年代，考古学者就将之命名为"勾云形玉器"，但几十年来，对这类器物不同的解说就已经不下10种。文化研究专家郭大顺先生曾经说过："红山文化玉器中变化最多也最难琢磨的玉器是勾云形玉器。"对它的象征性解释，有云形说、饕餮说、龙形说、凤凰说、兽面说、鸟兽合体说、多种动物缠绞和

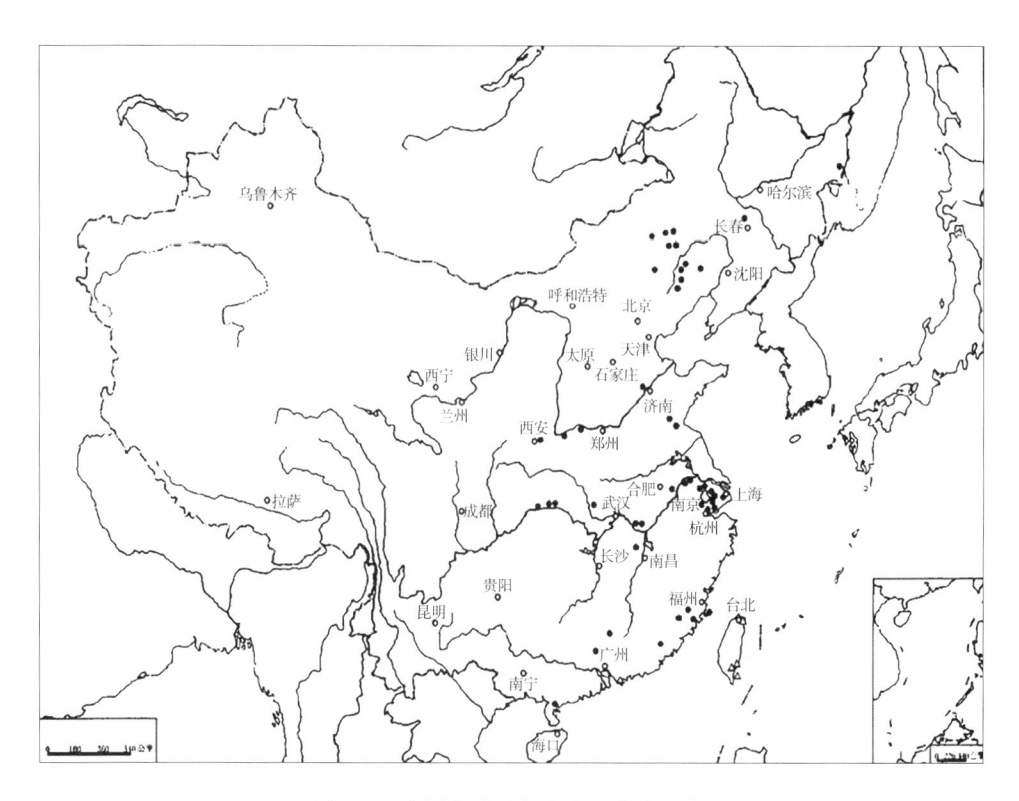

图6-7 中国史前时期出土玉玦的区域

图 6-8　红山文化勾云形玉器

咬斗形说、玫瑰花说和神目说等等，不一而足。但是我们认为所谓的勾云形玉器最突出的地方莫过于那双螺旋形眼睛，那么这类眼睛到底是何种生物所有呢？近年来，学界又提出了一种猫头鹰说，为我们理解此物的原型找到了突破口。

田广林先生最先提出勾云形玉器即猫头鹰的见解，他认为，所谓勾云形玉器，其实和云没有什么关系，被广泛误为云形的器物，原是表现鸟类羽翅的一种雕刻风格，这当然也和勾云无关，不应称作勾云形玉器。如果要再找出勾云形玉器为猫头鹰的证据，那么最明显的就是那双会旋转的眼睛。古器物上凡是表现猫头鹰形象的，都要突出那对大眼，或者成为车轮眼，或者成为漩涡眼，总之都是鸮神（猫头鹰神）的标志。这样一来，对《诗经》中聚讼 2500 年的"天命玄鸟，降而生商"的玄鸟究竟为何物，也就一目了然，它不是燕子，也不是凤凰，就是商人所崇拜的鸮神。

1971 年内蒙古翁牛特旗三星塔拉采集到新石器时代后期红山文化玉龙（图 6-9），距今约 5000 年，现藏于国家博物馆。在翁牛特旗博物馆还有一件类似的黄玉龙。国家博物馆对这件文物的介绍是：

高 26 厘米。玉龙由墨绿色的岫岩玉雕琢而成，周身光洁，头部长吻修目，鬣鬃飞扬，躯体卷曲若钩。造型生动，雕琢精美，有"中华

图6-9 翁牛特旗出土的红山文化玉龙,现藏于国家博物馆

第一龙"的美誉。新石器时代很多遗址中都发现有类似龙形的遗存,或为蚌塑,或为彩绘,或为雕塑。关于龙的原型,研究者们提出过各种假说,如蛇、鳄鱼、蜥蜴、鱼、鲵、马、牛、猪、鹿、熊、虎、蚕、蚙蟥、松树、云、闪电等等。

商代甲骨文中的"龙"字和妇好墓出土的玉龙都显示,龙是一种巨头、有角、大口、曲身的神兽。新石器时代最符合这些特征的文物应属红山文化中的这种蜷体玉龙,安徽含山凌家滩、湖北天门肖家屋脊也都有类似的玉龙形象,它们有可能是龙的原始形态。关于龙的起源说法不一,有蜥蜴说、鳄鱼说,至于龙首则有来自马首、牛首或猪首之说。这件玉龙是中国已发现的时代较早的龙的形象之一,从其首部特征看,吻部较长,鼻部前突,并上翘起棱,端面截平,有两个并排的鼻孔,似有猪首特征。这件玉龙用黑绿色玉制成,琢磨精细,具有相当高的艺术价值。

新近出土于河南偃师二里头文化遗址的镶嵌绿松石铜牌(图6-10),距今约 3600 年。上一章讲到苏美尔文明和古埃及文明的绿松石崇拜历史悠久。其实将绿松石作为一种宝石，在中国也有 8000 年的历史。裴李岗文化和红山文化遗址都出现了绿松石的装饰品，而且红山文化先民同样将之赋予神圣的意味。再看现藏于洛阳博物馆的这件铜牌饰，其形制上宽下窄，圆角束腰，弧面，整体呈盾牌状。

图 6-10 二里头文化出土镶嵌绿松石铜牌

正面用绿松石镶嵌出动物纹饰，其形象似兽面，头圆吻尖长。出土时在墓主人的胸前。铜饰以青铜为主题，然后再雕刻出兽面纹，纹路之间由数百块磨制好的小绿松石镶嵌而成，每块之间严丝合缝，连一根头发都塞不进去，而且历经三四千年仍无一松动脱落，足见其制作工艺之高超。自从这件文物出土以来，关于其铜牌纹饰的研究就成为重点，目前的解读方案不下十数种，有饕餮说、虎龙说、虬龙说、蚩尤说、狐面说等。我们认为对这件文物的解读，不能只从器物本身出发，还要结合与之成组出现的其他文物，比如铜铃、铜爵、漆器、玉器等；从方法论上，也不能拘泥于文字文献，要结合民族志的材料进行对比分析。二里头出土的铜牌饰共有 3 件，上图是 M11 出土的，应该是一

第六章 玉石神话：中华认同的文化基因 | 099

件熊形神徽，属于商王室的御用巫觋、巫医或者萨满领袖之物。以上圣物说，凸显华夏文明的信仰之根。从国内最早出现的吉林玉器算起，玉文化史至今已有万年之久。

下文图6-11左边的图显示的是5000年前西辽河地区一个部落首领的玉殓葬情形，右边是震旦博物馆给出的墓主人复原图。通过这两张图片，可以让大家对老子所说圣人"被褐怀玉"有一个直观的感受。红山文化距今6000年至5000年左右，其时代下限即为炎帝和黄帝时代。这样一个全身用玉装饰起来的人，难道不就类似炎帝黄帝一类的部落首领吗？再看良渚文化的玉殓葬情形（图6-12）和国王、王后复原图（图6-13），其全身也是用玉器装点。和北方西辽河大巫师有显著区别的是，他们佩戴有十分特殊的玉琮。而且根据出土情况，一般都是男巫只在右手佩戴一只玉琮，而女巫则是两手都佩戴。夏商周三代时期讲究以苍璧礼天，以黄琮礼地，其原型都是出自南北方的玉文化。图6-14展示的是广东韶关石峡文化玉器出土情况，表明四千多年前玉礼制已流传到两广地区。璧、环、玦、璜等与北方地区基本一致。

图6-11　红山文化玉殓葬及墓主人复原图

100　｜　神话与创意：文化基因的理论视角

图6-12 良渚文化玉殓葬,江苏武进寺墩3号墓,摄于南京博物院

图6-13 良渚文化时期的国王与王后复原模型,2009年摄于良渚博物院

第六章 玉石神话:中华认同的文化基因 | 101

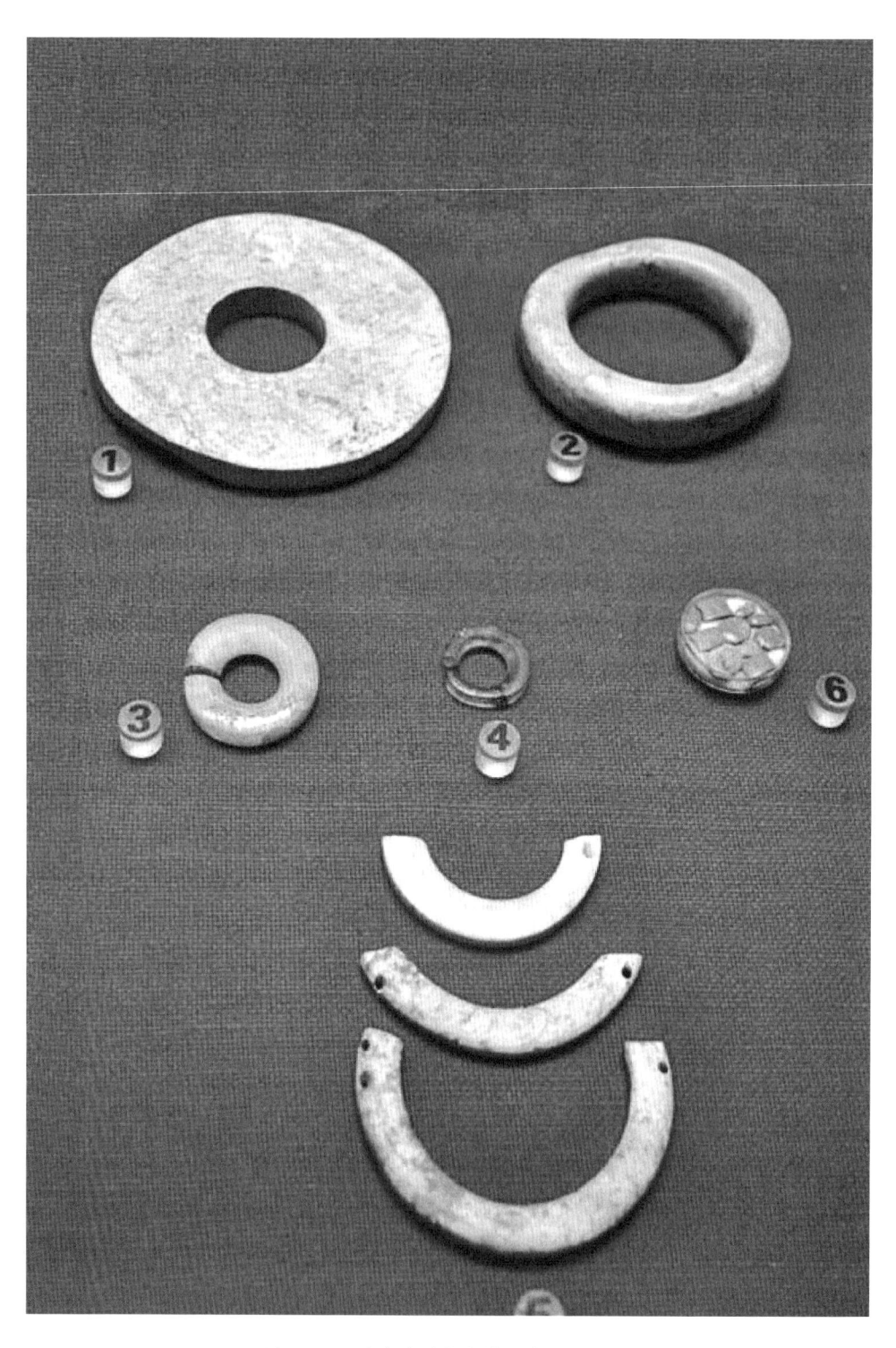

图 6-14　广东省博物馆藏石峡文化玉器

三、玉石神话与华夏认同及当代文化产业

以上通过对一些玉器及其神话观念的分析,大致了解了以玉事神、以玉为天体象征、以玉为生命永生的象征等观念。商周以降,文明国家的意识形态之所以不同于史前部落社会的口传神话,是因为其基本媒介形式的变化升格起到关键作用。借助文字书写,讲述和表演中的神话被固定为经典,可以分发给广大的社会成员随时阅读,这就大大拓展了神话的社会传播范围与规模,在广大的地域(而不是部落领地的狭小范围)中通过文字书写的联系纽带,将原本不同的方国文化统合起来,形成总体性和概括性的认识。《说文解字》中126个从玉旁的汉字,其中有不少源于来自天南地北的地方玉石种类专名,这种情况对应着《山海经》记录的140座产玉之山的广阔地理分布。受到《说文解字》极度突出从玉之字的启发,南朝梁顾野王等撰写的新字书三十卷干脆就直接题名为《玉篇》。后人也顺水推舟,或用"玉篇"一名泛指汉字的所有字书。唐罗隐《升平公主旧第》诗云"乘凤仙人降此时,玉篇才罢到文词",就是这样的例子。还有元杂剧董解元《西厢记诸宫调》卷七:"文章全不会后,玉篇都记彻。"所有这些与玉相关的汉字和人文地理报告,都可以从中华认同的视角展开分析研究。这方面的尝试,目前刚刚开始,有待于神话学界今后的努力,特别是神话学研究进入中国思想史领域的拓展性工作。如斯特伦所提示:"为此,我们要讨论神话、崇拜仪式以及神圣语言的重要性,因为它们创造了共同体,并给予人们力量,使人摆脱持久而又徐缓变化的混乱,其表现是畏惧,找不到原本的和最深刻的源泉,看不到无价值与无意义等问题。"

从玉文化编码过程看华夏文明的历史发生,可得到五点认识。

第一,文明起源研究不光是梳理年表,排列各种文化发明事项,更重要的是探寻伴随着这一文明的诞生而形成的核心价值观,特别是独此一家式的文化特色所在。玉石神话成为解开华夏文明发生的特色的一道有效门径。

第二,玉石神话的存在之久,可以从出土的史前玉器生产实物得到求证。这就给限于文字文本的神话研究带来拓展性的变革契机,值得考古学、宗教学、人类学等多学科视角的参与及互动研究。

第三,神话与文化认同的关键联系在于铸塑意识形态的特定文化元素。向文化的基因层面进行开掘,可从物质与观念互动过程中把握特定社会的核心价值观,由此探求将多元整合为一体的玉文化认同因子。

第四,地中海文明的认同基因方面,有从黄金和黑曜石崇拜引发的一系列

神话观念，如黄金时代、金与神的认同、金质法宝和黑曜石镶嵌神像之眼等。文明起源研究新视野包括，将圣物神话与文化认同的形成联系起来，描述出核心价值观建构的过程。当代学者对出土的文物黑曜石金器研究，形成一个穿越民族国家界限的文化共同体——地中海文明；同样，通过华夏史前玉器研究，也已得出一个穿越民族国家界限的文化共同体，以华夏文明为主体并衍生于周边地区的东亚文明。

第五，华夏文明认同的文化基因分析可归纳为三类（动物、植物、无机物）六种，依照发生时间的先后顺序如下：

在史前神话信仰中探寻和筛选文化基因的实践，先拓展出"谷米玉帛"四大文化基因说，2023年以来则推演为"熊-龙、鸮-凤、稷、稻、玉、帛"六大文化基因说。六者的排序是按其出现的先后：一定是来自旧石器时代的图腾动物神话（熊、鸮）在先，新石器时代的农耕作物神话（稷、稻）继之而起。与稷稻同时出现的玉器生产，均发端在距今1万年前后。唯有丝绸即帛的生物来源——家蚕饲养，在六者中出现时间稍晚，距今约7000年。综合地看，六大文化基因，没有一个不是中华上五千年的产物，而且六分之五都能达到万年的上限。这是文学人类学一派为下五千年文明筛选文化基因而量身定制的时间标尺。正是这样严苛的筛选条件，使得选出的文化基因都可以彰显华夏文明的独有特质——中国性（Chineseness）。

在《山海经》《诗经》《楚辞》产生的时代，文字叙事小传统迅速崛起，其作为编码依据的大传统因素异常深厚而显著，玉石神话观的遗留现象比比皆是。上文举出的诸多文献实例，均可由此得到深度审视。

马克斯·韦伯指出，社会科学的最终目的不是追逐新观点和新概念的建构，而是"致力于认识具体历史联系的文化意义"。深厚的玉文化资源价值，对于当今方兴未艾的文化产业和创意经济，具有怎样的开发前景，是本章提示的重要思考方向。笔者建议有条件的读者，利用假期走访如下几个地方，尝试做社会调研，充分理解一个文明古国的传统崇玉拜玉的价值观，如何作用于当代玉文化产业。

1. 江苏的苏州、扬州和安徽的蚌埠。调研玉器生产加工企业、作坊等，了解明清时期的玉雕传统在当代的传承和革新变化情况。可针对现存的玉雕大师或非遗传承人，做口头采访。对于蚌埠的玉器生产，侧重调研仿古玉器的加工传统，来自各地的多种玉料（如青海玉和贝加尔湖玉）的成本预算和产品在海外的销售情况。

2. 河南的镇平（南阳）、辽宁的岫岩、广东的四会。调研这三地作为国内外各种玉石原料的集散地和工艺品玉器的来料加工地，熟悉其产业现状与未来前景。尝试统计分析玉石原料的批发、销售与玉器生产的产值在当地经济总量中的比重。

3. 辽宁的阜新、内蒙古的阿拉善左旗、江苏的东海县。调研这三地的本土特产玛瑙和水晶，其种类情况，其矿产储量和年销售产值，本地资源的可持续情况。以及外国的同类资源（如巴西的水晶、蒙古国的玛瑙等）的进口替代情况。从而认识玉文化传统在当今不仅能拉动本国经济，也拉动其他具有替代性玉石资源的国家的经济。

参考文献

[1] 苏秉琦. 中国文明起源新探［M］. 北京：生活·读书·新知三联书店，1999.

[2] 叶舒宪. 中华文明探源的神话学研究［M］. 北京：社会科学文献出版社，2015.

[3] 杨伯达. 巫玉之光［M］. 上海：上海古籍出版社，2005.

[4] 王倩. 神话学文明起源路径研究［M］. 北京：中国社会科学出版社，2015.

[5] 费孝通. 玉魂国魄：中国古代玉器与传统文化学术讨论会文集［M］. 北京：北京燕山出版社，2002.

[6] 叶舒宪，古方. 玉成中国：玉石之路与玉兵文化探源［M］. 北京：中华书局，2015.

[7] 中国玉文化中心，中华玉文化工作委员会. 玉魂国魄：玉器玉文化夏代中国文明展［M］. 杭州：浙江古籍出版社，2013.

[8] 杨伯达. 巫玉之光：续集［M］. 北京：紫禁城出版社，2011.

第七章　玉魂帛魄：筛选文化基因

以五千年深度和文明核心价值为标准，筛选中国文化基因，需要具有万年视野的深度认知，从中国文化的上五千年新知识，得出玉帛互动信仰驱动中华认同的理论命题。以此深度认识来解释万年来玉文化与丝帛文化的神话观念结晶，如何为下五千年的文明奠定精神基础，也为三千多年前的甲骨文汉字提供重要偏旁；解释为什么《说文解字》中玉部首有126个汉字和系(丝)部首有262个汉字的文化编码符号之谜。

一、从文化大传统中筛选文化基因

2013年前笔者发表论文《玉石神话与中华认同的形成》，希望从华夏史前史的系统资料中探寻孕育文明国家的关键精神要素，打通并融合中国史和思想史的双重视界，借助先于汉字的文化大传统符号编码系统的再发现，有效对接文字书写经典时代遗留下来的神话信仰表述，找出驱动中华文化认同的核心观念。

十年后回看，研究的问题意识当有所深入，这主要表现在对文化基因的理论认知层面。我们在诸多驱动文明化进程的要素中锁定玉石神话，是对华夏史书叙事偏爱的统治者事件——黄帝食玉种玉，颛顼又名端玉，尧舜班瑞为信物，禹赐玄圭，夏启佩玉璜升天，殷纣王宝玉缠身点火自焚升天，赤乌衔圭启示周文王兴邦，周公持璧秉圭对话祖神，卞和献玉三代楚王，和氏璧完璧归赵，鸿门宴白璧救赎刘邦，秦始皇传国玉玺等做出系统的整体性归纳的结果。由此认识到，玉石神话对中国古典时代的反复表述看似文学现象，实为华夏历史叙事独有特质的突出体现。其根源在于源自遥远的史前时代的拜物教信仰传承始终未曾中断，一直延续到夏商周和秦汉王朝时代。要言之，玉石神话信仰不仅是驱动史前玉文化发展的动力，而且在催生文明国家的文化认同方面起到无可替代的精神凝聚作用，成为奠定中国文化精神与核心价值观的不二法门。现代中国史学，是在西学东渐的大背景下发生发展的。历史教科书中讲到的史学理论方面，侧重于接轨西方学术范式和国际通则。较为缺失的方面，是以文化自觉的充分意识去努力聚焦中国特质，即能彰显中国性的文化特有基因。以衡量文明的标准为例，国际上通用的是三要素标准：城市、文字、青铜器，需要这三者齐备才算达到脱离史前，进入文明的条件。与其他文明古国相比，华夏文明在这三个指标上均为晚出，如青铜礼器的大规模出现，文字体系的应用，均不足4000年。唯有殷商时代出现甲骨文时才够得上文明标准。由此，中国文明起源的关键时期也按照国际惯例，被认定为中国青铜时代。这样的理论框架其实无法适应我国文明产生期的实际情况，忽略了中国青铜时代的到来和汉字的系统应用都大大晚于玉器时代的事实。玉器时代不仅在年轮积累方面更加深厚，而且在孕育文明之独有文化基因方面，也起到比青铜时代更加关键的作用。从整个东亚范围看，前金属时代孕育出的最高价值物非玉礼器莫属。当贵金属崇拜借助于北方传入的外来文化因素，在距今约3400年前后开始"登场"中原国家时[1]，玉石神话信仰早已在东亚各地传播了五六千年之久。使用玉礼器的史前遗址，在距今4000年之际已经遍布黄河及长江流域，并一直向南传播到珠江流域，乃至波及越南北部地区。以拜玉为特色的意识形态体系，早在汉字和青铜器起源之前就已定型。为此，在理论上，将汉字起源之前的史前史认定为中国文化大传统，将甲骨文金文以后的书写传统视为小传统，尝试从大传统新知识出发，反观小传统的所以然，这样可以有效摆脱数千年来被文献史学绑架的旧国学知识格局限制，借助于人类学和考古学新材料，学会从万年中国的宏大视野反观五千年文明史，找出以前的狭隘视野所看不到的关键问题，尤其是彰显文明本土特色的文化基因。

"玉石神话信仰"的理论命题，是现代汉语的表述，还原到古汉语习惯，可修订为"玉帛神话信仰"，这样能更精准地把握华夏早期意识形态特质，从单一的拜物教原型拓展到双轮驱动的显圣物及相互关联研究。近十多年来的考古发现带来的知识更新要点是：我国玉文化的起源不是8000年前，而是1万年前。蚕丝文化的起源不是5000年，而是至少七八千年。玉和帛崇拜的兴起，都有各自的神话信仰支配。距今5000年之际，玉文化与蚕丝文化就发生融合，

---

[1] 中原地区最早的黄金，是郑州商城二里岗上层文化出土的一片，重18.5克。参看河南省文物考古研究所编著：《郑州商城：1953—1985年考古发掘报告》（中册），文物出版社，2001年，第844页。

以北方红山文化玉器中出现玉雕蚕为证。玉和帛交织成某种坚固的神话信仰体系。其神话观传承到先秦时代，体现在文献中，如《国语》的"玉帛为二精"，《论语》的"礼云礼云，玉帛云乎哉"，《左传》讲述夏禹会盟天下诸侯时的奇观——"执玉帛者万国"，等等。国家祭祀与会盟的重要场合，为什么玉和帛二者总是成双成对组合出场？"玉帛"并称的语言习惯不是空穴来风，玉帛成为能够凸显文明核心价值的标志，原来大都以为是上古文明社会的流行礼俗，如今才知道是万年来的神话信仰经过持久的文化传播与积淀后的结晶。对照世界五大文明，除了华夏，没有一个文明出现过玉帛互动的信仰体系，也没有一个文明的兴起伴随着养蚕缫丝的生产实践。不然的话，怎么会出现丝绸之路作为欧亚大陆上的中外交通的现象？就文化独特性而言，玉帛神话堪称中国文化特有基因，不仅关乎文明的核心价值，而且二者结合的历史也至少5000年。（图7-1、图7-2）

夏禹会盟各地诸侯时的那一幕：万国领袖纷至沓来，会聚涂山，其觐见圣王的礼数几乎不约而同，好像各地方统治者都遵循着统一的潜规则。"执玉帛者万国"的景象说明了一切。玉帛成为中央和地方首领们在文化认同方面的标的物，既然《左传》言之凿凿，记录明确，那么其可信度如何呢？

传统读书人对"六经"所言深信不疑，近代以来则是将信将疑。在古史辨派的学术革命后，没有多少人再确信史书有关夏禹的叙事真实性，更不要说禹会诸侯的物质细节记录了。如今，根据文学人类学派的四重证据法，距今5000年的仰韶文化已经发现礼仪用玉和用帛现象，距今3000年的三星堆祭祀坑也在2021年新发现玉器、金属器、象牙和丝绸同在现象[①]。祭祀坑乃是巴蜀地方政权礼仪圣物群的全面展现。假定夏朝始于4000年前的夏禹时代，作为中央政权，玉帛荟萃为国礼的现象不仅可能，而且是大概率事件。文化认同的标的，不是任何个人的随意选择，而是有其文化史的前因后果的必然性。

从物质文化演进的程序看，三星堆8座祭祀坑所展现的是夏商时期以来所累积地方王权奢侈物的大荟萃。就历史深浅而言，玉帛属于两种老资格的圣物，均源自新石器时代；新增添的是随商代出现的新圣物——贵金属，包括青铜礼器和金器。至于象牙，应该是比玉帛都要早的崇拜物。旧石器时代欧亚大陆先民曾经有过相当漫长的狩猎猛犸象为生的时代。象牙作为圣物，穿越整个石器时代进入早期文明的礼仪场合，是一直贯穿到商周的最老牌奢侈物。玉礼器（三

---

① 参看本书第十二章。

图 7-1 战国时期流行的玉器新样式——白玉绞丝环,是用顶级的和田玉材料表现和模拟丝线状态的艺术精品,摄于上海博物馆

图 7-2 2006 年新发现的陕西韩城芮国 26 号墓出土玉项饰,由 7 件玉雕束帛、6 件玉雕镂空牌和 14 组红玛瑙珠组成。束帛,就是成捆的丝绸。此类珍贵文物,见证着周代社会统治阶层对玉和帛的神圣性之崇拜现象

第七章 玉魂帛魄:筛选文化基因 | 109

星堆玉器以璧、琮、璋为主，三者祖型皆源于史前）和丝帛同时出现在三星堆，皆属于文化支流，并没有文化源头的首创意义。

图 7-3、图 7-4、图 7-5 和图 7-6 的内容皆为古代华夏先民用玉石材料塑造吐丝生物—蚕的艺术标本。玉蚕的创意表现既是玉帛两种史前信仰精物的组合形式，也能利用无机物玉石材料的坚固性持久性将有机生物蚕的神圣性永久保留后世。玉蚕造型始见于北方西辽河地区的红山文化[①]，在文明国家的商周两代传承久远，至秦汉时期走向衰微。不过汉代文物中不乏用金属材料制作的神蚕艺术品（图 7-7）。

史前先民对神蚕的艺术表现，除了玉器生产之外，还有陶器和象牙器上的纹饰图像，以及象征权力的石钺柄端之骨雕蚕等（图 7-8、图 7-9、图 7-10）。蚕在古代传说中又为"龙精"，含丝虫的功绩则归结到人文祖皇帝之妻嫘祖。后世祀为先蚕之神。

图 7-3 红山文化玉蚕，内蒙古巴林右旗出土，摄于北京艺术博物馆红山文化玉器特展

[①] 参看王刚：《浅谈红山文化玉蚕和祭祀》，载《内蒙古文物考古》1998 年第 2 期；穆朝娜：《红山文化玉器四题》，见《玉论》，科学出版社，2016 年，第 10—23 页。

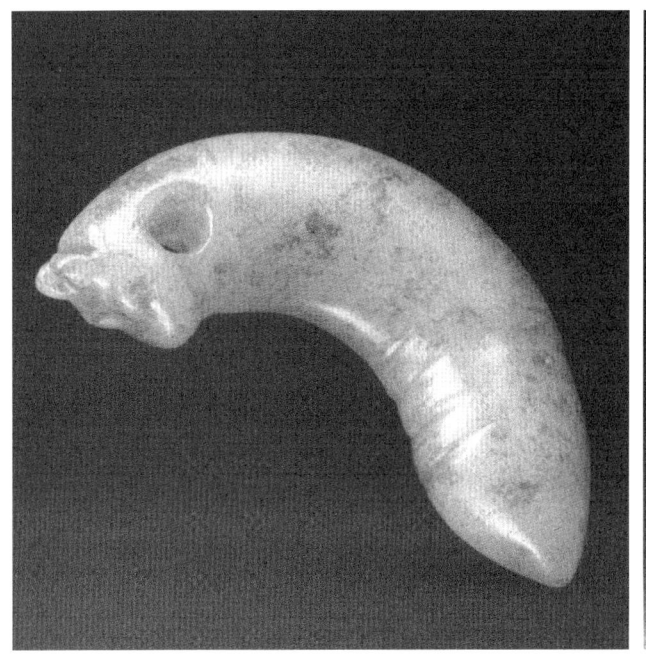

图 7-4 红山文化玉蚕,上海博物馆藏品

图 7-5 商代玉蚕蛹,河南安阳西南庄 M305 出土
(引自中国社会科学院考古研究所编:《安阳殷墟出土玉器》,科学出版社,2005 年,第 168 页)

图 7-6 山西晋侯墓地 M63 出土西周组玉佩玉蚕饰,摄于山西博物院

第七章 玉魂帛魄:筛选文化基因 | 111

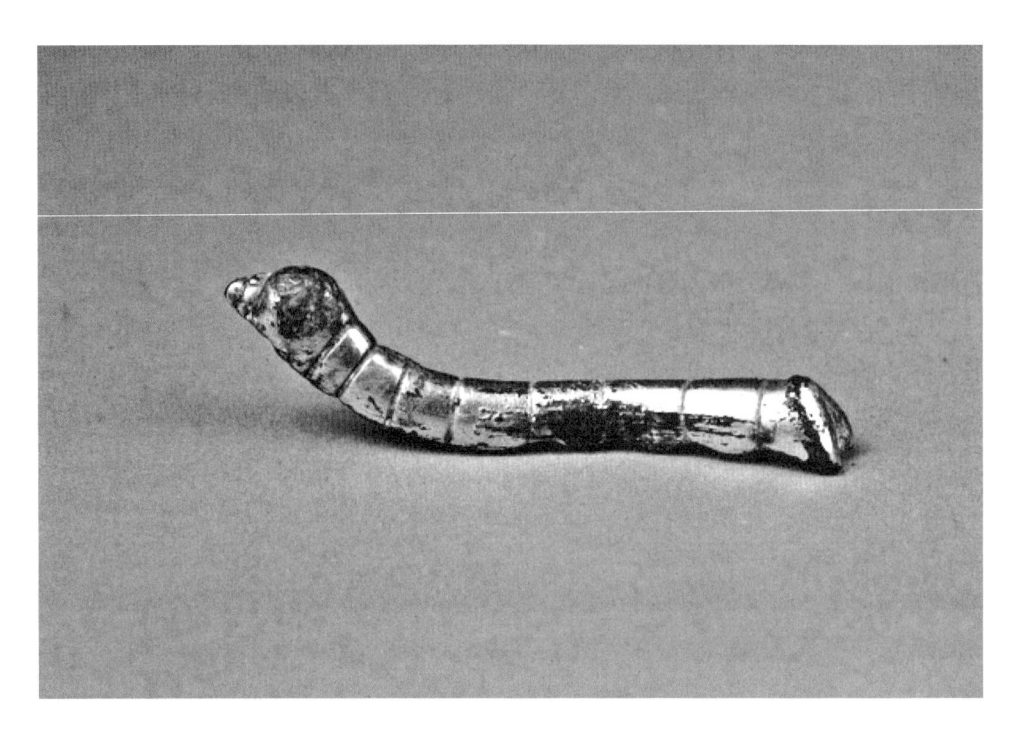

图 7-7 陕西石泉县出土汉代鎏金蚕,摄于陕西历史博物馆

图 7-8 甘肃出土齐家文化蚕纹双联罐,距今约 4000 年,摄于甘肃省博物馆

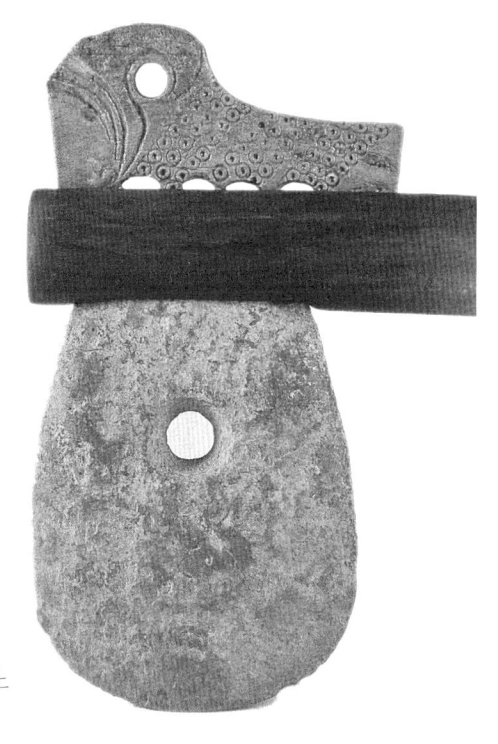

图 7-9 江苏溧阳金坛市三星村遗址出土 6000 年前的石钺柄骨蚕

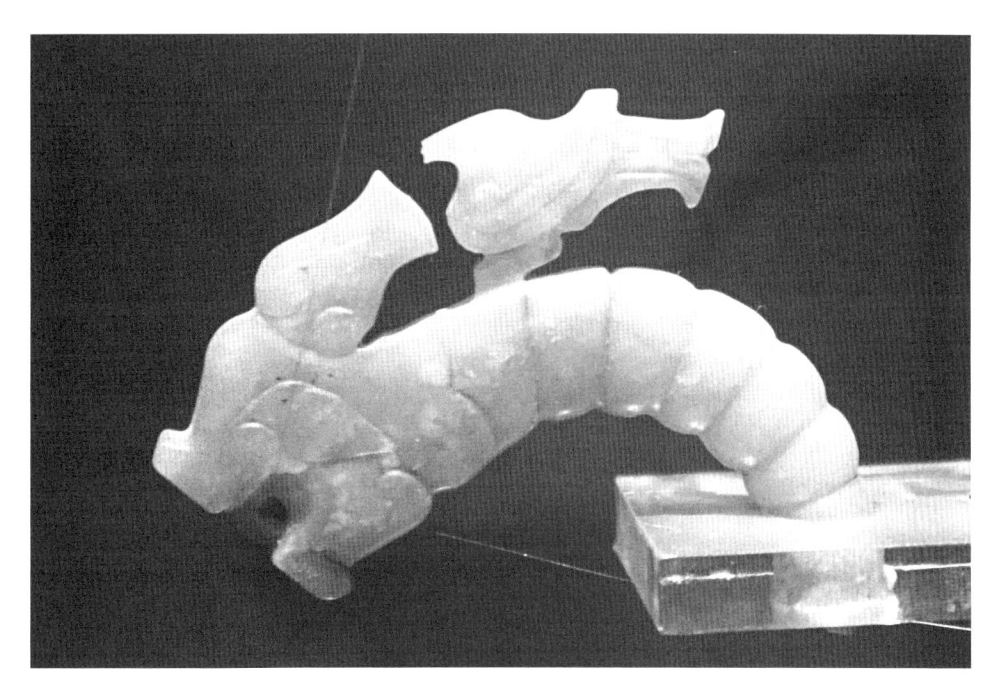

图 7-10 河南三门峡虢国墓地 M2009 出土西周玉蚕龙
[引自古方主编:《中国出土玉器全集》(河南卷),科学出版社,2005 年]

第七章 玉魂帛魄:筛选文化基因 | 113

二、"玉成中国"三部曲

为充分展开玉石神话信仰驱动中华文化认同的学术研究，笔者先后完成三大国家项目，统称"玉成中国"三部曲。

其一是《中华文明探源的神话学研究》（中国社会科学院重大项目A类，2009—2013；国家社科基金中华外译项目，2016），全面梳理中国玉器时代及其精神遗产，聚焦先于青铜时代的文化大传统资源，论述玉石神话作为中国神话信仰之祖根，对催生文明国家意识形态的关键性奠基作用。

其二是《玉石神话信仰与华夏精神》（国家社科重大招标项目"中国文学人类学理论与方法研究"，2010—2016；国家社科基金中华外译项目，2019），比照现代社会学奠基人韦伯为西方资本主义精神寻根的大思路，在万年传承不息的玉石信仰体系中，找出玉礼器作为天人合一中介物的华夏精神意蕴；再参照各地出土玉器实物，全面解读"玉帛为二精"的神话学意蕴，诠释中国文明特有神话信仰如何驱动资源依赖现象，以及由此形成的国家版图超地域整合现象，类比今日的西气东输而命名为"西玉东输"，说明丝路源于玉路的历史发生过程，并且从历史根源上解说我国当代奢侈物市场上和田玉独尊的价值现象；梳理玉石神话认同对多民族国家多元一体格局的牵引和拉动。

其三是"中华创世神话考古研究·玉成中国"丛书（上海市社会科学特别委托项目，2017—2021；国家社科基金中华外译项目，2022）。玉文化研究是近年来伴随考古新发现而崛起的新兴领域，其成果却带来始料未及的重要信息。有关史前玉文化在深度和广度方面的新认识，不断刷新我们的历史常识。本丛书共7部，主要从女娲补天所用五色石，盘古精髓化为珠玉，黄帝亲自播种玄玉这些看似玄幻的神话题材出发，链接考古发现的玉器实物，逐个加以梳理说明；该丛书以《玄玉时代：五千年中国的新求证》为首。玄玉（深色蛇纹石玉）如何开启5000年中原玉文化史的过程；红玛瑙珠在3000年前从南亚输入我国，与传统玉器组合为玉组佩新传统，风靡西周上层社会，并由此奠定"中国红"审美风尚；通过玉琮、玉圭、玉璋的起源学与时空分布的5000年视野，讲述这三类圣物以往未知的中国故事；玉钺的9000年传承与演变，构成甲骨文"王"字的取象原型；玉人像与玉柄形器的5000年传承脉络。凡此种种，皆落实到不同玉料与不同形制玉礼器的实证研究，彰显玉文化引领中华认同方面的多样性具体案例。该丛书自2020年至2022年由上海人民出版社全部出版。

基于"玉成中国"三部曲的独特专业视角和新知识观，笔者再提出中国统一进程的三段论模型：第一次统一是玉文化的统一，完成在距今 4000 年前的龙山－齐家文化时代。第二次统一是甲骨文汉字带来的书写符号统一，发生在距今 3400 年的商代。第三次统一才是众所周知的秦帝国的军事与行政统一。玉文化从万年前在东北地区萌生之后，经东亚洲广大地域的传播推广，耗时大约五六千年的时间。从距今 10000 年至 8000 年的玉文化零星分布，发展到距今 4000 年的玉文化覆盖广大地域和散发式传播情况，这是以往的国学研究者根本无从知晓的全新文化史系统信息，其可释放的潜在能量，尚未得到学界的足够重视。没有第一次统一的精神信仰和文化认同效果，就不会有第二次和第三次的统一。在这个缓慢的统一过程中，玉文化如同星星之火，可以燎原那样，从点到线，从线到面，开始于距今 10000 年至 9000 年间的东三省地区，集中在吉黑地区的零星遗址发现，随后在距今 8000 年之际，南下传播到内蒙古东部的通辽和赤峰地区，形成第一次玉文化发展的高峰。玉文化大传播过程在距今 4000 年之际宣告完成，最南端抵达珠江流域和越南北部，最东端覆盖整个东部沿海地区，最西段抵达河西走廊的武威[①]。

玉文化的统一历程，不是一种武力征服的过程，完全不像秦始皇大军的金戈铁马式暴力统一，而是某种精神征服和信仰观念的同化过程。如果划出一个距今 6000 年的玉玦文化传播区，即史前玉文化覆盖东亚的范围，就很能说明问题，我国台湾岛、朝鲜半岛和日本列岛均有史前玉玦群的出土。到了距今 4000 年之际，也就是相当于夏朝初年的时代，才形成以玉钺、玉璧、玉琮和玉璋为玉礼符号体系的广大覆盖范围，东起胶东半岛，南至广东，西达甘肃、青海。

史前玉文化分布地图，会让熟悉儒家经典者发出感叹：国家级政权还没有诞生，相对统一的玉礼制度就已经率先完成铺垫，并悄无声息地四面传播，攻城拔寨，分布到我国除青藏高原和新疆以外的大部分地区。其表征文化认同和引领礼仪统一的重要先导作用，不容忽视。

伴随"玉成中国"三部曲项目的陆续出版，研究者的问题意识也处在不断递进的过程中。其学术衍生品也成为多套丛书："神话学文库"51 种，聚焦世界五大文明古国起源的神话学新成果，包括著作和译著系列；"神话历史丛书"20 种，包括苏美尔、韩国、中国台湾岛的神话历史探索，并对上古华夏元典（《春秋》《礼记》《周礼》《仪礼》《墨子》《管子》《穆天子传》《尔雅》《黄帝内经》《淮

[①] 参看新出版的考古报告，甘肃省文物考古研究所编：《威武海藏：齐家文化遗址发掘报告》（上、下册），文物出版社，2023 年。

南子》《后汉书》等）加以逐个解析，并期望拓展到《魏书》《南齐书》至《清史稿》的廿四史全覆盖目标。

三、小结

聚焦文化基因，有利于对中国性问题的认识。

文学人类学派筛选文化基因的两个严苛条件：5000年以上是时间标准；关乎文明核心价值是质量标准。初筛的结果首推玉帛互动的信仰。

"化干戈为玉帛"这句汉语成语，充分代表玉文化认同基础上的多民族国家内在精神凝聚力。前后历时4000年、绵延4000公里的西玉东输路线上发生的多民族交往互动史，才是这句成语的出处。在总面积200万平方公里的西部玉矿资源区生活的族群，以非汉族人群为主，正是游牧族群充当着西玉东输的"二传手"角色。唐诗名句"玉帛朝回望帝乡，乌孙归去不称王"，体现着大国文化多元一体的内在结构奥秘[①]，其中可以提升出的多民族互利共生经验，应该是中国历史特有的一笔宝贵思想资源。

回应汤因比先生展望未来引领全世界精神统一的思想资源，寄希望于儒家中庸精神，如今可略修正说：玉帛化解文化冲突的重要经验，将随着我国"一带一路"倡议的实施，拓展成打造世界范围"玉帛文化共同体"的法宝。在实施"玉成中国"三部曲研究计划的二部曲期间，共组织以西北地区为主的十六次玉帛之路田野调查和标本采样工作，出版玉帛之路考察丛书三套13种，在西部地理版图上划出200万平方公里的玉矿资源区，发现多个文献中没有记载的史前玉矿源。[②]（图7—11）

费孝通先生晚年提出概括中国文化特质的"玉魂国魄"，如今只需改动一字，即更显周全："玉魂帛魄"。玉帛信仰的深度发掘，能够为历史研究和思想史研究开辟出本土文化再自觉后的新方向。

[①] 叶舒宪：《玉石之路踏查记》，甘肃人民出版社，2015年，第203—208页。
[②] 叶舒宪：《玉石之路踏查三续记》，陕西师范大学出版总社，2020年；冯玉雷：《玉华帛彩》，甘肃人民出版社，2015年。

图 7-11　2016 年昆仑河源道科考在中巴边界红其拉普山口

参考文献

［1］施舟人．中国文化基因库［M］．北京：北京大学出版社，2002．

［2］陈胜前．中国文化基因的起源：考古学的视角［M］．北京：中国人民大学出版社，2021．

［3］叶舒宪，谭佳．比较神话学在中国［M］．北京：社会科学文献出版社，2016．

［4］杨伯达．巫玉之光［M］．上海：上海古籍出版社，2005．

［5］冯玉雷等．条条玉路通昆仑［M］．西安：陕西师范大学出版总社，2020．

［6］费孝通．玉魂国魄：中国古代玉器与传统文化学术讨论会文集［M］．北京：北京燕山出版社，2002．

［7］叶舒宪．玉石里的中国［M］．上海：上海文艺出版社，2019．

［8］陆建芳．中国玉器通史［M］．深圳：海天出版社，2014．

［9］臧振，潘守永．中国古玉文化［M］．北京：中国书店，2001．

［10］杨建芳．长江流域玉文化［M］．武汉：湖北教育出版社，2006．

第八章　太初有熊：伏羲与黄帝

　　本章介绍中国的创世神话和祖先神话的研究进展。世界各文明古国都有创世神话，中国也不例外。但是在20世纪，国外学者不认为中国具有创世神话。这当然是一种偏见。姑且不论少数民族形态各异的创世神话，单是汉民族中的创世神话就足以打破这种偏见。本章以太初有熊为例，讲述中国的创世神话不仅具有形而下的叙事传统，而且已经具备形而上的宇宙发生论思想。关于女神文明，前面已经提到过红山文化的女神崇拜，在此结合神话学家金芭塔丝的《活着的女神》，对女神文明的发现及其对现代作家的创作灵感的启发，做出理论上的阐述。本章所用的方法，还是以四重证据法为主。通过证据间性，呈现出立体释古的效果，从而让晦暗不清的大传统呈现出异彩纷呈的画面。

　　提到"太初"二字，有人可能会想到《圣经》里的"太初有道"四个字。《新约·约翰福音》第一章说："太初有道，道与神同在，道就是神。"太初有道就是太初有神的意思，神就是造物主。所以只要看到"太初"这两个字，说的就是宇宙开辟的时候。人类祖先诞生的神话，就是紧接着宇宙发生的神话而来的。《圣经·旧约》中耶和华创造了天地万物之后，在第六天创造了人类始祖亚当和夏娃。从宇宙开辟到人类始祖诞生，这其实是神话讲述的一个基本程序，后来变成了哲学中的宇宙起源论。

　　早期的一些汉学家认为，中国没有像西方那样的创世神话，而且也缺乏哲学方面的宇宙发生论。这种说法在当今看是站不住脚的。研究表明，中国不仅有丰富多彩的创世神话，而且存在多种多样的宇宙发生论，比如本章的太初有熊式、太一生水式、太极生两仪式创世神话观。

　　本章的方法论，也是四重证据法和大小传统理论。通过本章的阐述，希望大家能够对四重证据法和大小传统理论有更加深入的了解。

一、第一重证据：炎黄子孙说

炎帝神农氏和黄帝有熊氏，代表中华民族的两位始祖。我们常说自己是炎黄子孙，有些文献也称华夏族后代为"黄炎之后"。历史上最早记载的炎帝黄帝诞生地和姓氏的资料是《国语·晋语》：

> 昔少典娶于有蟜氏，生黄帝、炎帝。黄帝以姬水（陕西武功漆水河）成，炎帝以姜水（陕西宝鸡清姜河）成。成而异德，故黄帝为姬，炎帝为姜。二帝用师以相济也，异德之故也。

此处提到黄帝和炎帝是兄弟俩，他们都是少典和有蟜氏所生。关于有蟜氏，唯一的记载在《山海经·中次六经》中：

> 缟羝山之首，曰平逢之山，南望伊洛，东望谷城之山，……有神焉，其状如人而二首，名曰蟜虫，是为螯虫，实惟蜂蜜之庐。

有蟜氏是崇拜蜜蜂的部落，与有熊部落通婚。此外，黄帝母亲也有称附宝者，如《太平御览》载《帝王世纪》的说法：

> 《帝王世纪》曰：黄帝有熊氏，少典之子，姬姓也；母曰附宝。其先即炎帝母家有蟜氏之女，世与少典氏婚，故《国语》兼称焉。及神农氏之末，少典氏又取附宝，见大电光绕北斗枢星照郊野，感附宝孕，二十五月生黄帝于寿丘，长于姬水。龙颜有圣德，受国于有熊，居轩辕之丘，故因以为名，又以为号。与神农氏战于阪泉之野，三战而克之。

至于文献中提到的黄帝故里有熊氏国，《路史》也有明确记载，说在新郑。今天我们称新郑为黄帝故里，在这里各种关于黄帝的文化记忆不胜枚举（图8-1）。2011年1月，中华炎黄母族有蟜氏故里文化研讨会在河南洛阳孟津区举行，专门考证关于黄帝及其母亲有蟜氏的神话历史。

又据《史记·封禅书》："秦灵公作吴阳上畤，祭黄帝；作下畤，祭炎帝。"可知至晚在东周时期，黄帝、炎帝的始祖地位已经正式形成，并且被隆重祭祀。

以上从《国语》《山海经》到《史记》，都是黄帝在先，炎帝在后。而到了清代外敌入侵和国破家亡的背景下，炎黄子孙说开始流行起来。辛亥革命针对清朝统治，也对黄帝子孙或炎黄子孙说推波助澜，直到抗日战争时期。

至于炎帝，古人说他与姜姓和羌族有联系，今天看来，姜羌二字其实就反映着一种羊图腾文化。说起马、牛、羊来，其实全是史前时代从西域传过来的，牛羊最初驯化，在欧亚大陆西端的土耳其和巴勒斯坦一带，这里是畜牧业和小

图 8-1 位于河南新郑黄帝故里的三熊足大鼎

麦农业的共同起源地。如今的重要粮食作物，如大麦、小麦，都是从这里传播出去的。羌人对华夏文明的形成有着巨大的贡献。汉语里面的真善美观念，隐约体现着"羊大为美"的原型意味。而且吉祥的"祥"字，从示从羊，也是美好的意思。下文图中的白玉羊嘴里叼着一块如意（图8-2），说明中国人最美好的祝愿全在这些创意上表现出来了。从汉字的造型里也可以寻找到关于羊的美好意蕴。"鲜"字分解开来，就是"鱼"和"羊"。相传西北地区齐家文化的先民是较早尝到羊肉鲜美味道的族群，他们将羊肉汤叫作羹，这个"羹"字，一看便知也是和羊肉美味有关。成都三星堆出土了一件青铜龙，虽然造型较为抽象化，但从其弯曲的角和生动的胡须，还是可以明显判断出此龙为羊首龙身。这件羊首龙（图8-3）距今大约3000年，表明了史前时期三星堆先民的羊崇拜信仰。

以上对黄帝和炎帝的姓氏做了一重证据的梳理。对于黄帝，我们还知道他有另一个名号，叫轩辕。《竹书纪年》记载："黄帝轩辕氏，元年帝即位，居有熊……"《史记·五帝本纪》也有相似的记载："黄帝者，少典之子，姓公孙，名轩辕。"又："自黄帝至舜、禹，皆同姓，而异其国号，以章明德。故黄帝为有熊，帝颛顼为高阳，帝喾为高辛，帝尧为陶唐，帝舜为有虞，帝禹为夏后，而别氏，姓姒氏。"《集解》曰："黄帝轩辕为有熊国君。"那么问题来了，现在已经知道文字是再编码，它保留有来自大传统的信息。"轩辕"二字都是

图 8-2 白玉雕神羊觿如意，叶舒宪摄

第八章　太初有熊：伏羲与黄帝 | 121

图 8-3　三星堆出土的青铜羊首龙，叶舒宪摄

车字旁，说明黄帝的这一名号与车有关。虽然文献记载夏朝时已经出现了专司车辆制造的车正，但迄今为止，夏朝车的实物尚无一见。在新石器时代后期，西亚的古文明就已经出现了车辆，但是在东亚大陆上，最早出现的车辆痕迹是在河南偃师二里头遗址，距今 3700 多年，距离黄帝的传说时期尚有 1500 年的差距。那么作为我们华夏文明公认的先祖、中华文化认同的第一血缘与国族之标的的黄帝为什么会出现有熊氏和轩辕两个名号呢？换句话说，在黄帝之为黄帝、轩辕之为轩辕、有熊之为有熊三者之间，有没有能够说明其所以然的神话观念联系？

首先从汉字原型的角度来破解轩辕与有熊名号的问题。据文献记载，"轩辕"一词也兼指星宿名，轩辕星共由夜空中的十七颗星组成，其状蜿蜒如龙如车，所以借指为通天的神车（图 8-4）。此外，神话记载黄帝与蚩尤大战，蚩尤施巫

图 8-4　轩辕为车：北斗帝车的神话想象，叶舒宪摄于北京天文馆

法作大雾，黄帝于是制造指南车为士兵引路。《尸子》中有"黄帝四面"的神话，这也是一个与方位有关的神话。从轩辕星座到神话的指南车，这是非常容易发生联想的。其次，《山海经》中有轩辕之丘与轩辕之国，皆为黄帝所居，《山海经图赞》有"龙鱼一角，似鲤居陵；候时而出，神圣悠乘；飞鹜九域，乘云上升"的记载，说明龙鱼是和玉璜及龙蛇一样具有升天功能的沟通天地的媒介。所以可以生发这样的联想，龙鱼是否就是黄帝用以乘骑升天的轩辕车呢？再次，《大荒东经》中有一个白民之国，白民之国的人通天的工具不再是乘黄（璜），而是四种鸟：虎、豹、熊、罴。汉画像石中关于此四种猛兽的升天情境比比皆是。由此可见，飞熊和龙鱼一样，也可充当通天通神的运载工具。因此，轩辕和有熊的名号差异，在神话想象中得到统一，二者均得名于神话的通天媒介形象。天熊形象还可理解为天神的化身。

二、二重证据看"天熊"：长沙出土《楚帛书》

1942 年，正是抗日战争最为艰苦卓绝的时期。第三次长沙会战的隆隆炮声，至今仿佛犹在耳际回响。就是在这一年 9 月的某一天，一群以盗墓为生的"土夫子"打开了长沙子弹库楚墓，盗走了一件举世无双的国宝——《楚帛书》（图 8-5）。更为可悲的是，在民族危难之际，《楚帛书》几经辗转竟落入美国人手中，至

第八章　太初有熊：伏羲与黄帝 | 123

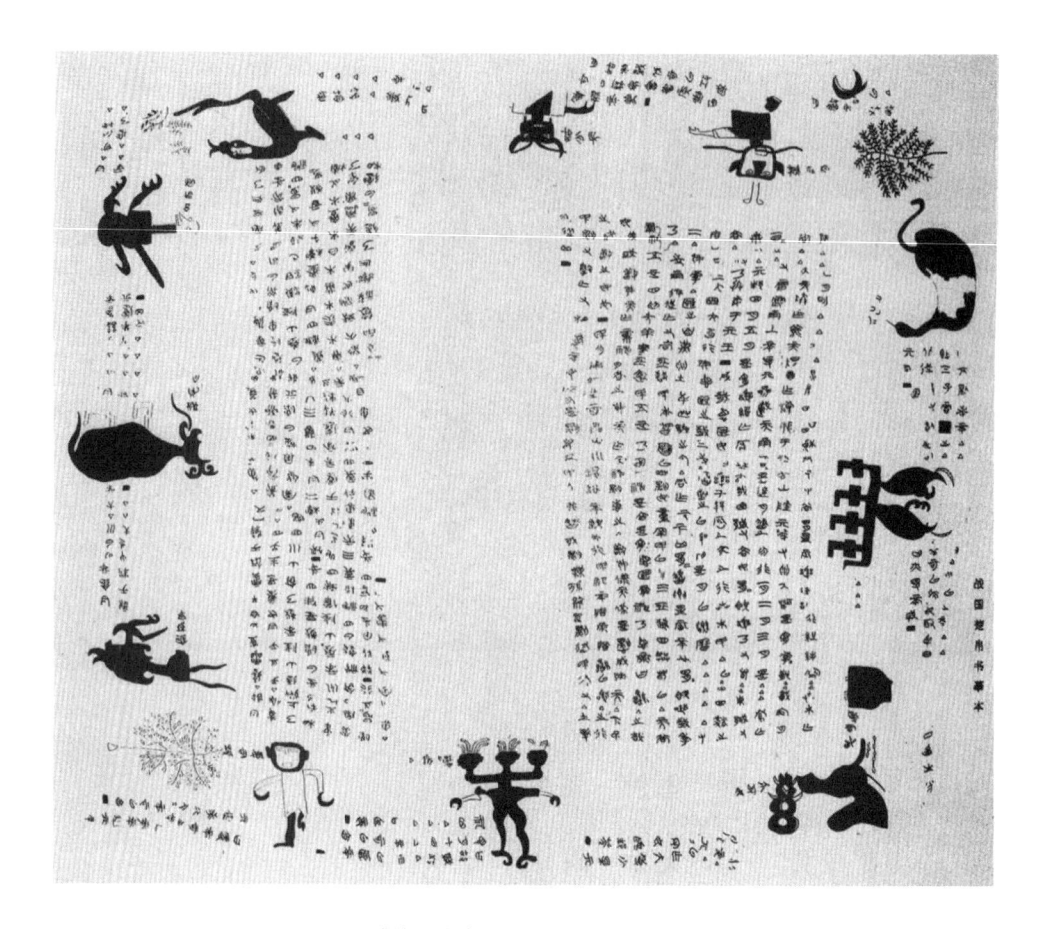

图 8-5 《楚帛书》，现藏于美国大都会博物馆

今仍然藏于纽约市的大都会博物馆，并被视为镇馆之宝。

汉代纬书《易纬·乾凿度》中有关于太初有熊的创世神话，但由于此书的纬书性质，无论是在古代还是在现代神话学研究者那里，都没有引起足够的重视。直到1942年《楚帛书》的出现，太初有熊的创世观才得到证实是先秦的产物。《楚帛书·甲篇》第一句"曰故天（大）熊雹虘出"，即为太初有熊之旁证。半个世纪后，郭店出土的《太一生水》竹简，为《乾凿度》的创世神话观又提供了一个旁证。其文曰："大（太）一生水，水反辅大（太）一，是以成天。天反辅大（太）一，是以成地。"

如果从整体上分析这三篇文献的神话思维，我们会发现其功能无非是初民以人格化形式解释现象世界中的因果关系。一旦这种解释走向非人格方向，概念和推理的哲学思维就出现了。我们在《楚帛书》中看到的是完全人格化的创世神，在《乾凿度》中看到的是半人格化、半抽象化的创世神话，在《太一生水》

中看到的则是非人格化的宇宙发生论。将三者对照起来审视，从神话故事到理论演绎之间的过渡迹象十分明显：《楚帛书》开篇叙事"曰故天（大）熊雹戏出"，伴随着有关混沌状态的大段描写；《乾凿度》假托黄帝讲述的创世神话始于"太古百皇辟基，文籀蓬微萌，始有熊氏"，是为后文"太易""太极""乾坤"之原型；《太一生水》则彻底摒弃创世叙事的人格化、形象化表达方式，改换为概念化的说理。文中虽然也还保留有"天地""神明""圣人"等来自神话的词语，但已经脱离具象化的想象世界，推演出一整套始于"太一"终于"岁"的时空发生程序，并以宇宙发生论作为人生哲学的推理基础。由此可见，华夏文明中既不缺乏创世神话的形而下叙事传统，也不缺乏宇宙发生论的形而上话语。前者源自远古口传文化的深厚根脉，能够追溯到夏商及更早的史前时代；后者则是从前者脱胎而产生的，其年代即在战国时期。

三、三重证据的提示：天熊与神，萨满与傩

北方民族举行的萨满跳神仪式（图8-6、图8-7），是一种典型的活态文化表现，此处可以作为我们的第三重证据。北美的印第安人有两大图腾，第一是狼，

图8-6　身穿熊服的萨满祭祀活动，代表天神下凡

图8-7　俄罗斯阿尔谢涅夫博物馆萨满服上的黑熊，叶舒宪摄

第二是熊。熊崇拜在印第安部落是多元的。印第安部落相信转生的理论，认为自己的氏族是由熊转生而成的，相应的，他们认为自己死后也将转生成为熊。对于日本的阿伊努人来说，熊是他们的主神，在他们的宗教中，熊占主导地位。据弗雷泽《金枝》：

> 阿伊努人抓回来一只小熊，养大后将它杀掉，而且要举行隆重的仪式，首先是在熊面前进行演说，演讲的内容如下："呵，你神灵啊，你是被送到这世上来供我们猎取的。呵，你这宝贵的小神灵，我们礼拜你，请听我们祷告。我们喂养了你，花了不少力气把你养大，都是因为我们非常爱你。现在，你已经长大了，我们要把你送回你父亲、母亲那里去。你到那里，请为我们多说好话，告诉它们，我们对你多么仁爱，请再到我们这里来，我们将祭祀你。"①

库页岛的阿伊努人用同样的仪式养熊、杀熊（图8-8），他们并不把熊当神看，只是把熊当作一个使者，交给它各种任务，由它去沟通森林之神。杀熊的

图8-8 阿伊努人首领对着被杀的熊祈祷

---

① 弗雷泽：《金枝》，汪培基、徐育新、张泽石译，商务印书馆，2016年，第793—794页。

头一天举行哀悼仪式，由一个人向熊叮嘱："现在我们要为你举行一个大宴会，你不要怕，我们不会害你，我们只把你杀掉，送你到爱你的森林之神那里去。我们奉献给你一顿好饭，将是你在我们这里吃得最好的一顿饭，我们大家都一起来哭你。杀你的阿伊努人是我们这里最好的弓箭手，他就在这里，他哭，他求你宽恕！你不会感觉到什么，很快就会办完了。我们不能一直喂你，这你是懂的。为你，我们是尽了责任，现在轮到你为我们做出牺牲了。你请神冬天给我们多送些水獭和黑貂，夏天多送些海豹和鱼。别把我们托你的事给忘了，我们非常爱你，我们的孩子们也永远不会忘记你。"[1] 活态民俗作为三重证据有助于激活古文献语焉不详的神熊。

四、第四重证据：秦先公墓熊车及红山文化双熊首三孔器

甘肃礼县出土的秦先公墓的神秘青铜车形器（图8-9），关于其形制和用途，目前学界尚未有合适的解释。据秦为颛顼后代的事实可知，秦人也是黄帝有熊

图 8-9　甘肃礼县出土秦先公墓青铜熊车，叶舒宪摄于礼县博物馆

[1] 弗雷泽：《金枝》，汪培基、徐育新、张泽石译，商务印书馆，2016年，第797页。

第八章　太初有熊：伏羲与黄帝 | 127

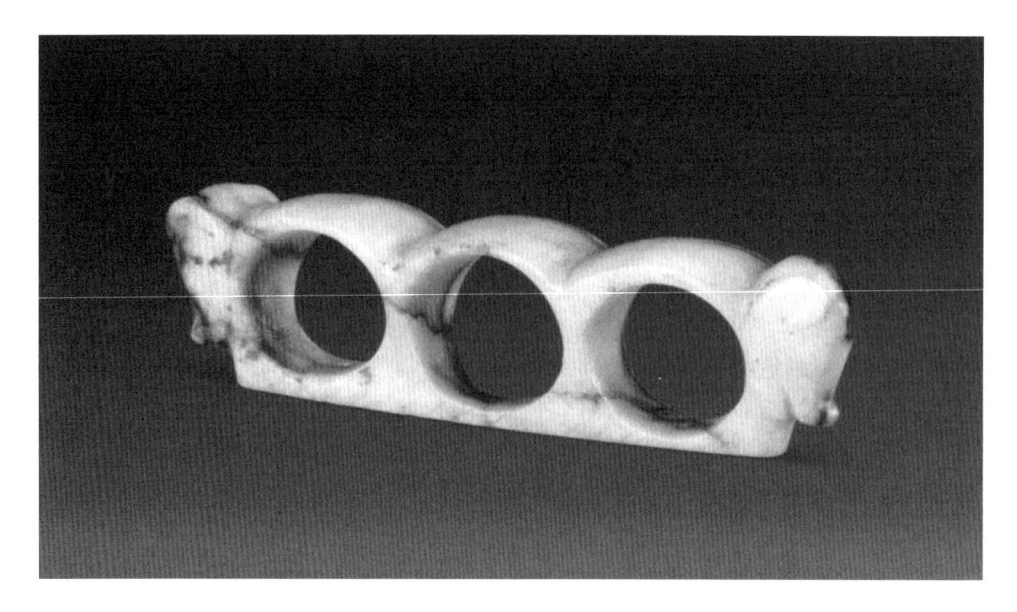

图 8-10 红山文化玉雕双熊首三孔玉器，现藏于辽宁省博物馆

氏的后裔。秦人之姓嬴，据李玄伯论证为"熊"的通假字。秦人祖先在西陲之地是因为周王养马有功，受封秦地。其祖先时代的铜车造型完全不同于后来秦始皇陵兵马俑坑土的实用性马车，应为具有神话象征意蕴的崇拜礼器。这一图像所显示的，是由四鸟和四虎共同拱卫的铜车或模仿天象的帝车，而车顶中央端坐之神熊则表明对颛顼和黄帝有熊氏祖先的图腾记忆。

飞熊或天熊的神幻想象，能够在天地人之间做出穿越性的贯通旅行，用造型艺术来表现上中下三界贯通的能力，没有比红山文化的双熊首三孔器更合适的物证（图8-10）。对此玉器形象，辽宁省文物考古研究所编《牛河梁红山文化遗址与玉器精粹》一书，称其为"双兽首三孔玉饰"。图片的说明词为："牛河梁第十六地点（凌源三官甸子城子山）2号墓出土。青白色玉，体为三联孔，端底钻孔，两端兽首以写实手法雕出，短圆耳，菱形目，吻端圆而上翘，形象似猪更似熊。这种三孔器在红山文化墓葬中已非孤例，有的端底除钻孔外还作出榫部，推测为复合器。"①

从外形的相似性看，红山文化的这一类三孔器已经有多件出土，其中有双兽首的，也有双人首的。对于前者，郭大顺在《红山文化》中称其为"双熊首三孔饰"，古方称为"双兽首环形器"，李新伟称为"两端为猪首的三连璧"，可谓五花八门，不一而足。名称中用"孔"字，可联想的是三孔桥，如虹桥，明显起到的作用是沟通天地，非常符合史前巫觋的社会职能。我们已经知道玉璜的半圆形就是

---

① 辽宁省文物考古研究所编：《牛河梁红山文化遗址与玉器精粹》，文物出版社，1997年，第54页。

模拟虹桥形象的，而且双龙首玉璜的造型就是再现虹龙白天上下来喝水的神话形象，那么用更加复杂的玉器造型来模拟神话想象的三孔虹桥，让玉器符号来象征天地人神的贯通，也完全是合乎情理的。三圆孔相连的形象，可代表三界之贯通。双熊首形象则象征着天熊大神上天入地的神异能量。每一圆孔构成一个环形，代表出现在天地之间的虹桥，与隐藏于地下的对称之桥相互连通的状态。环形器物，不同于玉璜的半环形，其神话形象可以参照的是印第安神话的重要母题——铜环（手镯）与铜熊。对此，神话学家列维－斯特劳斯在《面具的奥秘》一书中做过经典的结构分析。将红山文化三环形的玉器和印第安人铜环、铜熊形象相比，变化的只是物质材料，不变的是神话式的思维及其符号——象征性意象。红山文化玉器中熊形器物虽然不多，但是玉环、玉镯则是较为常见的器形。究其原因，或有雕刻技术方面的限制。郭大顺和古方等从加工工艺特征方面辨识双熊首三孔器，看出这件器物在众多玉器中的非比寻常特征，即熊首部的雕刻使用了玉雕技术中难度最大的圆雕技法。"这在红山文化玉器中是非常少见的，可见，红山人对以熊为题材进行雕刻的特殊重视和熟悉，反映出红山文化有祭熊的传统。红山萨满将熊龙玉雕系挂在衣服上，是借着熊神果敢、勇猛、神力无敌的特性，增加自己的法力。"我们承认这是一件史前的萨满教法器，其具体隐含的意义是怎样的呢？第三重证据发挥着十分重要的启发解码作用：重建神话观念的背景，是解读文物形象的有效方式。三重证据提供出鲜活的神话思维形象与逻辑关联。《面具的奥秘》一书中举出的夸扣特尔印第安人仪式用幔帐的神话造型（图8-11），非常生动地展现出两端为双头蛇、中央为熊神的复合型面具：双蛇如同熊神张开的前腿和熊掌，熊身则呈现为上下贯通的铜柱，一种类似图腾柱的形象，上面覆盖着半环状的虹桥，虹的两侧各有一只展翅飞升的渡鸟。

对照起来看，红山文化双熊首三孔器的神秘意蕴就可以揭示出来：圆环形与熊形的组合意象，不能视为陆地上森林里见到的野兽之熊，而应理解为从天而降的天神，或者应按照《楚帛书》和《日本书纪》的命名法，直接称之为天熊。至此，我们对5000年前黄帝时代为何崇拜有熊的神话背景已经有初步的洞察和体会，有熊之名先于轩辕之名而发生的条件，也就不难理解了。《山海经》的叙事为什么会将虎、豹、熊、罴视为四鸟的疑难，在此当可以迎刃而解，那是沟通天地之间的四种神圣使者形象。总结以上的分析论述，在黄帝名轩辕号有熊这一符号现象背后，共有三种作为天地之间即人神之间的中介物象征存在，即玉璜（天桥）、天车（轩辕）、天熊（有熊）。三者以不同的神话意象，分别表达着相对统一的神话主题——通过神人沟通而实现天人合一。在家喻户晓

图8-11 夸扣特尔印第安人仪式用帐,下方是神灵的双头蛇熊面具形象,上方是虹桥、渡鸟和铜柱,藏于不列颠哥伦比亚大学博物馆

的黄帝骑龙升天的传说中,三种神话名号终于被统一在一个叙事情节之中。掌握升天中介物的唯有黄帝有熊自己。

五、姬姜从女王:女神文明论的中国物证

下文图8-12、图8-13所展示的是两位女神的形象。何以见得是女神而不是男神呢?很明显,从塑像突出的乳房和怀孕的肚子上即可一目了然。前者是8000年前的兴隆洼文化女神;后者是之前提到的牛河梁女神庙里的女神头像,其身体已经碎裂,这是复原后的形象,她的眼睛里面镶嵌有玉石。这两位女神塑像都是5000年前的文物,说明那个时候的社会只突出表现女神崇拜,还不强调男神崇拜。

女神崇拜是当代创意写作最大的灵感来源。我们提到过的美国作家丹·布朗的畅销书《达·芬奇密码》,讲述的就是所谓的女神崇拜。这部作品后来被改编成了电影,由汤姆·汉克斯主演。丹·布朗这部作品绝非其向壁虚构的产物,而是做了非常扎实的准备,据传其作品初期搜集的资料就有3000多页的笔记。他的灵感,就是源自20世纪最重要的一项学术发现:女神文明。20世纪的学者中对于女神文明的研究做出突出贡献的是金芭塔丝,其代表作为《活着的女神》。这本书中提出女神象征的动物一共有八种,神熊居其一,猫头鹰居其二,青蛙蟾蜍居其三,鱼居其四,等等。有了金芭塔丝的解释,我们知道熊在象征女神

图 8-12　林西县出土兴隆洼文化石雕女神，距今 8000 年

图 8-13　牛河梁女神庙出土红山文化女神头像，距今 5000 年

方面排第一位。这样一来，就可以解释为什么 8000 年前的兴隆洼文化石雕女神像旁边会伴有石雕熊，为什么 5000 年前的红山文化女神庙里还供有熊头骨。

中国女神文明的衰落，与欧亚大陆的游牧文化冲击有关联。游牧文化起源，说法各异，现在比较得到公认的是以下几种。英国历史学家汤因比从常规理论考虑出发，将其界定为公元前 4000 年至前 3000 年。俄罗斯学者认为，游牧式文化是在斯基泰时期成型，时间在公元前 10 世纪早中期。新疆史前考古发现，公元前 10 世纪正是从青铜时代到铁器时代的过渡时期。游牧文化的机动性生活方式和对杀伤性武器的依赖，能先于中原农耕文化进入铁器时代。最早的铜器和最早的铁器都不是农具，而是武器。

在中国的神话传说中，蚩尤代表着华夏农耕民族对外族强敌文化的记忆（图 8-14）。蚩尤部落被描述为是

图 8-14　汉画像石中的蚩尤

第八章　太初有熊：伏羲与黄帝　| 131

一支具有英勇善战的品性和良好武器装备的游牧民族,其夸张的特征就是铜头铁额,其实表明这是一种金属武器文化。汉画像石中的蚩尤俨然是一个兵器之神,他头顶武器,手持戈剑,脚踏弓箭,这样的武器装备恐怕连黄帝都要惧怕几分。在中原农耕文明的记忆中,金属武器被认为来自西方,由异族人掌握着。所以文献记载中将之描述为"蚩尤也,冶西方之金以为兵"。在《说文解字》中,许慎解释"羌"字为"西戎牧羊人也,从人从羊,羊亦声"。所谓"戎",从戈,说明羌人就是来自西方的手中有金属武器的异族人。

参考文献

［1］萧兵. 楚辞文化［M］. 北京:中国社会科学出版社,1990.

［2］孙作云. 诗经与周代社会研究［M］. 北京:中华书局,1979.

［3］丁山. 古代神话与民族［M］. 北京:商务印书馆,2005.

［4］饶宗颐,曾宪通. 楚地出土文献三种研究［M］. 北京:中华书局,1993.

［5］李零. 长沙子弹库战国楚帛书研究［M］. 北京:中华书局,1986.

［6］刘起釪. 古史续辨［M］. 北京:中国社会科学出版社,1991.

［7］叶舒宪. 千面女神［M］. 上海:上海社会科学院出版社,2004.

［8］叶舒宪. 熊图腾:中华祖先神话探源［M］. 西安:陕西师范大学出版总社,2018.

［9］金芭塔丝. 活着的女神［M］. 叶舒宪,等译. 桂林:广西师范大学出版社,2008.

［10］伯克特. 希腊文化的东方语境［M］. 唐卉,译. 北京:社会科学文化出版社,2015.

［11］金芭塔丝. 女神的语言:西方文明早期象征符号解读［M］. 苏永前,吴亚娟,译. 北京:社会科学文化出版社,2015.

第九章　颛顼与端玉

本章以中国思想史上的核心术语"玄"为入门关键词，对神话与文学的神圣化想象做出谱系学的考察，依次聚焦先后出现的玄黄编码的天地宇宙观，龙血玄黄的神圣化玉宇宙观，以及相关的古帝王名号中的隐喻思想：掌管天地之间沟通的大神为何名叫颛顼，又名端玉、颛玉？玉宇宙观作为中国人的元宇宙想象，是如何体现在自黄帝播种玄玉，到颛顼隐喻交通天地之神玉的文化编码中的？代表中国神话宇宙观模型的玉宇琼楼想象和代表神话生命观的蛇鱼互化想象底蕴的全面揭示，实际相当于对本土传统的元宇宙想象资源的学术提示。

本章还用视觉呈现方式，引入上下五千年的玉蛇、玉鱼和鱼尾蛇等文物，增强对变形神话想象的代入式体验感。

一、颛顼名字解码

在上古三皇五帝的谱系中有一位神秘的古帝王叫颛顼。论辈分，颛顼是黄帝的孙子。看字形，颛顼两字都从页，其象形字，是人头的素描画。人头还可以用"元"字来表示，该字下半为一侧向站立的人形，上面的一横就代表人头。用"元"代表人头的案例，《左传·僖公三十三年》如下叙事："（先轸）免胄入狄师，死焉。狄人归其元，面如生。"杜预注："元，首。""元"和"首"二字意义相近，故又组合为合成词"元首"。"元"和"首"二字，皆有初始的意义。这与源于史前狩猎时代的头颅神话信仰相关。最直接的经验基础在于，婴儿生出母体时，一般都是头颅先出现，即所谓顺产。人头的神话信仰发展到万年前开启的农耕时代，便在农业社会中催生出谷物的头（谷穗）与人头交相感应信仰，以及农作物播种期的猎头礼俗。其信仰的核心内容是，宇宙间的阳性生命力，以天上的太阳为其总根源，以动物、人的头颅和农作物的头——谷穗，为储藏库。头颅中的脑髓为乳白色，这就和骨髓以及男性的精液同颜色。华夏先民认为髓代表精，骨髓、脑髓、精液在整个人体中是互通的，而且数量有限，需要倍加珍惜才是。基于此类精髓神话信仰的重要华夏古俗为房中术，其要义就是四个字：还精补脑①。在人体之外，还有更为神圣和有力的宇宙之精的二种物质载体：玉和帛。（图9-1）

这两种代表宇宙生命力精华的物质，恰恰就是我们华夏先民以最虔诚的态度祭祀神灵的宝物，是礼仪上不可或缺的神话象征物。于是乎，我们看到儒家圣书《论语》中孔圣人的感叹："礼云礼云，玉帛云乎哉？"

经过这一番语源学和神话学的分析，再看玄、元、首、页、玉、髓、精、精神、精髓、颛顼之类的古汉语名词和词组，或许能够有一个融会贯通的深度理解。"颛顼"之名，在长沙马王堆出土的西汉古书《五星占》中为何写作"端玉"的问题，也就可以迎刃而解了。在汉代纬书《春秋元命苞》中，"颛顼"又写作"颛玉"，即直接用"玉"字替换了从玉旁的"顼"字。颛顼大神，又称高阳，即屈原《离骚》开篇所说"帝高阳之苗裔兮"的楚国人先祖。

"端"作为表示开端的字，与"元"字构成对应。和"元"同类的另一个

图9-1 河南内黄颛顼帝喾陵

---

① 相关论述，参看叶舒宪：《高唐女神与维纳斯——中西文化中的爱与美主题》，中国社会科学出版社，1997年，第226—267页。

字是"天",写作正面站立的人形,其上面一横也是代表人头。用人头上方,暗示高高在上的天。《广雅·释言》:"元,天也。"所谓"元神",即天神。"元"是"玄"的同义词,二者互为通假,在许多场合都可以互换使用。玄女,又称元女;玄圭,又称元圭。这些即是明证。"端"与"元"作为同义词,皆可表示开端、初始。刘勰《文心雕龙·原道》:"人文之元,肇自太极。"这里的"元",就是端的意思。《周易·乾卦》:"乾,元亨利贞。"唐人孔颖达疏引《子夏传》云:"元,始也。"《公羊传·隐公元年》:"元年者何?君之始年也。"徐彦疏:"《春秋说》云,元者,端也。"这样看来,端玉,即元玉或玄玉。颛顼作为黄帝孙子,端玉即玄玉作为黄帝所种的圣物,这两个叙事显然是同一个叙事原型的置换结果。这就与玄玉、颛顼二者一物一神都在五行体系中配位北方和黑色,达成逻辑上的对应。

二、华夏版复活节:"死即复苏"理想

懂得了"颛顼"与"端玉"得名的奥秘,再去阅读相关的颛顼神话叙事,可以认识中国版的复活节信仰的表现情况。《山海经·大荒西经》云:"有鱼偏枯①,名曰鱼妇。颛顼死即复苏。风道北来,天乃大水泉,蛇乃化为鱼,是为鱼妇。颛顼死即复苏。"②

"蛇乃化为鱼"是什么意思呢?蛇具有冬眠和春夏复苏的季节性生命循环现象,被先民理解为死后复苏或复活的生命不朽之楷模。鱼和蛇在身体特征上类似,即都有鳞片包裹自己的身体。渔妇,顾名思义,是蛇化之鱼的女性人格化命名。渔妇能够像其蛇祖那样继承死后复活的超常禀赋基因,所以堪称妙手回春、起死回生之神医。其特殊的空间生态背景为"风道北来",这便是蛇化鱼的自然条件。死亡的颛顼大神一旦遇到神医渔妇,表现为"死即复苏"的奇妙现象,也就成为顺理成章的事。一个"即"字,暗示着颛顼之死不止一次。即便是无数次的死,都会当即复苏。这是何等令人艳羡不已的生命永恒理想啊。如此看来,颛顼大神的每次死亡之日,都应该是足以凸显华夏版特色的复活节日。图9-2表明蛇的起死回生蕴义直接表现为古希腊医神的法器。图9-3至图9-5则呈现上五千年和

---

① 偏枯即半身瘫痪,指半坏死,其与不死药的关系,可以参看《吕氏春秋》和《淮南子》的两个案例。《吕氏春秋·似顺论·别类》:"鲁人有公孙绰者,告人曰:'我能起死人,人问其故。'对曰:'我故能治偏枯,今吾所以倍偏枯之药,则可以起死人矣。物固有可以为小,不可以为大;可以为半,不可以为全。'"注:"半谓偏枯,全谓死人也。"《淮南子·览冥训》:"是犹王孙绰之欲倍,偏枯之药而欲以生殊死之人。"注:"言一剂药愈偏枯之病,欲倍其剂,以生已死之人。"

② 袁珂:《山海经校译》,上海古籍出版社,1985年,第273页。

图 9-2　古希腊医神操蛇雕像，叶舒宪摄于德国科隆日耳曼罗马博物馆

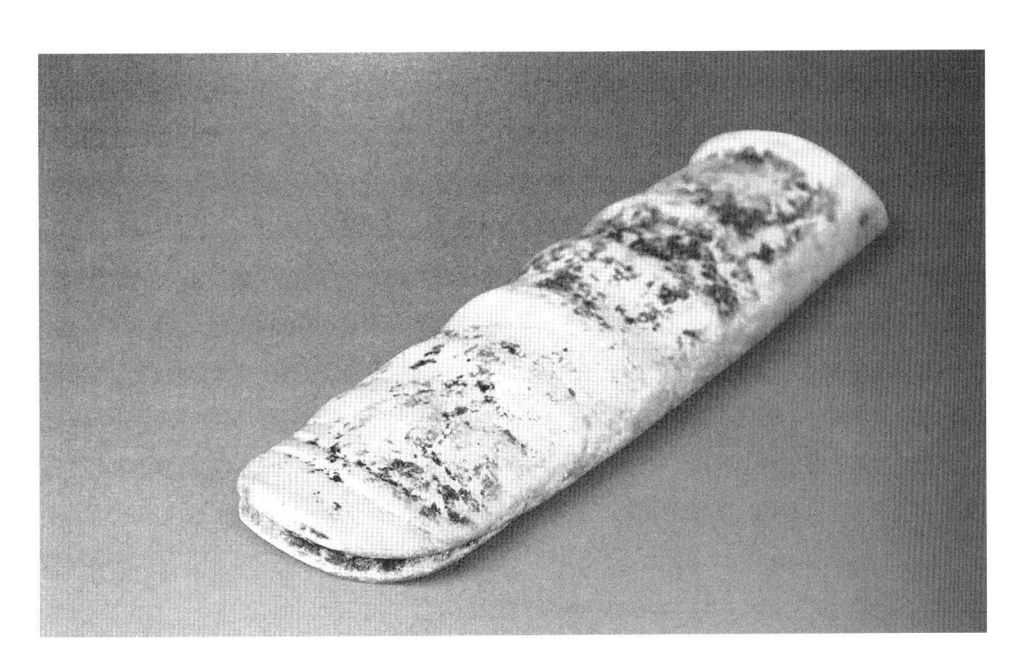

图 9-3 辽宁凌源田家沟出土红山文化玉蛇耳坠,距今 5000 年

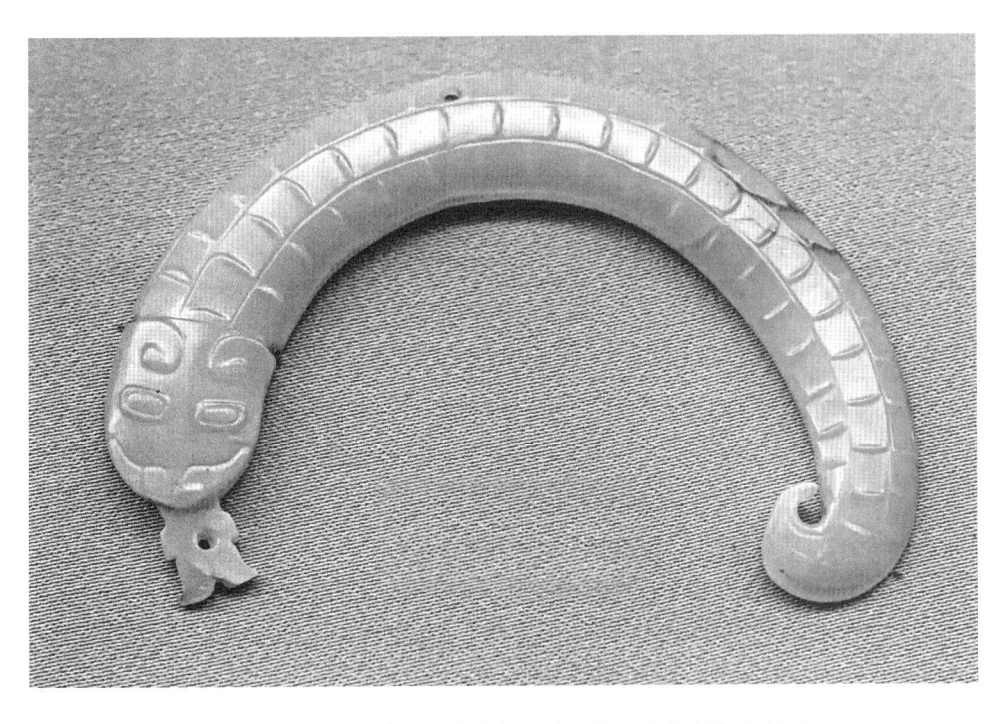

图 9-4 河南三门峡虢国墓出土蛇形玉佩,摄于虢国墓博物馆

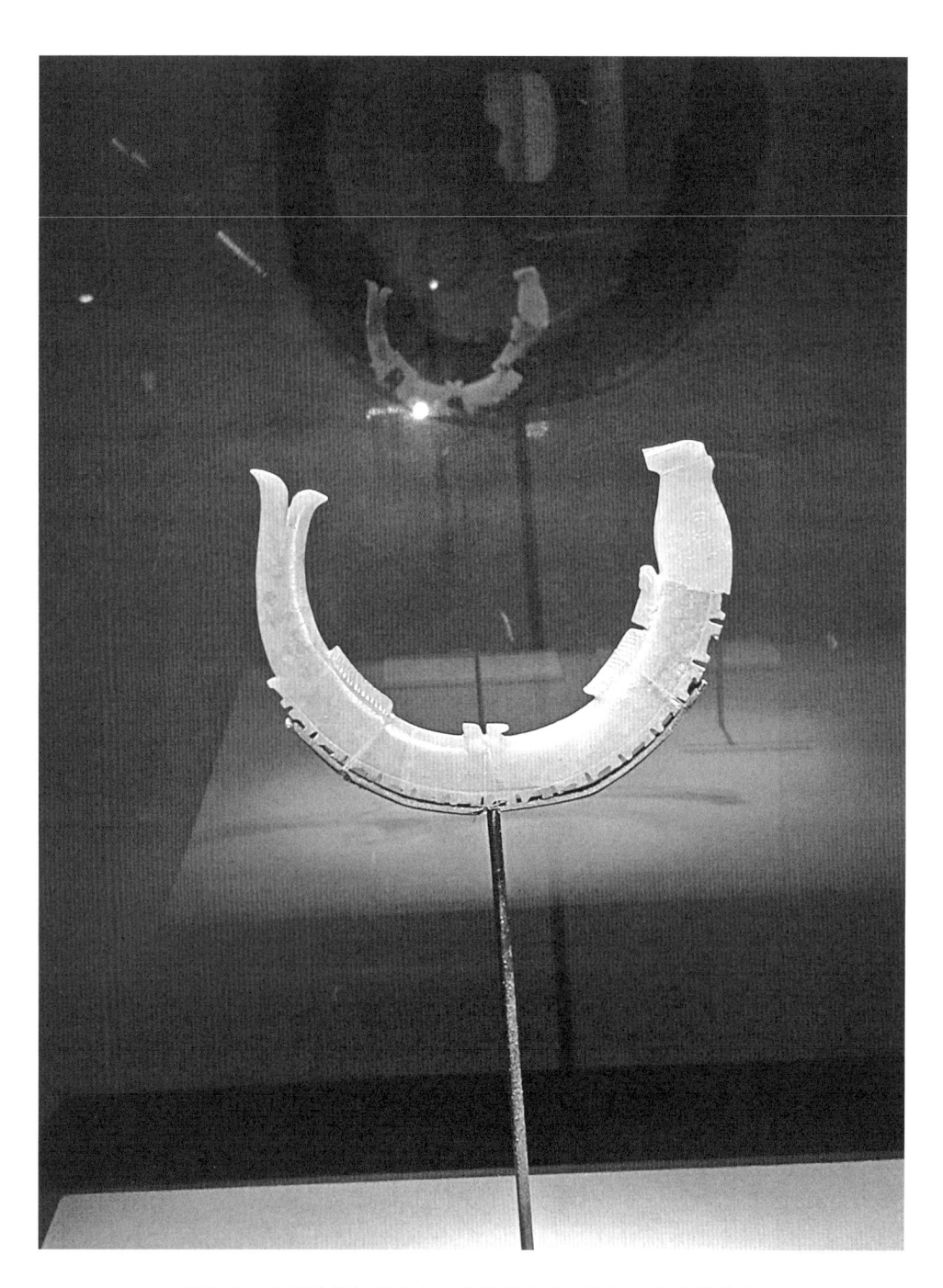

图 9-5 安阳殷墟妇好墓出土龙蛇形玉鱼,摄于广东省博物馆

下五千年的玉蛇和龙蛇形玉鱼，以便读者沉浸到古人蛇鱼互化的玄幻想象中，体认颛顼大神的"变形记"奥秘。

《大荒西经》中还有一个颛顼生育后代的叙事，即在大荒之中的日月山，一个被称为天枢的地方，"颛顼生老童，老童生重及黎"[①]。颛顼所生育的后代，为什么会叫"老童"这样奇特的名称呢？顾名思义，"老童"所暗喻的，难道不正是返老还童的生命不死理想吗？再看老童自己所生育的后代之作为："帝令重献上天，令黎邛下地，下地是生噎，处于西极，以行日月星辰之行次。"这则颛顼叙事的本义在于解说天地宇宙的总体运行秩序的由来，或可以称为以颛顼为创造主的一种精简本的宇宙开辟神话。以此为背景，颛顼在历史上最著名的一次革命性举动，就容易理解了，那举动就是绝地天通。颛顼之名隐喻着沟通天地的神玉，结果他又无情地断绝了人间原有的通天需求。这里透露出的思想张力异常强烈。这种二元对立的统一，就如同"死即复苏"观念一样，体现神话思维本有的辩证性质。

《大荒西经》有关颛顼后代的神话叙事还有第三个版本，即三面一臂之人"大荒之野"的故事："大荒之中，有山名曰大荒之山，日月所入。有人焉三面，是颛顼之子，三面一臂，三面之人不死。是谓大荒之野。"[②]

在这里，生死转换的客观性空间坐标是"日月所入"（此为《山海经》多次强调的空间坐标），主体坐标则是颛顼。三面一臂，无非是强调这位颛顼之子与正常人形象的根本差异，多少显的是妖魔化、神怪化的人形，如同成语所言"三头六臂"之类。在妖怪化的外形特征之后，是实质性的生命特征差异：常人必死，而三面之人不死。若要追问这差异是怎样产生的？答案就在于：常人只能是肉体凡胎；颛顼之子即端玉之子、玄玉之子，当然是琼胎玉体。按照《山海经·西山经》讲述的颛顼之祖黄帝吃白玉膏并播种玄玉的典故，玉代表不死的生命能量（精），玄玉则是玉中之王者，独步天下。

从《山海经》有关颛顼后代的多种叙事文本看，显然是出于同一种转换生成的叙事语法：老童、噎、大荒之野云云，变化的只是各种名号，不变的则是体现永生或再生的神话理念。我们大体上可以隐约看出一种华夏版玄幻叙事的语法存在。如果把颛顼理解为端玉即玄玉的化身，各种古书中错综复杂的叙事难点都可以获得统一的解释。例如，和颛顼大神相配的神物为什么叫玄冥？颛顼和玄冥为

[①] 袁珂：《山海经校译》，上海古籍出版社，1985年，第271页。
[②] 袁珂：《山海经校译》，上海古籍出版社，1985年，第273页。

什么对应的空间坐标是北方？从玄玉（颛顼）、玄冥，再到玄武，为什么北方之神或神物皆为同一个概念"玄"之派生物？北方作为神话宇宙观中的冬季象征，为何可以在四季循环的整体中代表生命的冬藏即再孕育阶段，亦即起死回生的阶段？如果把颛顼死即复苏理解为这个阶段的人格化表现，那么相应的渔妇叙事也是如此，而蛇化鱼叙事则属于这个阶段的非人格化生物变形的表现。（图 9-6、图 9-7、图 9-8）

颛顼别名端玉，即玄玉。玉是精的集中载体。精，即不死之生命原力的象征。"玄"字本身所蕴含的神奇变化意义，在《山海经·大荒西经》所记的这个颛顼复活故事中得到极为生动的诠释。神话的生命观，一定是以永生不死为其根基性信仰。若没有超越死亡的神力，岂能成为受人尊崇膜拜的大神？从蛇

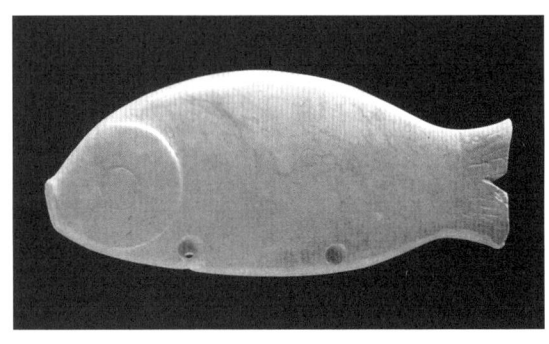

图 9-6　余杭良渚反山 M22 出土玉鱼，距今约 5000 年

图 9-7　三门峡虢国墓出土西周鱼尾蛇形玉玦
[引自河南省文物考古研究所、三门峡市文物工作队编著：《三门峡虢国墓》（第一卷），文物出版社，1999 年]

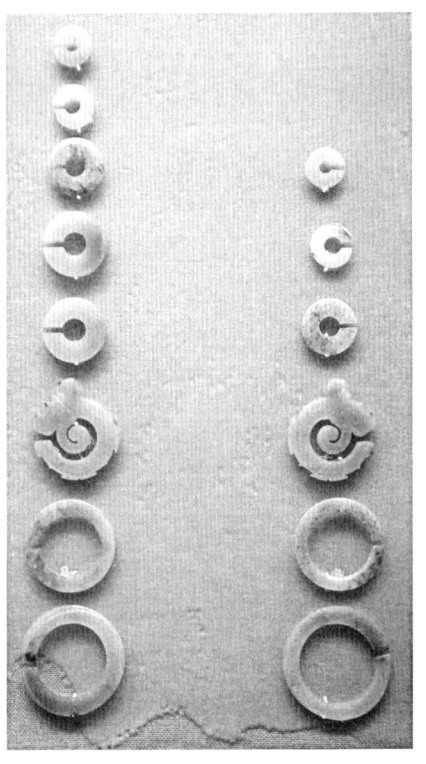

图 9-8　1994 年山西晋侯墓地 M92 出土于墓主头部两侧的两套玦饰，左侧 6 件，右侧 8 件，在倒数第三的位置均配置一件"衔尾龙形玦"
（引自《天马－曲村遗址北赵晋侯墓地第五次发掘》，载《文物》1995 年第 7 期）

化之鱼为萨满神医渔妇的超能量来看，起死回生的秘诀就在于仿生学的神话联想：如何让死者像水生动物蛇－鱼那样遍体有鳞？西汉版的皇家解决方案非常给力，那就是用代表生命之精的2000多块玉片，加金线银线缝制为金缕玉衣，将死去的刘姓帝王（包括诸侯王）尸身完完全全包裹起来，甚至要求不露一点缝隙。以此人工作业的奇迹行为，实现让死者"遍体有鳞"的仿生学神话理想。这并不是个人的猜测，而是有文献证据的，虽然这文字证据仅有四个字，但是已经足够了，那便是《吕氏春秋·节丧》所言"含珠鳞施"。对此，高诱的注释已经点明仿生学神话观念的意义："鳞施，施玉于死者之体如鱼鳞也。"前面提到《山海经》所述华夏版复活节日的颛顼死即复苏情节，以鱼蛇互变的玄幻过程为喻，要知道鱼和蛇都属于有鳞的生物。玉衣的制作和丧礼性穿戴，显然是要让已死之人变化为蛇、鱼的一种实际模拟行动。一旦金缕玉衣的神话仿生学原理得到揭示，将死者的躯体用人工制造玉衣包裹严实，使之变成类似蛇龙一般的仿水生动物，目的在于让死者尸身能顺利穿越地下阴间黄泉大水世界，最终实现由金玉引领的灵魂升天之旅。（图9-9、图9-10）

空间方面有神秘建筑名"玄宫"，时间方面有季节性的称号"玄冥"，月份的称谓有"九月为玄"。这些名号皆蕴含着神秘循环的意义。

玄为生命本源、生命孕育、生命不朽、死而复生，可代表华夏理想。

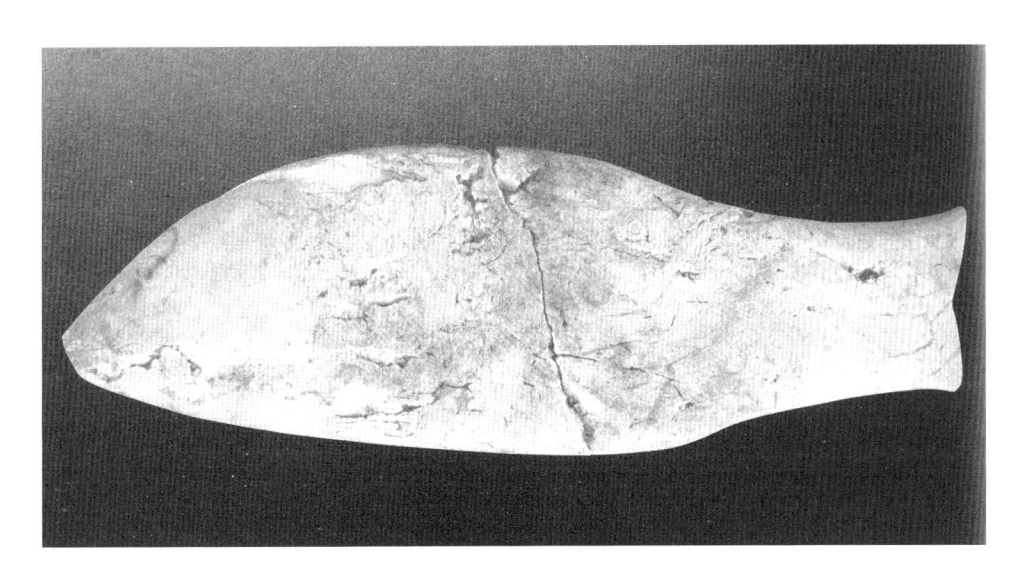

图9-9　江苏盱眙大云山汉墓出土玉鱼，用玉鱼做权贵者随葬的礼俗，从上五千年贯穿到下五千年

（引自南京博物院编：《长毋相忘：读大云山江都王陵》，译林出版社，2013年，第398页）

第九章　颛顼与端玉　｜　141

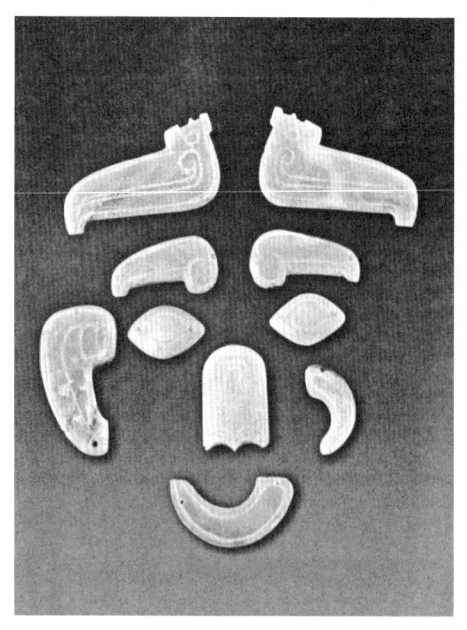

图9-10 神话历史的延续性：从史前到秦汉的"含珠鳞施"——西周玉覆面和西汉金缕玉衣的神话蕴含

玄的变化意义，从直接的视觉经验上的明暗变化与颜色变化，引申到玄冥所代表的季节变化，再引申到生命形态的变化方面，是仿生学联想引领的生命形态变化。对照《道德经》首章揭示的变化哲理："玄之又玄，众妙之门。"

金玉组合与玉帛组合相比，是后起的派生模型，玉帛组合才是大传统的原生模型。玉石加金属的神话想象，在魏晋以下向道家炼丹思想方向演化。关于非常明确的起死回生方式，从炼丹术的丹药构成情况就可以看得分明。以下炼丹思想所表达的变化原理，请对照本书第五章有关魔法石、哲人石与西方炼金术之关系的论述。《抱朴子内篇·金丹》就明确透露了玉石为不死药与金属为不死药的新老信念结合情况：

> 又绮里丹法，先飞取五石玉尘，合以丹砂汞，内大铜器中煮之，百日，五色，服之不死。以铅百斤，以药百刀圭，合火之成白银，以雄黄水和而火之，百日成黄金，金或太刚者，以猪膏煮之，或太柔者，以白梅煮之。

> 又玉柱丹法，以华池和丹，以曾青硫黄末覆之荐之，内筒中沙中，蒸之五十日，服之百日，玉女六甲六丁神女来侍之，可役使，知天下

之事也。①

从玄黑的联想，到玄变的联想，再到玉柱、玉女、神女的虚拟幻象，中国版元宇宙的独门奥秘所在，思想史系谱学溯源研究的基本脉络，在此已经可以清晰地呈现出来。（图9-11）

因此，如今我们借助于创世神话这种奠定一切古代国家意识形态基石的神幻叙事模型，将《道德经》的第一章和《千字文》的第一句话对照起来重新审视，相得益彰和互为参照的神话解码效果就容易看出了。

在前哲学时代，神话充当了意识形态的媒介，它规定了开天辟地以及人类祖先的由来，所以对任何一个民族而言，神话都是像法典一样的东西。前章说明了伏羲、黄帝和天熊神话的关联，本章解析的是黄帝之孙、在历史上曾发挥绝地通天作用的颛顼帝与玉文化传统的内在关系。

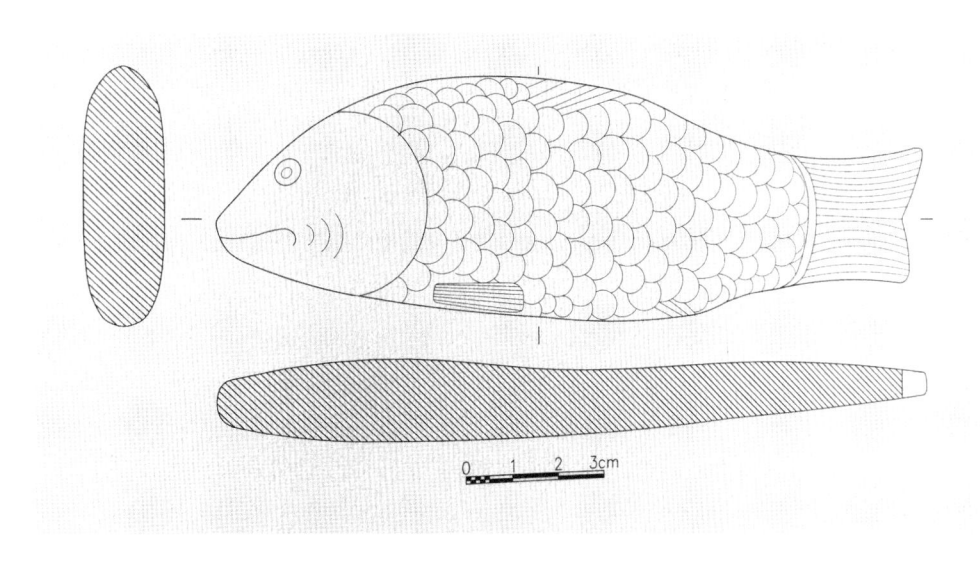

图9-11　江苏盱眙大云山汉墓出土玉鱼线描图
（引自南京博物院编：《长毋相忘：读大云山江都王陵》，译林出版社，2013年，第399页）

参考文献

［1］杨伯达. 中国史前玉器史［M］. 北京：故宫出版社，2016.

---

① 王明：《抱朴子内篇校释》，中华书局，2015年，第81—82页。

［2］杨伯达．中国史前玉巫教探秘［M］．北京：故宫出版社，2020．

［3］叶舒宪.中华文明探源的神话学研究[M].北京：社会科学文献出版社，2015．

［4］叶舒宪．玉石神话信仰与华夏精神［M］．上海：复旦大学出版社，2019．

［5］王仁湘．方圆一体：玉琮的故事五千年［M］．上海：上海人民出版社，2021．

［6］唐启翠．禹赐玄圭：玉圭的中国故事［M］．上海：上海人民出版社，2020．

［7］叶舒宪．玉文化先统一长三角［M］．上海：上海交通大学出版社，2021．

［8］艾兰．世袭与禅让［M］．北京：商务印书馆，2010．

［9］王振复．中国巫文化人类学［M］．太原：山西人民出版社，2020．

［10］叶舒宪.龙的元宇宙：古代中国的科幻基因［M］．西安：陕西人民出版社，2024．

第十章　玄玉时代与白玉时代

本章涉及一些新的名词，是近期才出现的研究成果。中原地区首次出现玉石是在灵宝遗址，距今约5300年前。其大中型墓葬中出现的14件玉钺有13件都是蛇纹石玄玉。经玉帛之路考察团的实地调研，发现灵宝遗址的玄玉玉矿位于甘肃天水武山。仰韶时期的中原先民正是通过渭河、泾河流域将武山出产的玉石源源不断地输送到中原，此一时期，可称为"玄玉时代"。约在4000年前，随着马衔山、马鬃山透闪石玉（软玉）的发现，玄玉（蛇纹石玉）开始式微，玉石之路逐渐延伸到河西走廊最西端。约在3000年前，随着新疆和田的优质透闪石玉——羊脂玉——的出现，终于为玄玉时代画上了句号，中原从此进入了白玉崇拜的阶段，此一观念的转变，借用马克斯·韦伯的术语，称之为"玉教"的"新教革命"。

综合以上九章的内容，笔者希望大家能够形成这样一种认识，那就是我们所讲的神话，不再是民间文学课堂上的虚构文学故事，而应被当作历史看待。对于神话与历史的关系，王国维做过很好的解释："上古之事，传说与史实混而不分：史实之中固不免有所缘饰，与传说无异，而传说之中亦往往有史实为之素地，二者不易区别。"那么，为什么上古时期会存在传说与史实不分的现象呢？其实很简单，因为那时的人们没有什么历史思维，而全是神话思维。"神话之中有人话，人话之中有神话，半神半人之古史，亦为各民族之所同也。"[1]这是童书业先生针对古史中的颛顼的叙事情况的评语。此话道出的正是神话历史不分的现实真相。为什么在今天的大学课堂上要区分呢？因为这是学术分科的结果：历史系讲历史，文学系讲神话，必然造成历史系和文学系的同学在接

---

[1] 童书业：《春秋左传研究》，上海人民出版社，1980年，第6页。

受此类分科教育之后，都难以理解神话历史的现实存在了。更难以理解的是：处在万物有灵时代的人们，他们为什么要将一切的事实都神话化呢？他们要记录这些重要的事实，怎么办？没有文字，就只能通过口传讲述，通过实物和图像来表现。所以，我们一再强调四重证据法和大小传统的理论，就是要通过按图索骥的方式一步一步地进入3300年前文字诞生以前的时代。

说起中国王朝的形成，总是避免不了从夏朝开始。以目前的考古资料还不能肯定地下结论说夏王朝一定存在，但是从我们神话历史的角度出发，可以肯定地说确实存在过一个夏文化。本章试图通过四重证据法来进入4000年前的大传统时代，一探从玄玉时代到白玉时代的历史变迁。

一、白圭玄璧

司马迁在《夏本纪》中提到大禹治水成功后，帝赐禹玄圭，以表彰他的功劳。《管子·轻重甲》中说道："禺氏不朝，请以白璧为币乎？"禺氏就是今天所称的月氏。看来在管子时代，白璧已经具有了重要的经济价值。中国古代政权的建立，绝非纯粹的政治，而是一定与信仰有关。从公元前221年到1911年，中国2000多年封建王朝的神圣统治象征物始终都是传国玉玺。而传国玉玺的原型，就是"禹锡玄圭，告厥成功"的玄圭，这意味着大禹从天神那里获得了建立夏王朝的合法性。那么白圭玄璧的组合又是怎么一回事呢？本书第二章介绍过神话学的八种理论，其中之一即是结构主义。结构主义的思路就是二元对立。在《穆天子传》中，周穆王不远千里去拜见西王母，千里拿的就是白圭玄璧。白、玄在这里体现的就是二元对立。这种二元对立的现象，催生出了中国历史上特有的玄玉时代。

中国人崇拜玉石的历史虽然已经有10000年，但是在4000年前，白玉尚未大规模出现，那个时代中原和西部地区出现最多的是玄玉。直到新疆和田玉的发现，白玉大量引进之后才对玄玉崇拜造成了颠覆。原来认为玄玉是最好的玉，现在不一样了。在文字书写的小传统里各种美好的事物都与白玉建立了联系，如白璧无瑕、白玉为堂等，都是表达对白玉的无上崇拜。小传统的再编码很少能够见到玄玉的影子。这就是"玉教"的新教革命说提出的现实背景。

2008年，北京举办第29届国际奥林匹克运动会，其奖牌的设计可谓是神话与创意完美结合的典范。为什么这样说呢？因为奥林匹克运动的发源地在古希腊，而此次在中国举办，所以必须体现出两大文明交流的迹象来。设计者将西方的金、银、铜神话与中国的白玉、青玉、碧玉结合起来，由此形成了"金镶玉"

图 10-1　2008 年北京奥运会的"金镶玉"奖牌

的完美组合（图 10-1）。这里的创意也是以白玉为尊，不见玄玉的影子。

二、玄：从"玉教"到道教

如果要在汉字系统中寻找一个最为神秘的汉字，那么一定非"玄"字莫属。因为神秘，所以古人对这个字的解释也是千奇百怪。随着近代考古学的发展，有些学人开始从实物的角度寻求这个字的本义。庞朴认为屈家岭文化出土的"彩陶纺轮"，可能并不是真的纺轮，而是某种法器。他举出三种理由：第一，数量多；第二，颜色红；第三，花纹奇。他接着指出：聪明的屈家岭人抓住了旋涡这一特征，来寄托自己对水的崇敬、畏惧、惶惑、感谢之情。另外，庞朴还指出，"玄"的旋涡本义，它和水的血缘关系，被人逐渐遗忘，幸好水神的大名叫作玄冥，北方以属水故而曰玄天，还给人们留下了一些蛛丝马迹。作为楚人的老子，在他的书中一再盛赞水德，强调柔弱胜刚强，其谜底端在于此。姑且不论庞朴的解释是否完全正确，但至少他将"玄"字和道教联系在一起，是值得我们注意的。

"玄"最原始的意思有两种：一是指黑色，二是变化之意。后者是由前者衍生出来的意思。古人在长期的实践过程中，认识到当有强光照射时，玄玉会变成墨绿色，甚至是黄色（图 10-2），于是就出现了玄黄的二元对立。那么玄

第十章　玄玉时代与白玉时代 ｜ 147

图10-2 强光照射下变成绿色的玄玉，2016年摄于新疆塔什库尔干

黄又是如何代表天地二元色结构乃至代表天命的呢？第五章在讲苏美尔和古埃及的绿松石、青金石神话时曾经说，这两种宝石的颜色因为和天的颜色相似而被视为神物。但是绿松石和青金石的颜色是不会发生变化的。而华夏的先民之所以热衷于玄玉，正是因为注意到了玄玉会随着光的强弱而呈现出颜色变化的神奇特性，这不正是和天空的颜色变化相符合？

玉教信仰在道教那里留下了一连串的信息。《国语·楚语》里讲"玉帛为二精"。为什么古人会把玉和丝帛看成二精呢？因为美玉和丝帛都会反射散发光泽，在古人的观念中，凡是发光的物体都被认为是含有精气的，所以会特别加以崇拜。《山海经》中黄帝食玉英的神话，被道家认为是玉具有能使人长生不老的精气的源头典范。道家还认为，"圣人被褐怀玉"，所谓的"褐"就是粗布衣服。圣人走在街上可能和一般的百姓没有什么区别，但怀里佩戴美玉，这是一种身份符号的代表。道家还有三清与玉皇的传说，所谓"老君一气化三清"。三清，分别指玉清、上清、太清。

道家的圣地之一是华山，华山位于黄河拐弯的地方，也是渭河汇入黄河的地方。华山上面有个寺庙，叫玉泉寺，一听此名就知道华山和玉崇拜的关系。华山的得名，想来大家都已经很熟悉了，但是在此还是有必要解释一下。在古人那里是没有什么地质学、矿物学的知识，他们所有的只是神话虚拟编码。据说从高处俯视华山，会呈现出像是五瓣莲花的形状来，故得名"花"山。华山的得名即源于此。华山脚下都是连绵不绝的历代皇帝、骚人墨客的题词和碑刻，内容当然都是与道教崇拜有关。

与华山并列的圣地还有一个三清山，位于江西省上饶市玉山县。此县名曰玉山，顾名思义，当然也和道家的玉崇拜有关。三清山又名少华山，因玉京、玉虚、玉华三峰宛如道教玉清、上清、太清三位尊神列坐山巅而得名。玉清，又称元始天尊，被道家视为宇宙之祖、神灵之宗。要说起元始天尊的原型，还得从《周易》那里去寻找。《周易》开篇曰"元亨利贞"，此处"元"就是玄的意思，也具有一切事物发端的意思。如果从玉文化史的颜色顺序来看，正好和玄黄、赤白对应起来。"玄"和"元"这两个概念是可以互换的，玄圭在一些地方又被叫作元圭。道教的价值观讲求"知白守黑"，又说"玄之又玄，众妙之门"，此处明显是以玄为至尊。

除了黑白二元说之外，还有玄黄二元。古代的叙事很多是与黄帝有关的，这里我们以战国时代的一部书《黄帝四经》为例。《黄帝四经》是1973年出土于马王堆的一部竹书，属于第二重证据。竹书上记载有一个辅佐黄帝的大臣叫力黑，后来将这个人解释为力牧。一黄一黑，这难道不是二元对立吗？庄子说黄帝游于赤水之滨，一高兴把自己的玄珠给丢了。所谓"玄珠"，即黑色的玉珠。这里的信息难道不是玄黄二元吗？除此之外，一些道家书籍上还记载黄帝有一位女导师，名字就叫玄女或素女。这些证据无不表示玄黄二元的普遍性。为什么会出现玄黄的二元对立呢？因为5000年前的人们最熟悉的玉就是玄色和黄色。萧兵曾经考证黄帝的源头，认为黄帝就是玉璜之神。5500年前的红山文化曾经出现过黄色的双龙首玉璜（图10-3），"黄"与"璜"只差了一个玉字旁，我们说过一些重要汉字的原编码都在大传统那里，通过这件器物，或许可以让我们对黄帝之所以名"黄"有一些启发。

崧泽文化是距今6000年到5300年之间的新石器文化，其中心区域就位于现在的上海至江苏张家港一带。考古人员在崧泽遗址发掘了大量的玉璜，有些还是一排一排地出现。这说明崧泽时期的先民对玉璜有着特殊的崇拜。那么玉

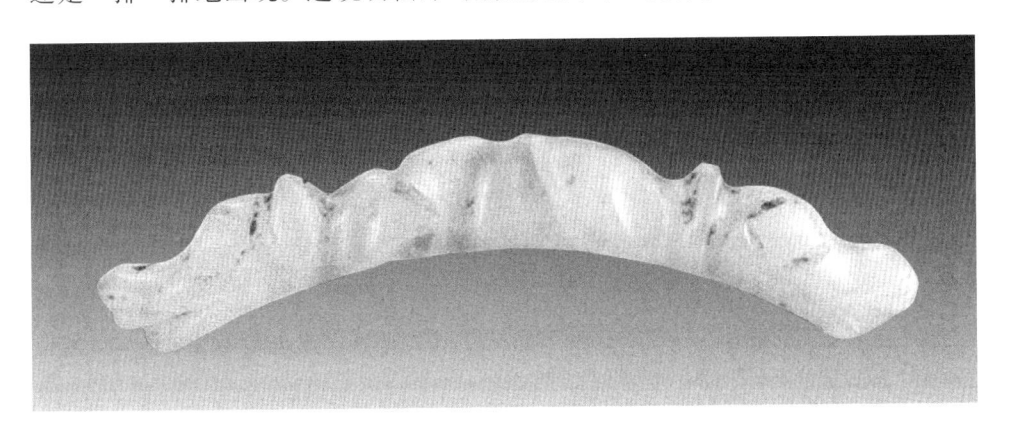

图10-3　5500年前的红山文化双龙首玉璜，辽宁省博物馆

璜又是如何与彩虹产生联系的呢？我们讲四重证据，都是实物在前，汉字在后。汉字书写的传统，都是小传统。汉字本身就是小传统的开端，但是小传统也有原型，那么"虹"字的原型是什么？甲骨文"虹"字（图10-4），为什么都是双头龙的表现？如今讲神话与创意，就要回到古人那里去借鉴灵感，设身处地去体认：古人是怎么看待彩虹的。一个显而易见的天文知识是，彩虹不会出现在和风细雨之后，而只可能在疾风暴雨之后。于是便出现了这样看似荒诞却又顺理成章的事情：既然天上的水都因为一场暴雨下没了，那么天神或天界的祖灵就只能到人间地面来取水了，而天神的形象便是以两头龙来呈现的：双龙头都张开大嘴，来地上喝水地上的人看到彩虹之桥，由敬畏而艳羡，于是以玉璜作彩虹状，想借以升天。神话传说中有夏启佩玉璜升天得九辨与九歌的故事，其原型就在这里。

百年来考古发掘的红山文化双龙首玉璜仅有一件，但民间收藏的同类器物还有一批。图10-5是笔者收藏的一件，可称为粗短型。

图 10-4 甲骨文 "虹" 字

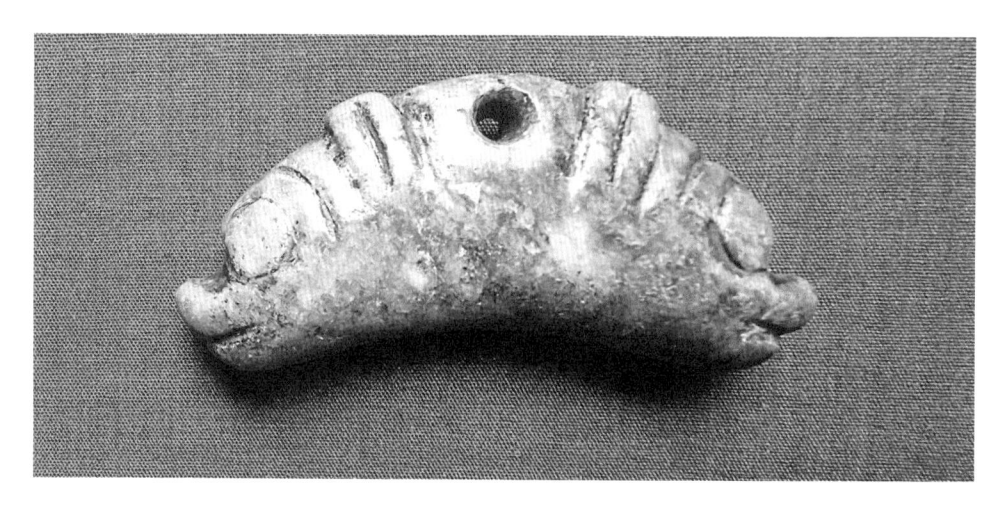

图 10-5 红山文化双龙首玉璜（粗短型），私人藏品

三、河出昆仑，玉出昆冈

说起中国神话的地理核心，那一定非第一圣山昆仑山莫属（图10-6）。昆仑的泛指用法流行于汉武帝之前，似乎在西部绵延不绝的大山都可以被视为昆仑，由近及远包括祁连山、阿尔金山、天山、昆仑山和喀喇昆仑山。如果连接起来，从东边的祁连山到西边的喀喇昆仑山，这条横贯中国西部的巨大山脉有 2500 多公里。狭义的昆仑山是指张骞出使西域带回新疆的和田玉后，汉武帝查阅古书将于阗南山命名为昆仑。《千字文》有"金生丽水，玉出昆冈"，还有先秦时代有关"河出昆仑"的说法，这在《汉书》中被班固特别强调，就是所谓的黄河上游潜行地下说。《禹贡》："导河积石，至于龙门"。顾颉刚注：积石山、小积石山，在今甘肃宁夏西北，青海循化县东。后人以为导水即溯源，遂指青海同德县西南大积石山为河源，为大禹所导，但汉朝时候大积石还没有入中国版图，禹贡时代当然更不知道了。我国古代传说河出昆仑，而导河自积石起，是不知道河源的正确所在。汉武帝遣张骞使西域，张骞从西域归来向汉武帝说："于阗之西，水皆西流注西海；其东，水东流注盐泽，盐泽潜行地下，其南则河源出焉"。西海，旧说即今咸海；盐泽即今新疆罗布泊。后人据此遂说黄河初源为今塔里木河，潴为罗布泊，潜行地下，至巴颜喀拉山重出为黄河，则是企图把张骞的传说证实起来，又说是禹贡导河的河源，不免牵强附会。顾氏观点引出的问题是，自《汉书》之后，为什么历代的统治者都不肯否认"河出昆仑，

图 10-6　位于帕米尔高原的昆仑雪山

潜行地下"的神话地理观？其中就牵涉华夏国家版图方面的意义，具有文化认同上的重要功能。地下潜流说能流行 2000 年，对于国家统治者而言，是宁可信其有，不可信其无。

《千字文》中提到的"玉出昆冈"一说，引起了后人无尽的遐想。玉石究竟是出自哪个方位的哪个昆冈？不要说古人，就是在当今交通如此便利的情况之下，人们还是一头雾水。《山海经》中虽然记载了 140 多座出玉之山，但它毕竟体现的是古人的神话地理或政治地理，其文化功能在于权力叙事和国家版图与物产的掌控确认，它既不可能是完全客观的地理描述，也不是纯粹主观幻想的创作产物，而是依托现实地理山河物产的实际情况加以整合再造的体系。为了一探究竟，文学人类学团队深入祖国西部，把凡是能找到玉矿的地方都走了一遍，最终证实了《山海经》中对出玉之山的记载是有其真实原型的。以下即是十三次玉帛之路考察的相关情况。

第一次考察：玉石之路山西道（雁门关道与黄河道：大同—代县—忻州—兴县—北京）。2014 年 6 月完成。这一路径的考察主要关注玉石之路早期进入中原之路线，希望探明周穆王路的出关段、尧舜禹时期月氏玉路的具体情况。本次考察除了认识雁门关对战国时代以前的西玉东输路线的关键意义，更重要的新发现是对龙山文化时代玉石之路黄河道的求证，在临近黄河的山西碧村小玉梁发现龙山文化建筑遗址和玉礼器群。这就和黄河西岸陕西神木石峁遗址玉器群的发现形成对应局面，给下一步的研究带来一个突破口。

第二次考察：玉帛之路河西走廊道。2014 年 7 月完成，行程达 4000 公里。此次考察也可视为齐家文化—沙井文化—四坝文化之旅，希望探明西部的史前玉文化及齐家文化向西覆盖、延伸的情况，及其与河西走廊一带的史前文化之关联，摸清西玉东输的早期路径情况。具体行程线路是：兰州—民勤—武威—高台—张掖—瓜州—祁连山—西宁—永靖—定西。每到一处，必看史前文化遗址和当地博物馆所藏玉器。学术上的主要收获是根据发现的古代玉矿分布情况，提出"游动的昆仑山"和"游动的玉门关"命题。考察团认识到，瓜州有可能曾经充当古代多处玉石资源输入中原国家的集散地或汇聚点，即肃北、瓜州北部大头山，加上原有的新疆和田地区及其他地区。考察团在瓜州沙丘包围中的文化遗址——兔葫芦遗址所进行的一日考察中，看到有多种被切割的玉石料堆积现象，目前尚不能准确认定其年代归属，但是可以判断出存在着不同地区的不同玉料汇聚瓜州的情况，结合当地学者根据田野调研得出的瓜州地区四处玉门关的认识，确定日后的研究可以聚焦到瓜州双塔村的兔葫芦等重要遗址处。

由于西玉东输文化运动在历史上持续很长，可以看成"玉教"神话信仰驱动下的多米诺文化现象，其中可以探究的问题很多，尤其是在以比较文明史的国际视野下审视其凝聚和催生华夏文明核心价值方面。

第三次考察：玉帛之路环腾格里沙漠道。2015年2月完成。可称其为玉帛之路原州道、灵州道沙漠路线考察。弄清楚今人视为畏途的戈壁沙漠区，在古代依然有商贸路径可以穿行，自河西走廊北出民勤至宁夏和内蒙古地区，可以视为河西走廊的北路支线。

第四次考察：玉帛之路与齐家文化考察。2015年4月完成。借助甘肃广河县筹备齐家文化国际研讨会之契机，展开先期调研，聚焦齐家文化玉料来源调查，故可称为齐家文化遗址与玉料探源之旅。具体行程是：兰州—广河—临夏—积石山—临洮马衔山—定西。学术上的重要进展在于：根据甘肃榆中、临洮交界处的马衔山玉矿及其标本采样数据，正式提出"西部玉矿资源区"的新命题，并在其基础上形成提交甘肃省政府的文化发展对策报告一份。

第五次考察：以"玉帛之路草原道"或"草原玉石之路"为名，在2015年6月完成。主要目的地是甘肃肃北马鬃山玉矿，兼及马鬃山以西的入新疆关口明水。这是通过内蒙古社会科学院投标国家社科基金特别委员项目"草原文化研究"之子项目"草原玉石之路"的调研计划。考察路线是：兰州—会宁—隆德—宁夏西海固地区—银川—阿拉善左旗—阿拉善右旗—额济纳旗—肃北马鬃山—嘉峪关—酒泉—兰州。本次考察的重点在于穿越巴丹吉林和腾格里两大沙漠地区，探明从额济纳旗向西到马鬃山，再向西通往新疆哈密的古代路网情况。通过草原丝绸之路北道的田野新认识，从多元的视角厘清西玉东输的玉矿资源种类，理解早期的北方草原和戈壁地区运输路线与玉石、玛瑙等资源调配有何种关系，与金属文化传播又有何种关系，并尝试解说马鬃山玉料输送中原的捷径路线是否存在。在本次考察出发的第一站甘肃会宁县博物馆看到齐家文化的大玉璋，对其文化史意义做出及时评估。草原游牧文化是欧亚大陆腹地之中亚草原地带率先孕育出来的一种饲养家畜和非定居的生活方式，由于其中包括家马、骆驼的起源和马车的起源，极大地影响到整个旧大陆的历史发展进程。据俄罗斯专家库兹米娜的看法：史前期中亚地区生态环境中的半农牧的混合型经济遇到危机，取而代之的便是放弃农业种植的纯粹游牧文化的崛起，而游牧文化的兴起同时给伟大的丝绸之路形成带来催化剂。在中国北方草原地带展开的古文化调查，将给亚欧大陆桥的形成研究带来新的视角和材料。

第六次考察：玉帛之路河套道。2015年7月完成。行程为北京—包头—固阳—

阿善遗址—鄂尔多斯—保德—兴县—神木—府谷。考察寨子疙瘩等一系列史前文化遗址及其出土玉器情况，特别是兴县猪山的龙山文化大型祭坛情况。

第七次考察：玉石之路新疆北道。2015年8月完成。考察路线是：兰州—乌鲁木齐—北庭—木垒—清河—阿勒泰—克拉玛依—玛纳斯—乌鲁木齐。此行主要观察草原鹿石和石人等古代游牧文化遗迹，兼及现代玉石市场上新开发的戈壁滩五彩石英石——金丝玉的出产情况。考察团从甘肃广河县出发，经兰州至乌鲁木齐，访问新疆维吾尔自治区文物考古研究所、新疆维吾尔自治区博物馆、新疆文联、华凌玉器市场等。从乌鲁木齐东行至北庭，考察佛教寺院遗址，再驱车东行，至木垒县平顶山，由中国社会科学院考古研究所引介史前墓葬考古发现现场；自木垒县穿越准格尔盆地北上至清河县，由相关人员接待考察三道海子图瓦人文化墓葬和石堆金字塔、鹿石等。再驱车自清河县西行，抵达阿勒泰市，考察阿勒泰博物馆（图10-7）、戈壁玉市场、切木尔切克史前石人、石棺墓群遗址等。回程自阿勒泰驱车南下，途经克拉玛依、奎屯、石河子、昌吉，返回乌鲁木齐。此次考察可视为对第五次、第六次考察对象草原玉石之路的延伸。新疆北疆地区不仅以草原、盆地著称，而且是贯通蒙古草原与中亚草原的中间地带，在草原岩画、草原石人文化和鹿石文化方面，都属于和蒙古草原一脉相承的文化传播带。

图 10-7　阿勒泰博物馆的鹿石

第八次考察：玉帛之路新疆南道及青海道。2015年9月完成。考察路线是：兰州—临洮马衔山—兰州—西宁—湟源—青海湖—乌兰—都兰—格尔木，再从格尔木北上，经花土沟—若羌—且末—民丰—于田—洛浦—和田—墨玉，最后到达乌鲁木齐的新疆地质矿产博物馆。

第九次考察：玉帛之路关陇道及陇东道。2016年1月25日至2月2日完成。考察路线是：兰州—通渭—庄浪—华亭—崇信—平凉—镇原—泾川—灵台—千阳—陇县—张家川—天水—西安。行程2000公里。本次考察旨在探明齐家文化向东的延伸分布、丝路东线之关陇道情况以及民间收藏情况。重要学术收获是对齐家文化遗址密集出现在庄浪县及其与关山道、陇东文化的关系，尤其是月氏道位置的确认，对古密须国的认识，对平凉地区作为齐家文化与龙山文化互动中介带的认识，对镇原县常山下层文化的初步认识。这些收获都对认识齐家文化的来源带来启迪，同时大大加深对中原龙山文化和西北齐家文化之间关系、仰韶文化与常山下层文化之间关系的认识，关山两侧的秦陇古道及其文化互动情况，尤其是自齐家文化到寺洼文化与西戎文化的传承线索。

第十次考察：玉帛之路渭河道。考察发现，常山下层文化与齐家文化玉器中有一类墨绿色蛇纹石玉料（图10-8），应属于天水武山的鸳鸯玉。通过与仰韶文化出土的玉器对比，可以将以往认识的西玉东输的历史提前约2000年。常

图10-8 第十次玉帛之路考察武山墨玉

第十章 玄玉时代与白玉时代 | 155

山下层文化玉器是齐家文化玉器的开端，也是整个甘青地区玉文化的开端。（图10-9）中原玉文化史上率先登场的玉种，恰恰就是蛇纹石玉制作的玉斧。以河南灵宝西坡仰韶文化遗址出土的13件蛇纹石玉钺为代表，距今约5300年。随后的常山下层文化玉器（距今约4900年），可以说先于齐家文化拉开西北地区玉文化的序幕。它们也主要采用蛇纹石玉。

图10-9 齐家文化玉琮，蛇纹石玉，距今约4000年，摄于武山县博物馆

第十一次考察：陇东陕北道。2017年5月完成。此次考察沿着泾河和秦直道方向，进一步探究龙山文化玉器与齐家文化玉器之关联，以及玉料供应的源流。本次考察成果见2017年第15期《丝绸之路》专号。考察团沿泾河入甘肃的首站宁县博物馆，首次纠正误判的文物：将标注为"石斧"者改判为玄玉玉钺，并在《中国社会科学报》刊发《认识玄玉时代》一文。

本次考察主要探究的问题是玄玉时代的空间分布问题。考察结果是，渭河及其主要支流泾河、马莲河、环江、蒲河、茹河、葫芦河等是玄玉进入中原地区的主要途径，还有甘陕交界处子午岭东侧的延河、洛河、无定河、秃尾河等。玄玉时代是中原与西部文化的起源期，是第一个时代。

第十二次考察：玉门道。2017年6月完成。发现玉门花海玉路，即马鬃山玉矿进入河西走廊的支线。

第十三次考察：玉出三危。2017年8—9月完成。考察范围包括敦煌三危山、金塔县羊井子湾、秦安县大地湾等文化。最大的收获是在敦煌以东约60公里的三危山一个山口内看到面积广大的古代玉矿。《禹贡》："黑水西河惟雍州，弱水即西……至于猪野。三危既宅，三苗丕叙。厥土惟黄壤，厥田惟上上，厥赋中下。厥贡惟球琳琅玕。"《尔雅·释地》云："球琳，美玉名。""琅玕，状似珠也。"三危山一带就是较早的昆仑虚所在，当地特产的两种美玉：美玉原料和珠状的玉石。从三危山采集到的红陶片来看，约为齐家文化陶器，也就是说，敦煌玉矿应该开启于距今4000年至3500年之间。三危山的发现，解决了一个困扰国人多年的历史遗留难题：为什么自汉代以来在河西走廊的西段不断出现以玉为名的地名，如玉酒泉、玉门、玉门县、玉石障、玉门关、玉门军等。与此相关的问题还有：为什么西汉玉门县在敦煌以东的地方，而玉门关却在敦煌以西的地方？自王国维在《流沙坠简序》中提出玉门关最初不在敦煌而在玉门县以来，近百年来争论不休。敦煌玉矿的发现足以给这类学术争论难题带来重新反思的根本契机：玉门县、玉石障之所以在敦煌以东，是因为要迎接敦煌本地产玉；而玉门关之所以在敦煌以西，是因为要迎接来自新疆的产玉。就敦煌玉矿的开启时间而言，应该是在马鬃山玉矿和新疆若羌、于田的和田玉矿开启之前。

四、玄圭：昆仑玉山之色——华夏文明认识昆仑的多米诺过程

2004 年，灵宝西坡遗址出土了仰韶文化时期的 14 件玉器（13 件玉钺、1 件玉环），距今约 5300 年，轰动玉学界。当时参与发掘的考古人员尚不清楚这些玉器的产地，而经过玉帛之路考察团的系列调研，发现它就是源自天水武山的蛇纹石玉。这些玉器虽然在制作和加工上没有同时期南方玉器精美，但总算是开了中原玉文化的先河，从比例上看，只有不足 1% 的仰韶墓葬出土了玉钺，而且从其他出土遗物来看，出土玉钺的墓葬一律都是高等级墓葬。玉钺表面没有使用的痕迹，有钻孔，可以装柄，显然是作为礼器来使用的。这些玉钺的出土，说明那个时代就是玄玉时代。2021 年春，又在咸阳博物院库房发现了 10 余件同类的仰韶文化玄玉玉钺，并在同年 5 月举办了"仰韶玉韵"展和"玄玉时代专家论坛。"[①]

近年来玉帛之路调研的学术新收获就是重新认识中原与西部玉文化起源的第一个时代——玄玉时代。考察表明，史前中原的玉文化兴盛于龙山文化时代，距今 4000 年；史前西北地区的玉文化兴盛于齐家文化时代，距今也是 4000 年。在龙山文化玉器和齐家文化玉器中都有一种深色的蛇纹石玉料，借用《山海经》的称谓，可以叫作玄玉。这种深色调的蛇纹石玉，已经不是当时的玉料主流了，质量更优秀、色彩更鲜亮的透闪石玉料已经在中原和西部地区大量登场。河南灵宝西坡遗址仰韶文化大墓发掘出的蛇纹石玉钺，打破了有关中原仰韶文化没有玉礼器生产的成见，意味着中原与西部玉文化起源期都在仰韶文化中后期，即仰韶文化庙底沟类型时期，距今 5500 年至 5200 年。最早登场的玉礼器应以

[①] 叶舒宪主编：《仰韶玉韵》，上海交通大学出版社，2025 年。

深色蛇纹石玉为主，而且中原发现的玉文化在时间上略相当于红山文化中期，从形制和玉料来看，可能并没有受到红山文化的影响。《西山经》记载最好的玉是黄帝所播种的玄玉。为了寻找这种优质的玉石，出现了一种多米诺骨牌效应，由中原而及于西部沿渭河流域到渭河主要支流都有玄玉出现。

有学者认为玉圭的前身就是玉斧玉钺。禹赐玄圭的古老传说一旦和上五千年的玄玉玉钺实物形成对应，将开启一个巨大的探索空间。

五、"玉教"的"新教革命"：3000多年前白玉大登场

神话观念变革的总体趋势在于，从虔诚的大传统拜物教神话观念信仰，走向大传统神话的断裂与祛魅，以及小传统新神话观念的再造和编码。一个族群的初始神话就必然奠定了该族群社会意识形态的原型。在东亚，"玉教"信仰长达万年，先民认为玉石代表天神和永生；在华夏，白玉崇拜3000多年，人们认为各地不同玉石中唯有来自西域圣山昆仑山的和田玉才最宜充当天神和天命（德）的代表物，和田玉中的白玉更是天神中的发光至上者之象征。（图10-10）昆仑、西王母与白玉的三位一体联想，属于西周以来的白玉崇拜核心教义，其想象的现实基础是中原国家西部的产玉之众山，但是经过神话历史观与神话地理观的改造，昆仑的所在地同黄河的发源地一样，变得笼而统之，模糊不清。从先于中国而诞生的"玉教"神话观，到伴随华夏国家美玉资源依赖而形成的神话地理观，再造出完整的白玉崇拜之新教理论，由此奠定华夏文明的核心价值。直到西周王朝中期以后，国家的玉器生产用料才大量转向白玉资源。这又和西玉东输的特殊文化现象有关。从考古实物来看，有学者已经指出，周代墓葬出土玉器可谓多矣，其中多以青白玉、青玉和白玉最为常见。先秦时代认识的白玉一定以新疆昆仑山为原产地。与各种颜色的地方玉种相比，白玉的出产地距离中原国家要远很多。天赐观念的产生，是由于昆仑山高，更接近天和天帝，所以白玉就能够后来居上，超越有数千年之久的"苍璧礼天"传统下的大量青

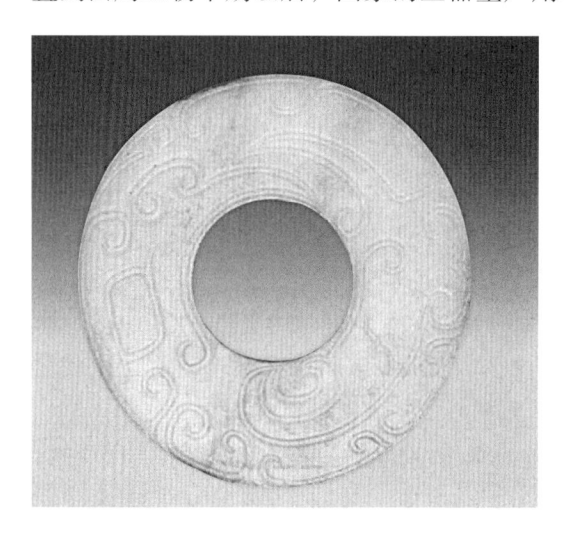

图10-10 三门峡虢国贵族墓出现的西周白玉璧

玉，成为玉中新贵和玉中独尊，并成为华夏政治权力等级制度中的重要标志物。从夏代到商代，玉器生产中白玉的使用大体上呈现为数量比重逐步增加的趋势。生前凭借用玉和佩玉标志通神和通天的权力，死后则借助玉礼器实现永生不死梦想，堪称早期中国的"国教"信仰。上五千前年形成的文化基因作用，就这样塑造着下五千年的文明礼制与观念传统。

参考文献

［1］冯玉雷. 玉道行思［M］. 兰州：甘肃人民出版社，2015.

［2］叶舒宪. 玉石之路踏查续记［M］. 上海：上海科学技术文献出版社，2017.

［3］叶舒宪. 玉石之路踏查三续记［M］. 西安：陕西师范大学出版总社，2020.

［4］孙庆伟. 周代用玉制度［M］. 上海：上海古籍出版社，2008.

［5］军政，刘樱，瞿萍. 图说玉帛之路考察［M］. 上海：上海科学技术文献出版社，2021.

［6］杨骊. 玄鸟生商：商代玉器的神话考古［M］. 上海：上海人民出版社，2022.

［7］叶舒宪. 仰韶玉韵［M］. 上海：上海交通大学出版社，2025.

第十一章　玄黄、玄武、玄怪：华夏版虚拟现实

本章仍以中国思想史上的核心术语"玄"入手，对神话与文学的神怪想象之发生发展，做出谱系学的考察，依次聚焦上古至中古先后出现的玄黄、玄武和玄怪，勾勒出华夏版神怪话语演变所构建的虚拟现实传统。从文化编码意义上看，解析这三个带有"玄"字的词语，可从一个侧面揭示中国神话宇宙观模型的元编码，并彰显本土的虚拟想象类型和特色。

一、玄黄二元宇宙观

自六朝隋唐以来，华夏文明史上最流行的童蒙教育读物首推梁武帝命员外散骑侍郎周兴嗣所作《千字文》。《千字文》开篇云："天地玄黄，宇宙洪荒。"从文化编码和再编码的视角去审视，这种开篇写作模式当然不是周兴嗣的个人独创，而是完全承继创世神话讲述开天辟地的叙事模型。胡适先生曾说，他从五岁开始读《千字文》，可是直到在北京大学当了十年教授，还是弄不大懂这开篇八字的奥义。

一本给学龄前儿童启蒙用的初级读物，为什么竟让这位留美归国的名牌大学教授都说难懂呢？窃以为胡适先生这样说，除了自谦的成分，也和他所学专业有关。若尝试将这两句四字诗文倒装一下，变成"宇宙洪荒，天地玄黄"，就容易理解了。世界各民族讲述的创世神话几乎没有例外地以混沌不分化的"一"状态（通常理解为液态，即黑暗不明的大水）开端，然后将开辟的过程表述为从"一"到"二"的某种分化过程。"宇宙洪荒，天地玄黄"这八字叙事内容，大致相当于《旧约·创世记》开篇两句话"起初神创造天地。地是空虚混沌，渊面黑暗，上帝的灵运行在水面上"。

古汉语"洪荒"一词与"空虚混沌，渊面黑暗"同义，指世界万物产生之

前混沌不分化、整齐划一状态。由于华夏版创世神话的主人公并非一位绝对大神，创世也不是一种独自创造的工程，而是表现为凿破鸿蒙后的天地分离，所以就惜墨如金地选择了两个颜色语词来代表开天辟地后的现实二元宇宙结构。较为令人费解的是，为什么在早期流行的五色色谱（从女娲用五色石补天神话，到汉代以五行配五色的理论模型）或后来流行的七色色谱（赤橙黄绿青蓝紫）中，周兴嗣唯独挑选出玄、黄二色来形容天地分离后的宇宙结构呢？

从文献出处看，《千字文》形容天地颜色的"玄黄"直接来自《周易·坤》的"龙战于野，其血玄黄"，以及《周易·坤·文言》的"夫玄黄者，天地之杂也，天玄而地黄"[①]。加拿大文学批评理论家诺思罗普·弗莱（Northrop Frye）说，后代的文学可以视为前代文学原型的某种"置换变形"（displacement）。从《周易》"天玄而地黄"到"天地玄黄"，是周兴嗣《千字文》250句诗中的第一个用典。

1988年，笔者撰写《中国神话哲学》一书时，给自己提出一个很大胆的艰巨任务，即尝试建构一套中国神话哲学和中国文化的"元语言"（metalanguage）。笔者用"元语言"这个外来的符号学术语，表示神话宇宙观的原型模式。2009年，笔者从篇章结构分析《说文解字》540个部首中的前6个，完成从神话宇宙观的解析到华夏文明神话价值观的构拟工作。比如，以代表宗教和祭祀的"示"部首作为第三部首，指代国家认为最重要的事物；以"玉"为第六部首，代表国家认为的最高价值的圣物。[②]而宗教祭祀活动与玉（礼器）的关联，早就由孔子在《道德经》《论语》中做出重要提示汉字源于商代的甲骨占卜通神符号，孕育甲骨文的是更早数千年的玉礼器通神符号。这是通过考古新发现史前玉文化万年传承得出的全新知识，不仅有助于揭开《说文解字》前6个部首的画龙点睛意义，还让我们明白为什么另一部汉字字典叫《玉篇》。2017年，笔者又撰文解读"龙血玄黄"典故，将"玄黄"这个词视为古籍写作中常见的一种模式化的话语编码模型。

简言之，"黄"，是因为要给"玄"确定匹配颜色而搭配出来的。"玄"为始概念，"黄"为"玄"之二元对立概念。在有关华夏人文共祖黄帝的叙事母题中，至少有三种模式化表现：黄帝－玄女（《玄女经》）、黄帝－玄珠（《庄子》）、黄帝－玄玉（《山海经》）。老子最推崇"玄"学，甚至在《道德经》

[①]《周易正义》，见《十三经注疏》（上），上海古籍出版社，1997年，第19页。
[②] 叶舒宪：《中国的神话历史——从"中国神话"到"神话中国"》，载《百色学院学报》2009年第1期。

第一章就明确表示，学问的根本在于"玄"，即"玄之又玄，众妙之门"。至于和儒道两家对峙的墨家所标榜的"墨"，本来就是"玄"和"黑"的同义词，共同见证着"夏人尚黑"的悠远文化记忆。与黄帝叙事相关的人物，除了两位女导师性质的"玄女""素女"（素是玄的二元对立派生物），还有两位男性臣子，分别称"力黑"或"力墨"（力牧）。这些尊名、尊称的出现，照例还是玄黄二元叙事的产物，隐约透露着那个早已逝去的尚黑的古老传统。

既然天地宇宙可以被先哲简单概括为玄黄二元色，那么人类呢？《淮南子·本经训》将人立于天地间的形象比喻为"戴圆履方"，后代文人则结合《周易》和《千字文》的"玄黄"一词与《淮南子》的比喻，将人活在天地之间比喻为"戴玄履黄"。于是乎，玄黄比喻的范围大大拓展，同时兼顾天、地、人三才。

二、从玄玉到玄道

为揭开《楚辞》《山海经》《礼记》的玄玉叙事之谜，自 2012 年至 2018 年，经历十余次跋山涉水的玉帛之路田野考察，文学人类团队终于有幸找到了和"玄""玄玉"、玄圭、玄璧这类神圣术语遥相对应的 5000 年前的实物原型，弄清楚古书所言"玄玉"其实就是古今一直通用的墨绿色蛇纹石玉。系统的调研采样工作还表明：在浅色调的优质透闪石玉料输入中原之前，唯有沿着渭河而来的甘肃天水武山县的玉料开启了中原玉文化史的先河，是早在 5000 多年前的仰韶文化时期便开始采用的唯一玉种。其发展脉络持续的时间，大致从距今 5000 多年前到 4000 年前。这就是笔者于 2020 年出版的"中华创世神话考古研究·玉成中国"丛书第一部《玄玉时代：五千年中国的新求证》的研究主题。该书还大致归纳出中原玉文化变迁的色系特征，即"玄黄赤白"四色交替出现的过程。商周之后，随着白玉至上价值观的流传（《礼记·玉藻》有"天子佩白玉"的规定），玄玉的地位逐渐衰落，退居第二位（《礼记·玉藻》称"公侯佩山玄玉"）。汉代以后，玄玉的神圣性一落千丈，其在史前时代原有的独一无二的神圣品格，几乎被秦汉以后的人们遗忘。似乎只在涉及夏朝用玉情况的场合，后人对远古文化的记忆才多少保留一丝有关玄玉的依稀之影，如夏禹从天神那里获赐玄圭的故事[①]，夏禹得赐神秘黑玉书[②]的故事，等等。不过玄玉

[①] 唐启翠：《禹赐玄圭：玉圭的中国故事》，上海人民出版社，2020 年。
[②] 郦道元《水经注·河水》："洮水又东，经临洮县故城北。禹治洪水，西至洮水之上，见长人授黑玉书于斯水上。"此种玄幻的情况，十分类似玄女赐黄帝兵法而战胜强敌蚩尤的叙事，这是将治水成功的原因归结到天神意志。后世出现的翻版情节，包括《水浒传》中宋江在还道村九天玄女庙中梦获九天玄女所赐天书。

毕竟风光不再，在唐、宋、元、明以下的历史中，它只能沦为多样化玉材中较不起眼的一种。《红楼梦》中形容贾府富贵荣华的一句"白玉为堂金作马"，道尽了白玉在后世人们心目中独超众类的风光无限，这和玄玉（墨玉）沦落以后相对不起眼的情况形成对照。玉是一种物质，玄是一种颜色，二者作为来自史前文化大传统的信仰对象，逐渐积淀为华夏文明初始期最重要的文化基因，并都隐喻着生命本源、生命孕育、生命不朽、死而复生等系列观念。玉所承载的华夏理想，直接体现在《说文解字》第六个部首（"玉"旁字系126个字）中，以及《山海经》140多处山河出产玉的记录中；而玄所承载的华夏理想，则在《道德经》第一章篇末点题，直到两汉思想家扬雄《太玄》与张衡《思玄赋》，才首次得到全面系统的哲理发挥和文学发挥，并预示着下一个时代（魏晋）的"玄学"潮流兴盛。

《太玄》第一篇《玄首序》首句："驯乎玄，浑行无穷正象天。"司马光集注云："扬子叹玄道之顺，浑沦而行，终则复始，如天之运动无穷也。"[1] 司马光还专门写一篇《读玄》，称自己年轻时读不懂这部书的奥义，后又连续拜读几十遍，终于懂得《太玄》（以下作《玄》）的特殊作用就是配合《周易》（以下作《易》）。他还比喻说，如果《易》为天，《玄》就是升天之阶梯。至于其在整个思想文化史上的地位，司马光给出的是无以复加的评价："呜呼！扬子云真大儒者邪！孔子既没，知圣人之道者非子云而谁？孟与荀殆不足拟，况其余乎？观《玄》之书，昭则极于人，幽则尽于神，大则包宇宙，小则入毛发，合天地人之道以为一，括其根本，示人所出，胎育万物而兼为之母，若地履之而不可穷也，若海挹之而不可竭也。盖天下之道虽有善者，蔑以易此矣。……乃知《玄》者所以赞《易》也，非别为书以与《易》角逐也。"[2]

道，可以称天道，亦可称玄道，简化为玄。西学东渐百余年来，我国学界以道为入门关键词的思想史写作已有不少，以玄为入门关键词的思想史，在扬雄、葛洪之后，似还没有多少尝试。本章之所以提示这样一种视角去重新构思中国思想的起点，就是因为文化基因的再发现和再认识带来前所未有的新知识观，能找到一个核心理念在5000年前孕育发生的土壤条件。所谓学术研究的"预流"（陈寅恪语，指学术能跟上时代潮流）前提，主要在于考古发现的大量玉礼器

---

[1] 扬雄：《玄首序》，见扬雄撰，司马光集注：《太玄集注》，刘韶军点校，中华书局，2015年，第1—2页。

[2] 司马光：《读玄》，见扬雄撰，司马光集注：《太玄集注》，刘韶军点校，中华书局，2015年，第1—2页。

新材料方面。

如今，笔者从"形而下者谓之器"和"器以藏礼"的意义上，探寻出"玄道"的物质原型，即史前文物标本群——出土的仰韶文化玉钺群组，这在《玄玉时代：五千年中国的新求证》一书中已有论述，在此仅提示"玄"作为华夏五千年文化的原编码概念，以及对思想史研究的深度认识和启迪。通过观察和体验该类玉材半透光的物理特性，可以深入理解"玄"概念中蕴含的变化之义。从直接的视觉经验上看，所有种类的玉材在光线的明暗变化下均会发生相应的颜色变化。我们可以把这种简单的视觉经验变化引申到玄冥所代表的季节变化，再引申到生命形态的变化，其仿生学的神话理念的产生可能也和龟甲或蛇皮之鳞表面的颜色变化有关。在先秦古籍中有关玄龟与玄蛇的命名背后，当有玄变、玄机等观念的意义，特定生物自身的某些特性被先民的神话思维理解为生命形态的变化，而变形和冬眠的生物，不论大小，都会被神话创作者理解为死而再生或永生的标本。（图11-1、图11-2）

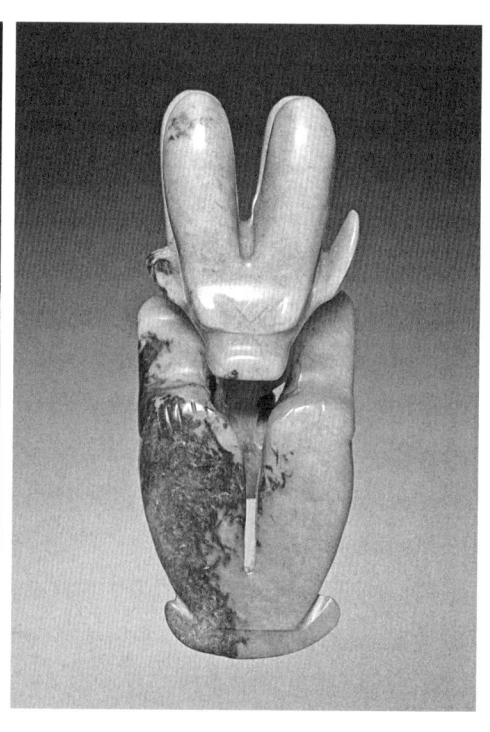

图11-1 玄怪想象早在上五千年就已开启，此为牛河梁出土龙凤合体玉佩，透闪石黄玉材质，叶舒宪摄于北京艺术博物馆红山文化玉器精品展

图11-2 玄怪想象的上五千年标本，美国克利夫兰博物馆藏的中国红山文化玉雕神像

三、从玄道到玄武

从玄黑的联想，到玄变的联想，二者齐头并进地发展延伸，成为中国版虚拟现实构建的独门奥秘所在。至此，思想史系谱学溯源研究的基本脉络，已经可以清晰呈现出来。

《系辞》解说《易》的第一句话是"一阴一阳之谓道"。这句话具有一言九鼎的作用，后世流传广泛久远，成为《易传》所代表的华夏文明宇宙观由来问题的标准答案。但是，若按照《道德经》第一章创世神话观的哲理化表达，华夏创世的另一种版本的表述模型，就应是"一玄一黄之谓道"。如果按照传统的理解，将《系辞》主体内容视为孔子所作，则《道德经》为孔子问道之师老聃所作，但前者的著作权问题存在争议，后者则相对公认是老子的独创性著述（也有个别学者认为老子生于孔子之后，此处遵从学界主流观点）。因为汉武帝以后独尊儒术，孔圣人关于易学的"一阴一阳之谓道"的说法得以不胫而走，其影响力也就大大超越了《道德经》的"玄道"理论，使得"一玄一黄之谓道"的原理直到《千字文》问世才得以重新开启再度大流行的文化传播之旅。

如今，我们借助于创世神话这种奠定一切古代国家意识形态基石的神幻叙事模型作用，将《道德经》的第一章和《千字文》的第一个对句整合起来重新审视，其互为参照的文化解码效果就呈现出来了。以玄为总根和以玄黄二元编码逻辑展开的整个思想史主线梳理，由此得以开启。

西学东渐以来，中国思想史或中国哲学史研究与著述基本是围绕着类同于柏拉图、伊壁鸠鲁、亚里士多德的古代中国哲人群体而展开的。其基本范式借用的跨文化合法性问题并没有得到有效论证和反思。先不论孔子、孟子、庄子、扬雄、葛洪等是否算得上形而上学意义上的"哲学家"，在被指认为"中国哲学家"群体之外的大量思想资源几乎没有进入研究视野。为扭转此种偏向，下文将展开以"玄"为总根的新思想史探索尝试，从先秦时代有关玄龟、玄蛇的观念入手，阐发代表华夏版元宇宙的神怪意象原型——玄武，并通过玄武大神的历史演变，梳理玄怪观念的发生学谱系，为当下方兴未艾的中国独有文学现象——玄幻，找出本土文化资源的深厚储藏及其悠远根脉。

"玄武"一名最早见于战国古籍，至汉代成为代表宇宙四方的四灵或四神之一。玄武的标准形象是龟蛇的组合形象（图11-3、图11-4），据此可将玄武溯源到更早的单体动物原型：玄龟和玄蛇。

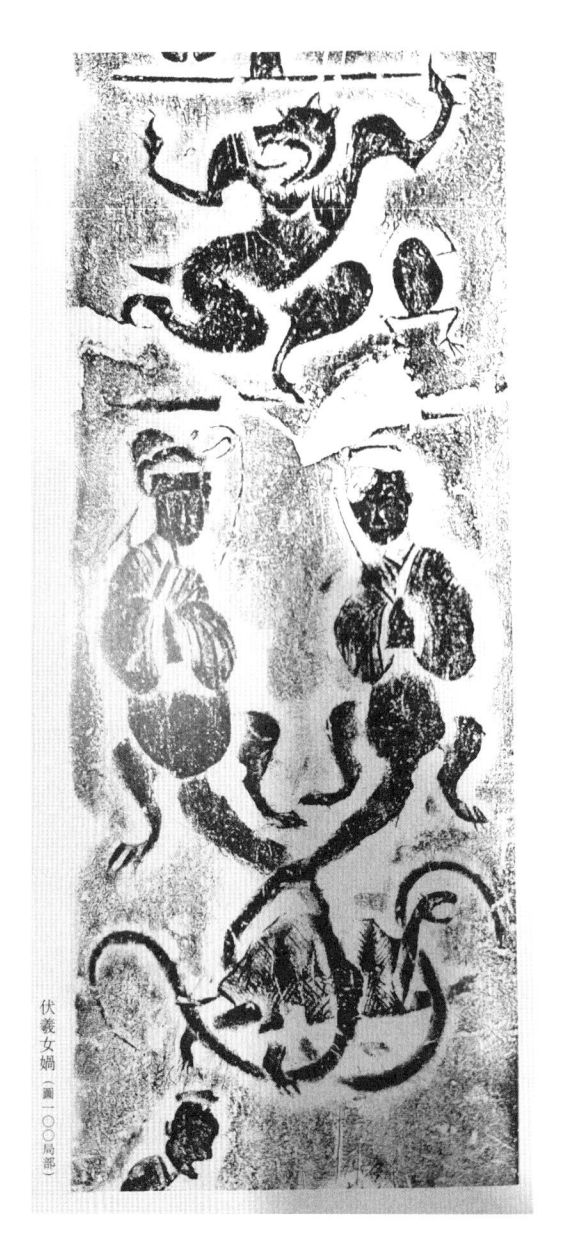

图 11-3　龙凤天熊伏羲女娲玄武悬壁图，河南出土汉画像砖

（引自《中国画像砖全集·河南画像砖》，四川美术出版社，2006）

《山海经》全书所述之山有 400 余座。关于第四座山（《南山经》中的杻阳之山）的叙事，书中提到该山特产的生物有两种：其一是山上的鹿蜀，其二是山下流淌的怪水河里的玄龟。先看鹿蜀的外在特征："其状如马而白首，其文如虎而赤尾，其音如谣。""佩之宜子孙。"[①] 当代动物学家有将鹿蜀解释为斑马的新观点，并将玄龟解说为黑色的龟，即水龟。[②] 经文所述玄龟的形象："其状如龟而鸟首虺尾，其名曰旋龟，其音如判木，佩之不聋，可以为底。"对此后两句，袁珂的解说是："它的声音像解剖木头，佩戴了它可以使耳朵不聋，还可以医治足底的老茧。"[③] 可以将此处的"解剖木头"一说换成更通俗的措辞——劈木柴。而原文"可以为底"的意思是不是"医治足底的老茧"，似有商榷的必要。玄龟这样神奇的水中圣物能有效防止耳聋，已是非常不凡的药用功能，若其第二功能仅仅是医治足底之茧，也就显得过于寻常了。"底"或为"砥"的通假字，指一种磨石。人类从石器时代一路走来，对于有特殊工具用途的石类，自然会

[①] 袁珂：《山海经校译》，上海古籍出版社，1985 年，第 2 页。
[②] 郭郛：《山海经注证》，中国社会科学出版社，2004 年，第 22 页。
[③] 袁珂：《山海经校译》，上海古籍出版社，1985 年，第 13 页。

图 11-4　明代玄武神铜像，平凉博物馆供图

加以特别关注。玄龟之甲坚硬，或用为打磨工具。

如果说玄龟在《山海经》中并没有表现出更多的神异之处，那么到了晋代王嘉所撰《拾遗记》，情况就大不一样了。该书的叙事将玄龟放置在大禹治水的远古神圣场域中，并与黄龙相匹配：

> 禹尽力沟洫，导川夷岳。黄龙曳尾于前，玄龟负青泥于后。玄龟，河精之使者也。龟颔下有印，文皆古篆，字作九州山川之字。禹所穿凿之处，皆以青泥封记其所，使玄龟印其上。今人聚土为界，此之遗象也。[①]

在此段叙事中，除了玄龟匹配黄龙，再现玄黄二元色编码逻辑，玄龟的重要作用显然也得到详尽描述。首先，它的身份被界定为"河精之使者"，这无疑是一种玄怪非凡的生命存在。其文化功能在于辅佐神巫之王大禹的治水伟业，在禹所开凿的所有山岳留下青泥加玄龟印记的铭刻符号。而玄龟颔下的天然印符全是古篆字，且明确指出玄龟之印所留下的乃是"九州山川之字"，此即华夏人生存空间的神话历史印记也。而玄龟印的显现方式也类似河图洛书，那是

---

① 王嘉：《拾遗记校注》，中华书局，1981 年，第 37 页。

代表天命和神意的符号印记。《管子·小匡》记述管子言:"夫凤凰之文,前德义,后日昌。昔人之受命者,龙龟假,河出图,雒出书,地出乘黄。今三祥未见有者,虽曰受命,无乃失诸乎?"①龙马负图出于黄河,神龟负书出于洛河。龟的作用居然和神龙、神凤和神马乘黄一致,作为天命降临的标志性符号。《尚书中候》为汉代纬书,其所记尧时洛出图事件的主角是元龟,元龟即玄龟,本色应该还是黑色的。不过其龟"背甲赤文成字"的描述细节还是十分契合《说文解字》对"玄"字的解说的,即"黑而有赤色者为玄"。

再看玄蛇。《山海经》有关玄蛇的叙事匹配的是黄鸟。玄蛇虽匹配黄鸟,但其出现的总体背景还是黑色调的。《山海经》有两处不同叙事,皆为此类。其一为《大荒南经》的黑水,其二为《海内经》幽都之山的黑水。

从抽象的玄道到具象的玄武,其间有玄龟、玄蛇作为神话动物原型发挥整合作用。从发生学视角考量,可用合并同类项的方式,让龟与蛇的共性得到彰显。龟和蛇皆有冬眠习性,《抱朴子》的一段佚文可以引为内证:"龟蛇潜蛰则食气,夏恣口而甚瘦,冬穴蛰而大肥。"②可知"潜蛰则食气"所表达的,并非那种完全静止不动的冬眠,而是身体虽不动,呼吸吐纳功能却不停歇。龟被古人看成长寿和不死的象征,除了它确实长寿以外,能导引食气或是主要原因。葛洪对此深信不疑。他直接引用《史记·龟策列传》中的记载:"南方老人用龟支床足,行二十余岁,老人死,移床,龟尚生不死。龟能行气导引。"③葛洪认为,古人信仰龟鹤延年,龟能蛰伏冬眠、鹤能高飞不是主要理由,龟能导引食气才是古代真人所秉承的神话仿生学原理,即"是以真人但令学其导引以延年,法其食气以绝谷"。此言"绝谷",即后世修炼者常说的"辟谷"境界。《艺文类聚》引《抱朴子》:"城阳郄俭少时行猎,坠空冢中,饥饿,见冢中先有大龟,数数回转,所向无常,张口吞气,或俯或仰。俭亦素闻龟能导引,乃试随龟所为,遂不复饥。"④修道之人向地下坟冢中的大龟学习食气的此类事例,均可以彰显:什么是神话仿生学?玄武大神的生命楷模意义,自然要上溯到史前时代延续至文明时期的神龟神蛇崇拜及相关信仰。至于葛洪将龟与鹤并举的做法,或因为仙鹤作为大鸟之类,承载着长寿的理想。日常所见仙鹤多为白色,稀有的鹤种

---

① 黎翔凤:《管子校注》,中华书局,2015年,第470页。
② 王明:《抱朴子内篇校释》,中华书局,2015年,第362页。
③ 王明:《抱朴子内篇校释》,中华书局,2015年,第48页。
④《艺文类聚》卷七十七所引《抱朴子内篇》佚文,见王明:《抱朴子内篇校释》,中华书局,2015年,第358页。

则有灰鹤，古书称玄鹤。《韩非子·十过》云："有玄鹤二八，道南方来，集于郎门之垝。"崔豹《古今注·鸟兽》云："鹤千岁则变苍，又二千岁变黑，所谓玄鹤也。"看来大凡以"玄"命名的生物，皆非等闲之辈。"玄"为构建华夏版虚拟现实传统，功莫大焉。玄武在宋元明以后被奉为人形大神，称玄武大帝或真武帝君，并在湖北武当山玉虚宫供为主神（图11-5、图11-6）。

四、从玄武到玄怪

由两种不同动物（比如蛇、龟）组合为一种符号（玄武），这是人造生物形象，属于典型的华夏版玄幻想象的怪异产物。用玄武这样能彰显中国性的典型意象来说明古汉语中玄怪观念的由来，是恰当的选择。（图11-7）

"玄怪"一词是在唐代小说《玄怪录》后才逐渐流行起来的，但玄怪的神话想象却已存在数千年。玄怪形象首先体现在传统文化的史前艺术造型中，如在中国北方的红山文化和南方的良渚文化中，玉雕神像都有半人半兽的组合型形象、鸟兽合体形象、人鸟合体形象以及人鸟兽合体形象等

图11-5 河北内丘神码卷玄天上帝
（引自《中国木版年画集成·内丘神码卷》，中华书局，2009年，第277页）

等。河北省滦平县在20世纪80年代出土过一件夏家店上层文化的蛙面蹲坐形石人，比这更早的青蛙-蟾蜍类形象普遍见于中原和西部地区的史前彩陶文化。史前时代的先民为什么会普遍崇拜青蛙-蟾蜍这类水生生物？"玄变"带有死即复苏之意，可作为答案。孩童时代饲养过蝌蚪的人，很容易明白此类小生命

图 11-6　玄天上帝崇拜在当代台湾：南头松柏岭受天宫的祭典，叶舒宪 2009 年摄于现场

的生长历程显现为身体外形的不断变化，即蝌蚪变蛙蟾和蛙蟾变蝌蚪，类似于蛇的生命在蛇与卵之间交替变化，鱼类的生命在鱼子和鱼之间交替变化。蛙人形象的类比意向是，让不具有外形变化的人类能够效法蛙蟾类的变形生物，获取死即复苏的玄变能量。而当远古的神话信仰逐渐衰落，被后世人遗忘，蛙人形象就日渐沦落为纯文学的素材，如童话故事《青蛙王子》。青蛙作为生命之神和生育之神的古老信念之光，偶尔也会在十分熟悉民间文化传统的作家那里再度闪耀登场，如村上春树的《青蛙君救东京》和莫言的《蛙》。不过当代读者面对《蛙》中想象的"牛蛙养殖场"一类玄怪场景时，大概不会与唐传奇时代的玄怪写作发生联想。

不同事物之间会产生玄妙变化的思想，充分体现在牛僧孺《玄怪录》中。从文化文本的传承规则——编码与再编码的意义上看，若不明白什么是玄怪，则无法洞察玄幻——当代中国独有的文学景观。与玄怪相关的民间传奇故事早在葛洪书中就多有引述。一般而言，玄妙难解之事，多为神奇怪异现象。从这个意义上看，神仙与妖怪均属于玄怪范畴，可以正负价值或正负能量为标准，分为二类：神奇微妙的事物和妖魔鬼怪类的事物。民间自古有"物老则妖""物老成精"的观念，《玄怪录》开篇第一个故事即是此例。

唐代宝应年间，有个叫元无有的人在仲春月末的扬州郊外行路。天晚时风雨突降，住家人四散而逃，他走进空的村庄。斜月升起，他坐在窗下，忽听西廊有脚步声，看见四个人，衣帽奇异，互相交谈，吟诗咏诵。一人说："齐地产的纨、鲁地产的缟像霜雪一样洁白，清越响亮之声发自我。"第二人身穿黑衣而丑，他说："最好的来宾相会在清风月白之夜，我支撑着璀璨灯火。"第三人穿着破旧黄衣，短小而丑陋，作诗云："清凉的泉水等候汲取。用桑树皮搓成绳，引绳入井，出出进进。"第四人也穿旧衣旧帽，作诗说："燃烧柴火贮存泉水，互相煎熬，充实别人的口腹，我为之操劳。"四人天亮后，都回到原处。元无有就地寻找他们，堂屋中只看到旧杵、灯台、水桶、破锅，这才明白这四人就是这些老旧物件变的。

《元无有》篇名就像"贾雨村言"（假语村言）和子虚乌有一样。元无有在幻中所见四人以诗为谜语，谜底就在于四种老物件的玄幻变形记。要问其所以然，可诉诸萨满教的通灵思维和史前社会信奉的万物有灵论。相关理论著述可读文化人类学之父爱德华·泰勒《原始文化：神话、哲学、宗教、语言、艺术和习俗发展之研究》和美国人类学家简·哈利法克斯编的《萨满之声：梦幻叙事概览》，这两

图 11-7 三星堆 2021 年新出土的奇奇怪怪的青铜器，叶舒宪摄

第十一章 玄黄、玄武、玄怪：华夏版虚拟现实 | 171

本书中包含了神怪想象发生的原生态故事，有助于从根源上了解玄幻的、穿越时空界限和物理界限的事物是如何产生的，以及各种怪异生物的由来。通过此类鲜活的案例，我们可以进一步认识在初民们萨满信仰语境下特有的那种精神能量，那是前科学时代所有部落社会赖以对抗天灾和瘟疫的主体性法宝——幻象。只有当伊利亚德和福柯的著作流行之后，思想史写作才刚开始关注到这方面内容。

西学东渐以来，我国学界以外来的西方科学知识体系为正宗，国学传统则被视为科学的对立面，并从总体上被贬称为"玄学"。在五四运动之后，思想界兴起"科玄之争"大论战，效法西方思想史和哲学史著述范式的本土性建构陆续登场，不久便大行其道，一发而不可收。钱穆、胡适、侯外庐、张岂之、阿尔伯特·史怀哲、程艾蓝等中外学者写的《中国思想史》，都没有正面对待玄道、玄黄、玄怪之类现象。本章从玄的5000年深度认识入手，引出玄黄、玄武、玄怪等本土特有观念的系统考究，展开形而上与形而下相互对应的解析，阐释其对华夏神话宇宙观的原编码和再编码意义，期望为思想史写作范式的变革，抛砖引玉。

文化再自觉是新时代的一大特点。思想史如何回归本土话语并突显中国性，需要首先聚焦文化基因，而文化基因则需要到5000年以前的无文字时代去探寻，甲骨文汉字以后的文化只是流，近百年来却被误认是源。玉文化万年传承不息，这是汉字文化的母胎和密码本。不懂通神占卜的玉礼器原型，就不明白甲骨文何来，也看不懂龟甲的通灵意蕴。

参考文献

［1］庞朴. 一分为三［M］. 深圳：海天出版社，1992.

［2］卡西尔. 符号、神话、文化［M］. 李小兵，译. 北京：东方出版社，1988年.

［3］叶舒宪. 重述神话中国：文学人类学的文化文本论与证据间性视角［M］. 上海：上海交通大学出版社，2018.

［4］李继凯，叶舒宪. 文化文本：第1辑［M］. 北京：商务印书馆，2021.

［5］萧兵. 龙凤龟麟：中国四大灵物探究［M］. 武汉. 华中师范大学出版社，2014.

第十二章　三星堆的丝绸与象牙

本章对三星堆新出土丝绸与象牙的神话学意义加以阐释，结合大传统物质文化谱系的总体情况，梳理圣物的文化源流关系，求证其本土文化基因与外来文化传播间的互动关联。据2021年3月新发布三星堆祭祀坑出土丝绸，从显圣物视角整合三星堆五类奢侈物的谱系（玉、帛、金、铜、象牙），逐一做出时空分布说明，确认其本土性或外来输入性，并做神话学的观念解读，说明先民神话思维如何聚焦事物变形并从中体认生命永恒性的原理，强调中国史前文化中独有的丝绸用于"帛殓葬"现象，聚焦后世葬礼的玉帛互动特点，将原作为玉石神话信仰的玉帛为二精说，拓展为"玉帛信仰互动体系"的总体认识，诠释其对催生华夏文明所发挥的重要文化基因作用。黄金则判断为通过河西走廊传播过来的外来文化元素。玉帛组合现象既然是华夏独有，这足以反驳一切有关三星堆文化属于外来文化的猜想。

1986年以来，四川广汉三星堆遗址六个祭祀坑的发掘，曾引起全球关注。35年后再发掘加上电视直播，传播力大增，成为年度热点事件。本章根据文学人类学的文化文本理论，从显圣物视角整合三星堆五类奢侈物的总体谱系（玉、帛、金、铜、象牙），分别做出源与流的时空辨析，逐一给予神话学的观念解读，并聚焦"帛殓葬"现象，解释"玉帛二类圣物互动"所塑造出的早期国家信仰体系特色，彰显文化基因的交互作用在催生地方性政权方面的功能意义。

一、三星堆新出土圣物体系

若要问华夏文明商周时代国家祭礼的突出特点是什么，前面多次引用孔子的一个反问话语就给出非常明确的提示，即"礼云礼云，玉帛云乎哉？"郑玄注："玉，圭璋之属。帛，束帛之属。言礼非但崇此玉帛而已，所贵者，乃贵其安上治民。"[①] 如果再追问：玉与帛二种圣物之间有何种关联？那么还可以参考郑玄注《尚书》的一个说法："帛，所以荐玉也。"[②] 这就是说，丝绸或丝带通常用来包装玉礼器或串联玉组佩。玉帛二者既有并列关系，又有主次关系。孔子发问礼乐的话语虽为问句，却在无意间将这两种显圣物玉和帛（丝绸）对传统祭礼的重要性和盘托出。此外，还透露出玉在先帛在后，玉为主帛为辅的表达顺序。

为什么在青铜时代到来已经足足1000多年之后，孔子所问古代祭礼的主要成分，并不突出青铜礼器的重要性，却唯独突出玉和帛呢？而比青铜更加稀有和珍贵的黄金，为何根本不在圣人话下？只有在接下来有关乐的问话"乐云乐云，钟鼓云乎哉"，才让商周两代曾经流行的青铜编钟之类乐器的文化重要性得到提示。1986年公布的三星堆遗址祭祀坑发掘文物有孔子提到的三种礼乐圣物（玉、帛、铜）中的玉和铜，外加象牙、黄金，尚未有丝绸即帛的发现。

2021年3月20日，国家文物局"考古中国"重大项目进展工作会在四川成都举行，通报三星堆遗址重要考古成果。[③]

刚发布的三星堆六个祭祀坑新出土的500多件文物，包括金铜象牙玉帛五类奢侈物。与1986年发现相比，此次发掘新出的圣物只有一种即丝绸（图12-1）。而且在祭祀坑中的丝织物若隐若现，是人们用肉眼根本看不到的，依靠仪器检测数据才得以证实。尽管如此，这仍然是个重磅证据，它可以让几十年来国内外一切想象和推测三星堆为外来文化输入我国的种种说法，都被出土实物证据有力地驳斥回去。

养蚕缫丝和织绸，是中国先民的伟大发明，也是中亚和西亚、北非等地中海文明本来都没有的物质生产和工艺活动。玉帛二者的组合礼制完全堪称是华夏文明的特产。三星堆的冶金文化中无疑掺有明显的外来文化成分，特别是黄金权杖（套）与黄金面具之类，这都不是华夏本土的产物，而是更加古老的埃及文明和苏美尔文明的原生性重要标志物。不过这两个文明古国都出现在距今5000年前，其存在要比三星堆文化早约2000年。换言之，地中海古文明的显圣物黄金向东传播到我国巴蜀地区的时间，大约耗费了20个世纪之久。其路径应该不是一次性的或直接的传播，而是类似多米诺效应的逐级的、间接的传播过程。

[①] 刘宝楠：《论语正义》，中华书局，1990年，第691页。
[②] 刘宝楠：《论语正义》，中华书局，1990年，第692页。
[③] 《三星堆遗址"再惊天下"现已出土重要文物500余件》，引自新华网，http://www.xinhuanet.com/local/2021-03/20/c_1127234295.htm。

图 12-1　三星堆新出土丝织物

（图片源自四川省文物局，引自《三星堆遗址发现古丝绸"身影"》一文，http://www.xinhuanet.com/politics/2021-03/20/c_1127234473.htm）

但是仅凭丝绸加玉器，就已经足以证明华夏传统的两大根脉，均已深深扎根在三星堆文化体系基础中，而且二者彼此也具有息息相通的关联性。依照文学人类学的方法论四重证据法来审视，第一重证据是传世文献。文献所记蜀王的"蚕丛"之名，看来也绝非浪得虚名！试想一下，若是一个无蚕无丝的蜀国，岂能让自己的最高统治者以神蚕为名号乎？

在《说文解字》一书中，东汉许慎曾对"蜀"字做出这样的解释："蜀，葵中蚕也，从虫，上目象蜀头形，中象其身蜎蜎。《诗》曰：'蜎蜎者蜀'。"[①]"葵中蚕"的说法，意思不清楚。段玉裁注对此纠正说："（葵）似作桑为长。许（慎）言蚕者，蜀似蚕也。"这就说明，古蜀国的国名与当地先民用桑叶养蚕缫丝织锦的生产行为有关。蜀绣自古就闻名遐迩，蜀地也因此成为全国三大名丝绸产地之一。蜀绣又称蜀锦，所以成都也获美称"锦城"。如果语言名称和名物方面的证据能够得到地下出土的第四重证据加持，文化现象便可获得历史深度的透视和理解。已知三星堆祭祀坑的年代在距今 3000 年前后，蜀绣出现的时间至少就在这个时段，理论上还可以早于这个时间。在中原地区和长江下

[①] 汤可敬：《说文解字今释》（增订本），上海古籍出版社，2018 年，第 1943 页。

游地区，史前先民养蚕缫丝活动的证据还要早很多。笔者在《"玉帛为二精"神话考论》①《玉帛为二精神话续论》②等文中，曾经给出距今 7000 多年的蚕神和蚕茧图像和距今五六千年的红山文化玉雕蚕作为证据加以说明。

如果要给三星堆迄今所发现的古蜀国宗教祭祀奢侈物做一个排序档案，那么五种圣物中资格最古老的首选对象，不是丝绸，而是有机物质象牙（图 12-2）、贝壳等。

全球范围的考古发现数据表明，骨角与象牙、贝壳等有机物圣物来自旧石器时代后期，至少也有数万年的悠久传统。在进入新石器时代之后，由于玉石、陶器、金属器等新的显圣物相继登场，有机物在宗教显圣物体系中所占比重就大大降低了。有机物能够率先引起史前先民的青睐，成为旧石器时代的显圣物，主要原因还需要从神话观念与神话信仰方面去探寻。美国人类学家韦斯顿·拉·巴尔（Weston La Barre）对旧石器时代骨角牙崇拜的生命观研究值得参考。其基本观点是，狩猎时代的先民将生物死后似乎永久留存不灭的骨骼角牙视为永恒物质，或承载生命之精（灵）的特殊物质，从而加以顶礼膜拜。③

二、从显圣物中筛选华夏文化基因

按照文学人类学研究给出的筛选文化基因的标准，三星堆出土的五类圣物中，唯有牙角骨贝类、玉石类和丝绸类，总共三类，因为能够达到 5000 年以上文化大传统的时间积淀，可以列入中国文化基因谱。而铜和黄金作为后起的冶金文化对象，尚无法达到时间久远的筛选标准，只能算作次生文化元素，因而暂不能进入文化基因谱。

如果严格按照这五种圣物在世界史前史的出现顺序来审视，那么唯有象牙和玉石是源于旧石器时代的，应该有数万年的历史。其余的三种圣物，都是伴随新石器时代而来的社会奢侈品。先看象牙，目前所知最早的象牙雕刻艺术品，是德国的巴登－符腾堡州一个名为施泰德的山洞里发现的狮头人身雕像，距今约 35000 年。④ 这件艺术品究竟是用于宗教崇拜祭祀活动还是其他用途，目前学界尚未有定论。21 世纪超级畅销的新锐历史书《人类简史》，将这件象牙雕文

---

① 叶舒宪：《"玉帛为二精"神话考论》，载《民族艺术》2014 年第 3 期，第 36—45 页。
② 叶舒宪：《玉帛为二精神话续论》，载《民族艺术》2015 年第 3 期，第 24—32 页。
③ Weston La Barre, *Muelos: A Stone Age Superstition About Sexuality*, New York: Columbia University Press, 1984, pp. 13–28.
④ ［法］埃马努埃尔·阿纳蒂：《艺术的起源》，刘建译，中国人民大学出版社，2007 年，第 67 页。

图 12-2　祭祀坑出土大量象牙，其中夹杂着青铜器
（新华社记者沈伯韩摄，引自新华网：http://www.xinhuanet.com/2021-03/20/c_1127234295.htm）

物视为智人获得认知革命成果的重要标志物。书中是这样评价的：

> 第一项确实能称为艺术或珠宝的物品，正是出现在这几万年里；同时，也有了确切的证据证明已经出现宗教、商业和社会分层。……雕出施泰德狮人雕像的智人，已经和你我同样聪明、有创意、反应灵敏。[1]

象牙出自陆地上的最大动物大象。早年生活在欧亚大陆的象，更多为冰河时代的猛犸象。在捷克东部的摩拉维亚一个叫多尔尼韦斯顿尼斯的地方，考古工作者发现距今3万至2.5万年之间的人类最早定居点——村落遗址。在这里，猛犸象骨骼和象牙一起，成为当时人搭建房屋用的建筑材料。考古发掘到的猛犸象骨多达上千根。"这些住所形制为椭圆形，最大的一间约有50英尺长、20英尺宽。……每个住所里都有好几个火炉，最大的那个甚至在房子中央一口气安装了五个炉子。加工食物、制作工具、生产其他手工制品。"[2] 在该村落发现的墓地，属于欧洲最早的一批墓葬。在已经出土的随葬品中，计有红色赭石，石制工具，贝壳、狐狸牙或狼牙，以及象牙珠子。[3] 据此可知兽牙和象牙一样是最早被初民筛选出的通灵辟邪圣物。

在此之后比较重要的发现是在俄罗斯的桑吉尔，也是3万年前的两个墓葬里，考古工作者发现13000颗象牙珠，这个庞大数量带来出人意料的认知效果，引来史前学家和宗教学家们的关注。"它们是目前欧亚大陆上发现的随葬品最为丰富的冰河时期墓葬。其中一个墓穴中埋葬的是一名成年男子，我们估计他死亡时大约60岁；另一个建造得更为精巧，是一个少年和一个女孩的双人墓，……在这两个墓穴中总共发现了超过13000颗象牙珠子，其中这两名小孩拥有的珠子数量最多，每人约有5000颗。大多数珠子都缝在这三人宽大的衣服箍带上，而且他们头上都戴着满缀着珠子的帽子。在成年男子和少年的头饰串珠上，除了象牙珠子，还有北极狐的牙齿。这名成年男子的两条手臂上都戴着几副猛犸象牙手镯，脖子上还挂着一个石头吊坠，石块表面被涂成红色，上面有一个黑点。这两个孩子的随葬品更多，其中包括被拉直的猛犸象牙，每只象牙的长度都超过了6英尺，它们可能用来代表长牙。还有象牙小雕像，刻有格子图案的象牙

---

[1] ［以色列］尤瓦尔·赫拉利：《人类简史》，林俊宏译，中信出版社，2017年，第20页。
[2] ［加］吉纳维芙·冯·佩金格尔：《符号侦探：解密人类最古老的象征符号》，朱宁燕译，北京联合出版公司，2019年，第96页。
[3] ［加］吉纳维芙·冯·佩金格尔：《符号侦探：解密人类最古老的象征符号》，朱宁燕译，北京联合出版公司，2019年，第102页。

材质平盘，以及经过加工的再在上面钻出一连串孔洞的鹿角。"①

所有这些饰物的制作都需要投入大量劳动，制作象牙珠子的还原实验证明，制作每一颗珠子大约需要一个小时——这对于一个人类群体来说无疑是相当大的时间投入。在那位年长的男性墓穴里有这么多的手工制品尚且说得通，毕竟他有一生的时间来积攒这些物品，但这无法解释为什么在两个孩子的墓穴里也会有这么多的随葬品。一年总共只有8760小时，而这两个孩子的墓葬中有1万多颗珠子，即使一个人24小时不间断工作，也要耗费将近14个月才能制作出来。所以这两个孩子有可能是某种祭祀仪式的祭品。②如果按照史前学专家推测的那样，这两个戴有大量象牙珠串的孩子是当时社会祭祀用的祭品，那么就和三星堆祭祀坑里所发现的成吨的象牙祭品功能构成一种隔代的对应。一旦有这样的3万年前祭祀用奢侈品的先例，3000年前的三星堆再多发现几倍多的象牙，也不足为奇。毕竟，二者的年代相差几乎十倍的时间。

史前学专家佩金格尔有如下评价：不管真正的原因是什么，这些古人付出了极大心血，制作了如此美好的东西，最终却只是将它们永远地埋入桑吉尔和欧洲其他地方——这似乎也说明这些人并没有将死亡视为生命的终结，而是把它当作另一段生命旅程的开始。③

在中国本土范围内，比三星堆象牙早4000年，有浙江余姚河姆渡遗址出土的距今约7200年的象牙雕"双鸟朝阳"图像（图12-3），也有距今5300年的灵宝西坡大墓出土象牙镯子。不过从这两个史前文化遗址出土的象牙器在数量上显得较为稀少，远远不能与三星堆遗址、金沙遗址使用象牙为祭品的巨大消费量相提并论。对兽角兽牙的崇拜在华夏文明早期具有一定的延续性。即使在缺乏这类实物的情况下，人们也会设计出一种替代品，用于高等级人物墓葬中的随葬品。如1972年发掘的马王堆1号西汉墓中，就有用木质材料模拟犀角、象牙和玉璧的情况（图12-4）。这些替代象牙和玉璧的仿制物是否依然承载着信仰者心目中的超自然生命能量呢？如果不能，还会催生此类退而求其次的仿制行为吗？

---

① ［加］吉纳维芙·冯·佩金格尔：《符号侦探：解密人类最古老的象征符号》，朱宁燕译，北京联合出版公司，2019年，第103页。
② ［加］吉纳维芙·冯·佩金格尔：《符号侦探：解密人类最古老的象征符号》，朱宁燕译，北京联合出版公司，2019年，第103—104页。
③ ［加］吉纳维芙·冯·佩金格尔：《符号侦探：解密人类最古老的象征符号》，朱宁燕译，北京联合出版公司，2019年，第104页。

图 12-3 浙江余姚河姆渡遗址出土象牙雕"双鸟朝阳"图像,叶舒宪2010年摄于河姆渡遗址博物馆

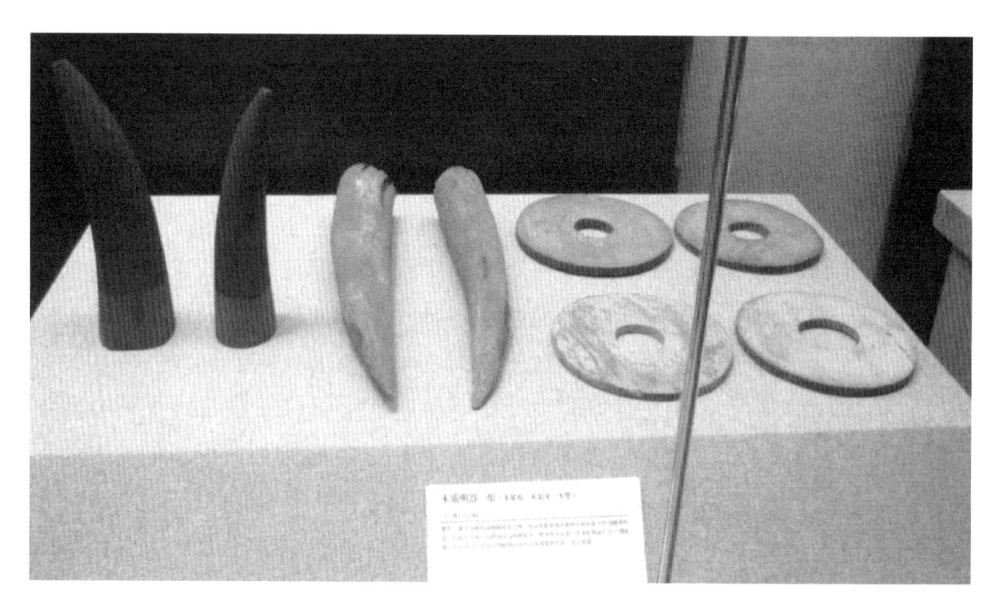

图 12-4 马王堆1号汉墓出土木质仿犀角、仿象牙和仿璧,叶舒宪2010年摄于海南省博物馆马王堆汉墓文物特展

与新石器时代的到来几乎同时,在我国史前文化中,玉石器圣物登场的时间是距今1万年前后,帛即丝绸圣物则是7000多年至5000多年间发生的传统,而黄金青铜等金属冶炼产品则仅为三五千年的传统。对古蜀国而言,则是较新的传统。后起的金属物质发生,当然也会带有继承或接替原有圣物的使命。三

星堆出土的铜瑗[1]是模拟玉瑗而来，铜璧是模拟玉璧而来，铜璋形饰[2]和黄金箔牙璋形器（图12-5）[3]是模拟玉璋而来，铜圭形器是模拟玉圭而来[4]，等等。新老圣物衍生的前因后果十分明显，其源流关系也较容易得到总体的把握。

下文尝试进一步说明五类圣物的神话学原理。笔者在《"玉帛为二精"神话考论》等文中指出：《国语·楚语》观射父对楚王问时所说的玉帛为二精理论，凸显这两种物质在先秦思想史上无与伦比的重要性。令人遗憾的是，迄今的中国思想史或哲学史研究著述，对如此重要的核心信仰观念是基本忽略或无视的！只能等待本土

图12-5 三星堆出土黄金箔牙璋形器
［引自四川省文物考古研究院等编著：《三星堆出土文物全记录》（陶器·金器卷），天地出版社，2009年，第506页］

文化自觉从理想口号变成现实，这种无视本土思想资源的现象才有可能宣告终结。这里仍需要根据三星堆祭祀坑集中埋藏五类圣物的情况，略加说明：神圣化的生命力储藏在骨头和牙角、贝壳等海洋生物之中的神话信仰观念，是如何

---

[1] 四川省文物考古研究院等编著：《三星堆出土文物全记录》（青铜器卷），天地出版社，2009年，第286—288页。
[2] 四川省文物考古研究院等编著：《三星堆出土文物全记录》（青铜器卷），天地出版社，2009年，第227、229页。
[3] 四川省文物考古研究院等编著：《三星堆出土文物全记录》（陶器·金器卷），天地出版社，2009年，第506、508—509页。
[4] 四川省文物考古研究院等编著：《三星堆出土文物全记录》（青铜器卷），天地出版社，2009年，第228页。

从石器时代产生的。人类学称为"玛那"的那种灵力信仰，在华夏传统即称为"精"或"德"。凡是承载"精"的物质，即成为拜物教信仰对象。对"精"的信仰，即对原始神圣生命力（不死性）的崇拜[①]。在不同的显圣物之间，"精"是可以流转或转移的，即由原来的有机物——神圣动物骨骼牙齿等，转移到无机物玉石上来。

就我国新石器时代以来的情况看，承继或接替牙角、骨头、海贝类有机显圣物的物质材料，首选就是玉石。骨珠变成玉珠的情况，3万年前先发生在北亚地区，在距今4000年的齐家文化中仍然在重复此类珠子制作中的材质变化现象，即有骨珠也有玉石珠的新老并存现象。随后，新石器时代中后期出现的养蚕缫丝现象，也就让丝绸（帛）跟随在玉石之后，成为新的生命变形神话的显圣物。由此而使得玉帛相互结缘，共同支撑起"二精"同在并且互动的信仰天地。

对于华夏文明史前史而言，这种玉石的神圣化过程，既持久而又普及，乃至出现我们所说的"玉文化先统一中国"的文化现象。正是在玉器时代积淀数千年的坚实基础上，才发生后来居上的金属显圣物新传统。三星堆正是这个新传统在中原文明以外地区率先亮相的鲜明案例，因为只有这里出现大件的黄金制品和超大型的青铜礼器。新老圣物能够汇聚一堂、和谐共存，这多少也体现出远古巴蜀文化形成过程中兼收并蓄的融合性特点。

这一次三星堆祭祀坑中新发现丝绸，其对本土文化与外来文化关系的讨论非常重要。3号和4号祭祀坑的丝绸物证足以表明：三星堆文化的主体内容还是深深地植根在本土传统中的，或者说是土生土长的。三星堆聚落统治者在稍晚时候也兼收并蓄由西北部传播而来的外来文化元素而已，如黄金面具和黄金权杖等。

黄金，无疑是在中国境内五种圣物登场顺序中最晚的一种。比三星堆遗址出土金器更早数百年的，是在河西走廊西端的玉门火烧沟四坝文化遗址中出土的金耳环（图12-6），共有15件，其年代距今约3600年之内。目前所知，在玉门至瓜州一带出土的四坝文化金器，是国内所发现的黄金器的发轫期标本。尽管如此，玉门这个地方并没有得名于金，却得名于玉，这当然和数千年的"西玉东输"运动密切相关。[②] 玉门当地在四坝文化之后，也没有延续黄金的生产和

[①] 关于玉帛两种精物在华夏文明初期的编码过程分析，参看叶舒宪：《玉石神话信仰与华夏精神》，复旦大学出版社，2019年，第86—88页。
[②] 叶舒宪：《玉门、玉门关得名新探》，见《玉石之路踏查三续记》，陕西师范大学出版总社，2020年，第190—211页。

消费，看来只是在史前史期间充当"西金东输"的二传手作用而已。四坝文化的黄金传统传给谁了？三星堆遗址和金沙遗址就是首选的答案。到三星堆的时代，可以理解为我国境内黄金崇拜从发轫期过渡到成熟期的标志。或许日后还会有新的考古发现来刷新黄金登陆中国文化史的时间纪录。从河西走廊到四川的成都平原，这正是远古羌人的迁徙之路，也就是黄金白银等贵金属奢侈物的传播之路。要问河西走廊西端距今3600年的四坝文化先民之黄金工艺传统从何而来，那么物证即第四重证据所能提示的解答线索，就是一路向西，穿越中亚草原腹地，直达黑海沿岸的史前社会群落。

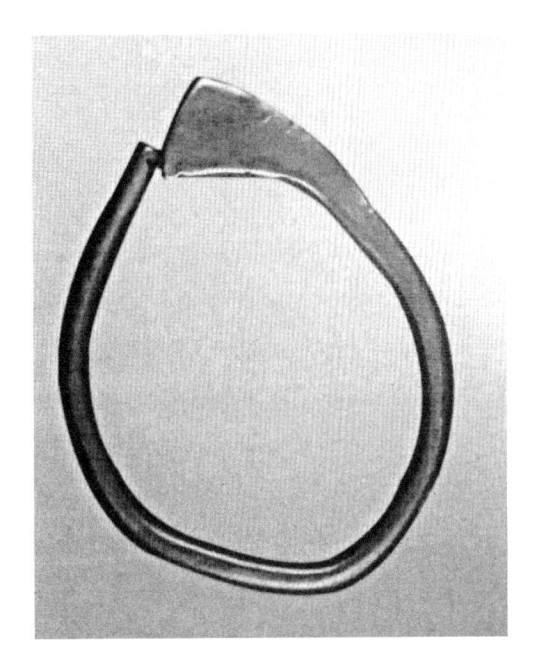

图12-6 甘肃玉门火烧沟出土四坝文化金耳环，叶舒宪2017年8月摄于玉门博物馆

英国学者彼得·詹姆斯等著《世界古代发明》，对黄金冶炼起源的追溯是距今6000多年前的保加利亚一带："20世纪70年代在保加利亚黑海沿岸的瓦尔纳墓地——公元前5千纪后半期的一处遗址——发现黄金首饰后，他们曾为其数量之多而大感震惊。……在四座随葬品最为丰富的坟墓中共发掘出2200件金器。有个男子下葬时戴了3根项链，每只胳膊上各套3只大臂环，别着2只耳环、6只小发环和若干曾缝在衣服上的圆片——全部为纯金。"[1]

在欧亚大陆上发生最早的文明古国苏美尔和北非的古埃及，人们看到同样兴旺发达的黄金圣物崇拜情况。20世纪20年代发现的苏美尔城邦乌尔古城一个"死亡坑"中出土古代世界最为出名的黄金首饰。"公元前2500年前后，一系列君主在这里埋葬。女王普-阿比的陵墓最为豪华，其遗体上半身被一层用金、银、天青石和光玉髓、玛瑙和玉髓做成的串珠所覆盖。这些珍宝是用封闭模具铸造、铆接、焊接等工艺制作的，而且使用了金叶。"[2] 我们在1986年出土的

---

[1] ［英］彼得·詹姆斯、［英］索普：《世界古代发明》，颜可维译，世界知识出版社，1999年，第303页。

[2] ［英］彼得·詹姆斯、［英］索普：《世界古代发明》，颜可维译，世界知识出版社，1999年，第304页。

三星堆文物中也看到有类似的金叶。①

中国境内迄今所见最早的青铜器是甘肃东乡出土的一把小铜刀（现存国家博物馆），距今约5000年。而在欧亚大陆腹地，铜矿开采的情况却要早很多。"到公元前4500年，在塞尔维亚的鲁德纳格拉瓦，已经出现了开采铜矿的活动；矿工们顺着矿脉，用鹿角镐挖掘矿井，深入地下达60英尺；在随后的几个世纪内，他们发掘了上千上万吨矿石，使巴尔干半岛成为古代世界获取铜矿的重要来源。"② 公元前4500年，要比三星堆祭祀坑的年代足足早3000多年。由此可以推测，中亚史前冶金文化向东传播之路，远比以往学界所推测的要复杂。

在世界冶金史上，青铜时代之前存在一个冶炼和使用砷铜的时期。砷铜是由红铜到青铜的过渡环节，砷铜制品在西亚、南欧、北非的公元前三千纪前后有比较普遍的发现，而我国甘肃省民乐县东灰山遗址出土的铜器绝大部分为砷铜制品，这在我国还属首例发现。在玉门火烧沟墓地被鉴定的46件铜器中，13件为红铜，余为青铜。③ 据此，四坝文化很可能经历了由红铜而砷铜再青铜的发展过程。专家认为，民乐东灰山遗址地处中西交通的咽喉地带——河西走廊上，该遗址出土的砷铜制品，含砷量在2%～6%，全部为锻造加工制成，这与西亚及南欧、北非地区的早期砷铜制品相同。四坝文化制铜技术的出现，是否与这些地区有关，值得注意。④ 在做出这种冶金文化传播的提示之后10余年，考古专家们对外来文化输入我国的认识再次升级。根据北京大学考古文博学院、甘肃省文物考古研究所合著《河西走廊史前考古调查报告》一书的结论，至少有如下四类物质文化，是史前期经过河西走廊地区而渐次输入中原文化的：植物考古中的麦类作物；动物考古方面的绵羊、山羊、牛、马和骆驼；冶金考古方面砷铜和冶铁等；最后是权杖头之类符号物。⑤ 对此，专家的明确判断是："世界上最早的权杖出现在西亚和埃及，河西走廊很早就出现了权杖头这一文化特

---

① 四川省文物考古研究院等编著：《三星堆出土文物全记录》（陶器·金器卷），天地出版社，2009年，第506、510—511页。
② 四川省文物考古研究院等编著：《三星堆出土文物全记录》（陶器·金器卷），天地出版社，2009年，第434页。
③ 甘肃省文物考古研究所、吉林大学北方考古研究室编：《民乐东灰山考古——四坝文化墓地的揭示与研究》，科学出版社，1998年，第140页。
④ 甘肃省文物考古研究所、吉林大学北方考古研究室编：《民乐东灰山考古——四坝文化墓地的揭示与研究》，科学出版社，1998年，第140页。
⑤ 北京大学考古文博学院、甘肃省文物考古研究所：《河西走廊史前考古调查报告》，文物出版社，2011年，第436—437页。

质，这不是黄河文明的原创，而是西亚通过中亚向远东施加影响的结果。"[①] 如果这个判断可信，则三星堆1986出土黄金权杖套的文化源流脉络，也就自然会再度聚焦到西北的四坝文化和齐家文化方面[②]。三星堆和金沙遗址的整个黄金文化之源，亦可作如是观。

三、五种显圣物的神话观念

玉、帛、金、铜、象牙五种圣物所传达的神话学意蕴，原来具有惊人一致的共性，那就是史前先民对生命不朽的虔敬信奉和执着追求。

伊利亚德的一部书名《不死与自由》，恰好给出一个解密所有神话幻想之终极目标的重要提示：人生在世，在精神理想上谁都希望能够获得自由。反过来看，人最大的不自由，莫过于死亡大限和死亡威胁。因此，人类最普遍的也是最持久的梦想（理想），往往就指向一个明确不变的方向：如何达到不死境界，即永葆生命的永恒性。换言之，对于一切神话信仰而言，不死为因，自由为果。无法做到不死，就难言最终的自由境界。

早期人类学家弗雷泽的著作《永生的信仰和对死者的崇拜》（*The Belief in Immortality and the Worship of the Dead*）[③]，充分展现出五大洲原住民共同拥有的不死信念。人类之所以用想象建构出一个天国的神灵世界，就是因为坚信神灵拥有超人类的永生不死性，崇拜神灵和供奉神灵，也希望获得神灵的不死性。由此反观三星堆祭祀坑出土的五大类物质祭品，原来每一个都是祭祀者想象中的神物或圣物。

我们从人类的史前文化普遍流行的拜物教信仰看，凡是作为宗教显圣物的对象，都是人类将自己的幻想投射到某种特殊物质上的结果。三星堆出土的五类祭祀圣物，其实皆可以作为不死的象征物，代表当时人们对自由理念的虔诚追求。当然，能够代表和显现那个时代理想的，只能是其社会的统治集团，而非一般平民百姓。而社会的奢侈物，总是完全集中性地垄断在统治集团手中。

近现代以来，中国的地下先后发掘出无数的青铜礼器，其铭文的结尾措辞也具有惊人的一致性，即以不厌其烦的重复性书写，千篇一律的强化提示一种

---

① 北京大学考古文博学院、甘肃省文物考古研究所：《河西走廊史前考古调查报告》，文物出版社，2011年，第437页。
② 笔者关于河西走廊和齐家文化在华夏文明发生中的作用的探讨，参看叶舒宪：《河西走廊——西部文化与华夏源流》（修订版），陕西师范大学出版总社，2019年。
③ ［英］弗雷泽：《永生的信仰和对死者的崇拜》，李新萍、郭于华、王彪译，中国文联出版公司，1992年。

理想。尽管如此,这也还是没有引起宗教学和神话学研究的注意。这句几乎雷同的话语是:"子子孙孙永宝用。"明确传达出的希望是:要借助青铜器的物质耐久性,让圣物的持有人家族群体也达到生命永恒的幻想境界。对照前面章节所论西方炼金术和华夏炼丹实践,从冶炼青铜到冶炼黄金,冶金工艺的神话信念底牌已经得以揭示。从这种神话生命观的意义上去理解后世道教炼丹理想的由来,就能做到察源而知流。简而言之,古今中外的炼金术总目标还是永生不死。

所有的金属物质,在冶炼之前的状态都是矿石。金属矿石的发现一定始于人类对各种石料的递进性认识。因此,关于玉石神话或玉帛神话的信仰在先,随后接引出冶金神话的信仰,也就是合情合理的文化衍生现象。要知道,对新开发的冶金物质的神圣性转移,即从原有的自然物质——玉石、蚕丝、牙角所承载的神圣性,现在被全面地转移到冶金物质上来。如果说在华夏传统中,玉石、蚕丝、牙角等是地地道道的来自文化大传统的天然圣物,那么金属冶炼则大致相当于小传统后起的人造圣物。后起的冶金神话幻想,终于给华夏文明带来"金声玉振"和"金玉良缘"的最高价值圣物组合现象。

大小传统的深与浅,信仰文化积淀的厚与薄,也会体现在神话言语表达中。楚国朝廷中的知识领袖人物观射父,为什么不说金银铜铅锌等,在当时已经大量开发的贵金属,只说玉帛二者为精?这显然是文化大传统在发挥华夏传统信仰底牌的作用。

三星堆五类显圣物的神话学档案表明,玉帛神话观在古蜀国的表现方式与其在中原文化的表现方式是大体相同的,这必然会对后来的华夏文明产生深远影响。按照《礼记·玉藻》的说法:"君子无故,玉不去身。君子于玉比德焉。"[①]比德的"德",不是伦理道德之德,而是作为神话信仰观念的"德",即孔圣人所云"天生德于予"的"德",即来自天界的神圣生命力。这样的说法最适合对照观射父所云"玉帛为二精"。其间自有交感巫术的信仰原理。"君子于玉比德焉"一句,说的正是"玉不去身"的全部理由。根据玉石神话信仰,个人的生命如果能够和来自天界的神圣生命获得交互感应,就会产生出天下无敌的能量和自信力。那么,古代君子们如何实现"必佩玉"的操作呢?佩玉所用丝绸组绶,同样将以蚕丝所承载的"精"或"德",增强佩玉者的神圣能量。《礼记·玉藻》紧接着又说到丝绸组绶的神秘意义:"天子佩白玉而玄组绶,公侯佩山玄玉而朱组绶,大夫佩水苍玉而纯组绶,世子佩瑜玉而綦组绶,士佩瓀玟

[①] 《礼记正义》,见《十三经注疏》(下),上海古籍出版社,1997年,第1482页。

而缊组绶。"郑玄注:"绶者,所以贯佩玉相承受者也。"①这是说明不同质量和不同颜色的玉佩,需要和不同颜色的丝绸组绶形成对应模式的组合体,以收相反相成之功效。古人对玉帛组合的五等级分类,原来是如此这般细致和神秘。

不过,我们在马王堆汉墓出土彩绘棺画的玉璧升天图(图12-7)中看到:这里的玉璧颜色和组绶的彩色不是相反相成对照的,而是几乎一致的。原来,与组绶共同承担托举玉璧功能的还有两条巨龙,其龙身的玄色,和白玉璧构成十分鲜明的深浅色调对比效果。二龙自下而上的升腾姿势,动感十足,将墓葬中死者魂灵飞升天国的动力元素表露无遗。像这样以图像叙事表达的本土特有

图12-7 西汉高等级墓葬的玉帛组合图像——马王堆1号汉墓外棺玉璧升天图,叶舒宪2010年摄于海南省博物馆马王堆汉墓文物特展

---

① 《礼记正义》,见《十三经注疏》(下),上海古籍出版社,1997年,第1482页。

神话观念，还需要多学科视角的攻关研究。

在秦汉时代以前，玉和帛的组合形态，除了表现为玉组佩的串联编组方式，还有西周以来的玉雕蚕、玉雕束绢佩，以及战国以来的玉环形制被加工成扭丝形象的所谓"玉扭丝环"，等等。凡此种种，都是通过对玉材的加工造型来模拟神蚕或蚕所吐之丝的。

"蚕丛及鱼凫，开国何茫然。"古蜀国的文化记忆中就这样依稀表现着神蚕的变化生命形态。按照《山海经》的说法，能够充分体现死而复苏之神圣生命原理的，不仅仅是蚕蛾或蝉（金蝉脱壳）、蛙（蝌蚪之变）之类陆地生物，水中的游鱼也是典型的神话想象标本。如《山海经》所述之"鱼妇"，就是死而再生的象征符号，前面关于颛顼的一章已经引用过这段叙事：

> 有鱼偏枯，名曰鱼妇。颛顼死即复苏。风道北来，天乃大水泉，蛇乃化为鱼，是为鱼妇。颛顼死即复苏。①

经文作者居然两次强调黄帝之孙颛顼的"死即复苏"，却并没有在后代中国传统中留下一个类似基督教复活节这样的节日。因为中国版的"死即复苏"是表现为神话变形记的："蛇乃化为鱼"。一个"化"字，凸显中国版变形记神话的信仰和哲理。从经验观察来看，丝都是由桑叶加蚕食的两类生物运动而变化出来的。变化如果是一次性的，那就意味着死亡和终结。正因为变化是周期性的，是循环往复的，所以变形的过程就意味着加入生命的永恒运动，变为不死，即永生。一个"變（变）"字，为什么造字者想到要用"丝"作为会意字的结构要素呢？这是十分耐人寻味的。还有，古代中原人指称南方善于养蚕缫丝的民族为"南蛮"。"蠻（蛮）"字不是也在字形结构中留下鲜明的"丝"的成分要素吗？

对三星堆原有的出土圣物谱而言，2021年新添的圣物丝绸，其文化意义可以从中国式神话思维得以透彻理解。其连带的学术认知效果，也将会在未来依次展开。比如，从史前时代至先秦时代的帛殓葬现象，应该在玉帛神话合流的大视野下，得到和"玉殓葬"同样的重视。如商周以来贵族墓葬礼仪用荒帷包裹棺木的现象。②又如湖北枣阳九连墩楚墓用丝绸组带编联仿玉璧之铅璧作为饰棺荒帷现象。③再如包山和九连墩等地楚墓所发现的用多重丝织物包裹棺木的现

---

① 袁珂：《山海经校译》，上海古籍出版社，1985年，第273页。
② 叶舒宪：《玉石神话信仰与华夏精神》，复旦大学出版社，2019年，第88页。
③ 湖北省文物考古研究所、襄阳市文物考古研究所：《湖北枣阳九连墩M2发掘简报》，载《江汉考古》2018年第6期，第3—55页。

象。(图12-8)多重的用丝现象不仅是数量上的多，即便是应用于殓葬的丝绸品种，也是多样的和不尽相同的。以包山2号墓为例，其中残存丝织物按照织造方法与组织结构，便可以清楚地分为绢、纱、绮、锦、组、绦6个品种。① 而年代上比包山楚墓稍晚些的马王堆汉墓，其帛殓葬所用到的丝绸种类多达10余种。

在帛殓葬现象中，经常发现帛书和帛画之类的出土文物（图12-9），大家已经司空见惯，但是从神话学或宗教学视角的解读还是十分欠缺的。尤其是用丝绸裹尸的现象，也还没能引起足够的关注。例如包山1号墓外棺用丝织物包裹，内棺里也发现有大量丝织物。包山2号墓中棺外层居然有多达九层的丝织物包裹，"贴棺面的两层饰物以锦带捆扎，其他饰物则直接覆盖于其上"②（图12-10）。内棺的内外都有丝织物，内棺东挡板的铜质府首衔环上用丝绸组带悬挂一个玉璧。墓主人双手置于腹部，双足并拢，臂、手、足有绢带捆扎痕迹。③ 这样一种身体抱成一团的姿势，再捆扎上丝带，莫非是要模拟神蚕"作茧自缚"的形态，以求达到尸解、仙化与飞升的目标？凡此种种帛殓葬现象，由于其物质文化现象背后潜藏的神话观念底蕴没有得到确切揭示，因而成为学术研究的空缺。从起源上看，最早的帛殓葬现象出现在距今5000多年前的河南仰韶文化墓葬。如2019年公布的荥阳汪沟遗址的4个瓮棺中发现裹尸用丝织品残存，这和20世纪80年代在荥阳青台遗址出土的仰韶文化墓葬织物，属于同类、同时期丝织物。④ 如果从蚕茧的仿生学神话视角去审视瓮棺的形制（图12-11），则瓮棺葬本身亦可

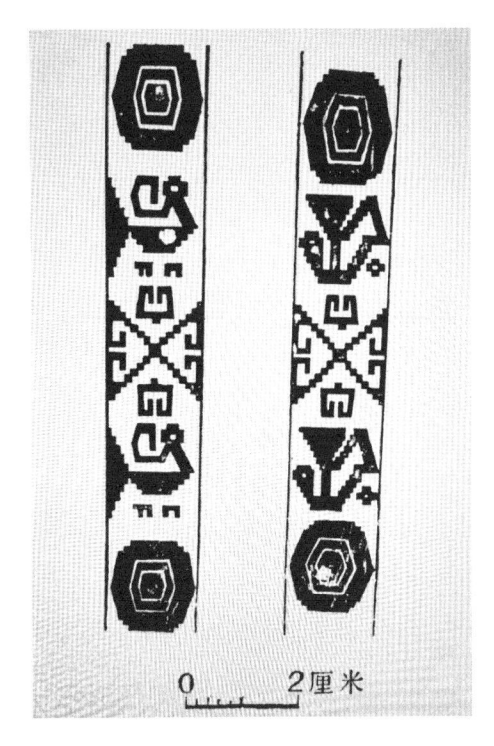

图12-8 包山楚墓出土凤鸟凫几何纹锦
（引自湖北省荆沙铁路考古队：《包山楚墓》，文物出版社，1991年，第177页）

---

① 湖北省荆沙铁路考古队编：《包山楚墓》，文物出版社，1991年，第166页。
② 湖北省荆沙铁路考古队编：《包山楚墓》，文物出版社，1991年，第64页。
③ 湖北省荆沙铁路考古队编：《包山楚墓》，文物出版社，1991年，第68页。
④ 韩章云：《河南荥阳汪沟遗址发现目前中国最早丝绸》，http://www.kgzg.cn/a/479.html。

图12-9 马王堆汉墓出土帛画《太一出行图》，叶舒宪2010年摄于海南省博物馆马王堆汉墓文物特展

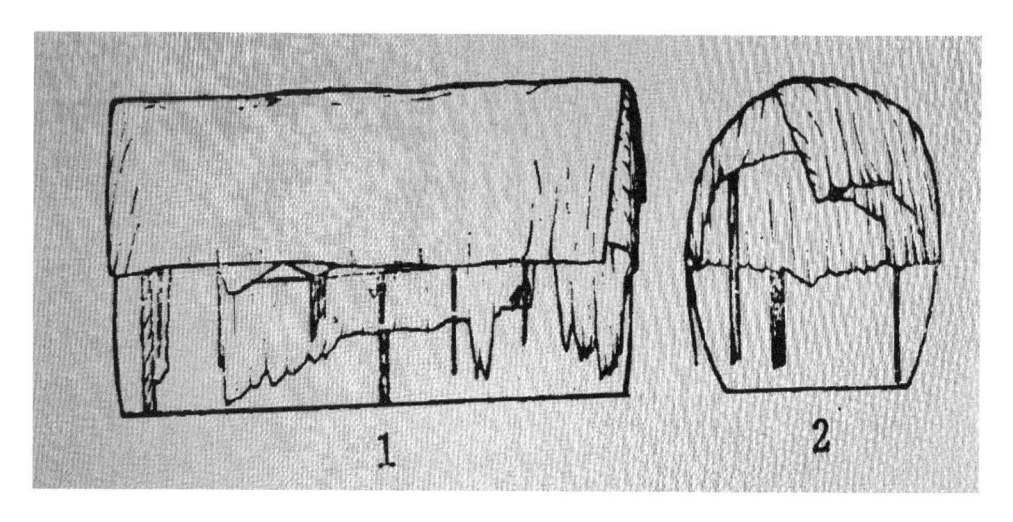

图12-10 包山2号墓中棺之上棺饰物包裹情况示意图
1.南侧；2.东档
（引自湖北省荆沙铁路考古队：《包山楚墓》，文物出版社，1991年，第65页）

图 12-11　迄今所见中国最早的丝绸实物出自帛殓葬的仰韶文化瓮棺内，河南荥阳汪沟遗址出土瓮棺现场照，郑州市考古研究院供图

（引自中国新闻网：http://henan.sina.com.cn/news/z/2019-12-04/detail-iihnzahi5309779.shtml；发布时间：2019 年 12 月 4 日；浏览时间：2021 年 7 月 13 日）

理解为模拟神蚕吐丝变形的生理现象。再结合距今约 4000 年的湖北石家河文化玉器大都出自瓮棺葬的现象[1]，则史前帛殓葬和玉殓葬相互对接的现象，会引发出进一步的深入研究。

参考文献

［1］四川省文物考古研究院，四川三星堆博物馆，三星堆研究院.三星堆出土文物全记录：陶器・金器［M］.成都：天地出版社，2009.

［2］西江清高.扶桑与若木：日本学者对三星堆文明的新认识［M］.成都：巴蜀书社，2002.

［3］白剑.释读金沙：重建巴蜀先秦史［M］.成都：西南交通大学出版社，2006.

［4］霍巍.三星堆考古九十年：三星堆早期考古发现资料的整理与研究［M］.成都：四川大学出版社，2024.

---

① 荆州博物馆编：《石家河文化玉器》，文物出版社，2008 年，第 4—5 页。

第十三章　有巢氏神话与巢湖地区文化开发

华夏古史帝王谱系，战国至汉代流行过两类：三皇五帝说与五氏三王说。现代史学讲述的上古史在某种程度上复活了五氏三王说，以有巢氏和燧人氏为前二氏。本章依据考古发现的旧石器时代房屋建筑，解说位居华夏祖谱第一的有巢氏神话的文化底蕴，兼及巢湖地区当代文创产业对有巢氏神话资源的开发情况。

有巢氏神话的最早记录，见于战国时期两位著名思想家庄子和韩非子：

　　古者禽兽多而人少，于是民皆巢居以避之。昼拾橡栗，暮栖木上，故命之曰有巢氏之民。（《庄子·盗跖》）[①]

　　上古之世，人民少而禽兽众，人民不胜禽兽虫蛇，有圣人作，构木为巢以避群害，而民悦之，使王天下，号曰有巢氏。（《韩非子·五蠹》）[②]

两个叙事的内容基本一致，所不同者，《庄子》强调有巢氏时代的人的生活方式：白天采集橡子和栗子一类食物，晚上就住在树木上的巢穴里。这符合人类学所揭示的人类发明农业之前的生活状态：采集和狩猎维生。《韩非子》强调的则是：有巢氏本来就是一位圣人，因为构木为巢的避群害之功，被拥戴为王，成为社会统治者，并由此开启了一个有巢氏的历史时代。

一、神话建构历史：三皇五帝说与五氏三王说

我国自东周时期的战国时代起，就流行文明溯源方面的三皇五帝谱系，排在前面三位的是三皇，三皇分别指伏羲、神农、燧人（或女娲），并没有一位

[①] 郭庆藩：《庄子集释》，中华书局，1961年，第994—995页。
[②] 张觉：《韩非子校疏》，上海古籍出版社，2010年，第1195页。

叫有巢氏的老祖先。而现代史学界在华夏寻根问祖方的叙述方面，却采纳不同于三皇五帝说的五氏三王谱系，有巢氏在该谱系中被封为首屈一指的祖神，似乎没有多少争议。

按照人类进化史的新知识，发明火和建筑房屋是人类进化史上两个具有破天荒性质的重大文化突破，二者都有力地推进了人类社会发展的进程，堪称意义非凡。目前所知的进化过程中，火的使用有 100 万年以上的历史，而修筑房舍的功绩最多也仅有几万年而已。在此之前的人类居住方式基本以穴居为主，也就是住在山洞里，如同北京的山顶洞人。

遵照这种人类进化史新知识观，应该是发明火的燧人氏的年代在先，发明居住的有巢氏的年代在后。可惜我们华夏古书的撰写者们并没有今天人才掌握的进化论知识，他们通常将有巢氏排在第一位，让圣人燧人氏屈居第二的位置。最先提到远古帝王谱系的《庄子·盗跖篇》《韩非子·五蠹篇》，不约而同之处在于都将有巢氏指认为历史上第一位圣王。庄子通过盗跖之口提到的在尧舜之前的圣王共有四氏——有巢氏、知生氏、神农氏、轩辕氏黄帝，没有燧人氏。或许盗跖所言知生氏，就是燧人氏的别称吧。韩非子讲述的"上古之世"，仅有两位圣王，即有巢氏和燧人氏。其下即称"中古之世"，以治水的圣王鲧和禹为代表，即略相当于夏朝之前。再其下称"近古之世"，以终结夏商末代统治的商汤和周武王为代表。由此可知，在百家争鸣的战国时代，似乎公认华夏历史的第一和第二位统治者便是有巢氏和燧人氏。后人又将位列第一的有巢氏叫作巢皇或大巢氏，并由此衍生出古巢国传说。

同时或者稍后，从这二氏老祖谱发展出五氏三王的谱系，五氏中排在第三、第四位的分别是伏羲氏和神农氏，排在五氏末位的是轩辕氏即黄帝，又称有熊氏。五氏之后的所谓三王，特指在夏王朝建立以前的三王传说中的圣君——尧、舜、禹。这样的三王谱系，本来是承继以孔子为首的儒家学派的华夏史观。在孔子《论语》中，根本看不到三皇说和五氏说的一点点影子。而孔子最推崇的华夏先祖就是"大哉尧之为君也"。就此而言，三皇五帝说与五氏三王说都是在孔子之后的战国和秦汉时代发展起来的。《史记·五帝本纪》不取当时已经流传的三皇说和五氏说，只截取了三皇五帝谱系的后一半即五帝说，并且让黄帝有熊氏成为五帝之首，后面的四帝（颛顼、帝喾、尧、舜）全都作为黄帝的嫡传后裔，从而形成所谓万世一系的国家族谱。

20 世纪初的新文化运动催生的疑古学派古史辨运动，一个主要的颠覆目标就是以《五帝本纪》为代表的华夏万世一系信念。随后出现取而代之的古史探源新观念，有考古学家苏秉琦针对史前中国文化而提出的满天星斗说，人类学家费孝通针对中华多民族国家而提出的多元一体说。

1911年辛亥革命推翻清王朝统治，伴随恢复华夏的意识形态需求，以轩辕黄帝为首的五帝谱系再度成为媒体号召的热点。但是新中国成立以来流行历史唯物主义观点，史学界没有恢复被古史辨派打倒的三皇五帝谱系，却又重新认可了五氏三王谱系，并使其权威性得到大大提升。20世纪50年代出版的《中国历史大系表》（图13-1），其中五氏三王谱系中的8位古帝王全都对应着中国历史的"原始时代"，而夏商周则属于开启文明史的"奴隶制时代"，而作为原始与文明界标的帝王则是夏代开国之君启。

从《中国历史大系表》看，中国的人文初祖只能是有巢氏。燧人氏位居其次，列在伏羲氏、神农氏和轩辕氏之前。这样的华夏祖谱观，也是有文献根据的。那便是托名"三坟五典"的古书。"三坟"甚至明确说："燧人氏，有巢子也。生而神灵，教人炮食，钻木取火，天下生灵尊事之。始有日中之市，交易其物，

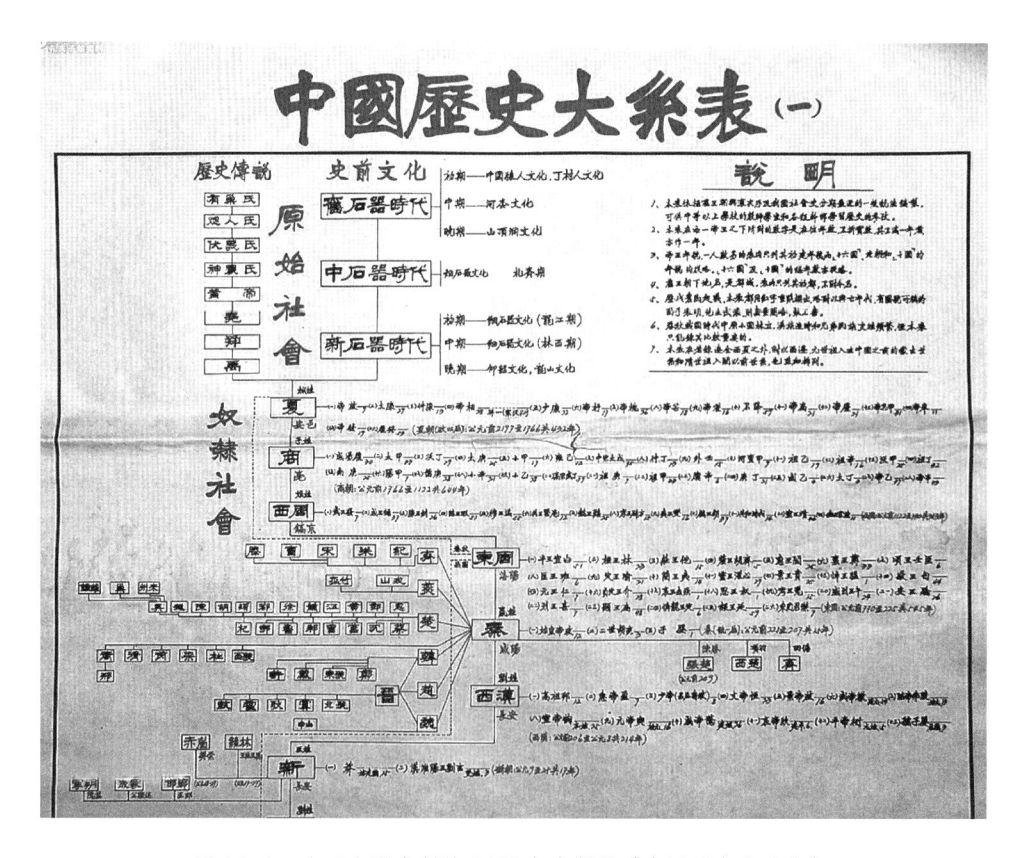

图13-1　山西人民出版社1958年出版的《中国历史大系表》

有传教之台，有结绳之政。"①照这个说法，燧人氏的重要文化功德不光是发明火，而且包括创建市场，以物易物的早期经贸行为，结绳记事和传播文明教化等。这当然是后世知识分子的一种想当然推想的结果，像燧人氏的政权如何承接有巢氏，又如何传到后起的伏羲氏和轩辕氏？此类问题根本无从考证。

由于古代已经普遍认可燧人氏为有巢氏的后代，于是传统国学的祖根意识中形成一种大家心照不宣的模型，即以"巢燧"二字组成合成词，代表华夏人心目中的文明开化之始。二位老祖先的盛名，就这样流传为骚人墨客书写华夏文明史开端的某种代名词或习语。先有汉代谶纬之书《洛书》所说的："次民氏。及诸杂书所称诸氏多矣。惟有巢燧人功德在民，似非乌有者，流今录于左。"唐代著名画家和美术理论家张彦远《历代名画记》开篇叙说画之源流云：

> 夫画者：成教化，助人伦，穷神变，测幽微，与六籍同功，四时并运，发于天然，非繇（繇同由）述作。古先圣王，受命应箓，则有龟字效灵，龙图呈宝。自巢燧以来，皆有此瑞。迹映乎瑶牒，事传乎金册。庖牺氏发于荥河中，典籍图画萌矣。轩辕氏得于温、洛中，史皇、苍颉状焉。②

盘古死后化生创世的神话，是在三国魏晋时代开始流行的，但是张彦远用"自巢燧以来"的说法，而不用更普遍的讲史套语"自从盘古开天地"。这应该是唐代的国史书写惯例。何以见得？与他同时的唐代名家张九龄作《龙池圣德颂》，能将皇天上帝创世以来的五氏三王国家祖谱叙说得头头是道：

> 臣闻昔者元德升闻，皇天眷命，元圣有作，上帝何言？必见意于休征，忘象于幽赞，惟兹降鉴，若曰专精。道周万物者其神充，功济生人者其祥大，粤若古始，肇有君臣：巢燧之前，寂寥无记；书契而后，焕炳可观。若遇鬼神睢盱，品汇纷错，性命未正，吉凶不定：而太昊氏将通其德，则河为之出图。人食未粒，鸟兽是茹，时不耕稼，器无耒耜，而神农氏将教其本，则天为之雨粟。蚩尤不道，炎帝不制，铜铁铸兵，豺狼横厉，而轩辕氏将禁其暴，则天为之降元女。洪水方割，下人昏垫，尧德莫能弭厥灾，舜功不能除其害，而夏后氏将底其绩，则洛为之出书。自兹以降，殆三千岁矣，……③

张九龄被今人誉为"大唐王朝最有魅力的宰相"，他所写的这个国史寻根谱系，可以代表唐代一般知识人的历史观，虽与司马迁写下的国家正史《五帝

---

① 沈海波、徐华龙、常博睿编：《中华创世神话文献摘编》，上海人民出版社，2020年，第296页。
② 张彦远：《历代名画记》，上海人民美术出版社，1964年，第1—2页。
③ 张九龄：《龙池圣德颂》，见《全唐文》，中华书局，1983年，第2871页。

本纪》不同,却依然有着广泛的群体信奉者,其影响可谓源远流长。究其根本,这显然还是以《庄子》《韩非子》为代表的本土民间传闻版的神话历史谱系在后世传承不息的表现。可见,两种上古史祖谱在历史上并行不悖,各有其信奉者。新中国史学界之所以不采用司马迁《史记·五帝本纪》的正统观点,而要采纳民间传说版的华夏祖谱,是因为后者的内容似乎更符合历史唯物主义的进化观。对有巢氏和燧人氏的文化记忆,也更加吻合原始社会史的物质发展真相。如今笔者提出,根据考古发现的新材料新知识重建一种万年中国观,并努力展开从上五千年大背景反观下五千年的学术尝试。就此而言,其内涵能够符合对应上五千年的华夏祖神谱,当然不是三皇五帝谱,唯有五氏三王谱中的前二氏。

二、神话建构现实:巢湖地域视角的有巢文化复兴

从地域文化的地方性传承来看,国内对有巢氏神话最热衷的学者群体出自以巢湖为荣的安徽省。王云在《"构木为巢"是人类房屋发明的历史记录》[①]一文中指出:有巢氏"构木为巢",通常被解释为在树上巢居。譬如《辞海》在注释"有巢氏"时就说:"传说中巢居的发明者。相传远古时代,他为了避免野兽侵袭,教民构木为巢,居住在树上,反映了中国原始时代巢居的情况。"其实这是片面的看法,构木为巢不一定在树上,在地面上用木料构巢,也就相当于最初的房屋建筑。湖南省社会科学院著名历史学者何光岳发表《巢国的来源和迁徙》[②]一文,通过有巢氏神话考证出一段亘古及今的历史,那就是古代的巢国之源流。有巢氏为巢国之鼻祖,今日安徽巢湖文化则为古巢国之流变。何光岳还指出:巢国,源于有巢氏,帝尧时有巢父,其后为夏的亲族,于巢父故地建立巢国。商汤灭夏时,夏桀奔于南巢。商封亲族子姓于巢,周武王灭商,巢国被迫南迁于今安徽居巢,春秋时为楚所灭。何光岳的观点一石激起千层浪,特别是在安徽学者方面。他们查阅典籍,发现"巢"字应用最多的地方就是巢湖地区:古有古巢国、巢伯国、"成汤放桀于南巢"等。秦设居巢县,唐代则置巢州,现为巢湖市,并流传巢父牵牛的传说。巢湖学院陆荣教授查阅《四库全书》,仅在337卷中就发现涉及巢湖的"巢"字465处。他认为,巢湖得名,并非"因状似鸟巢",原来的巢湖面积比现在大许多。巢湖之名与有巢氏文化相关。位于安徽省合肥市的中国科学技术大学宁业高、宁业龙撰文《论有巢氏

[①] 王云:《"构木为巢"是人类房屋发明的历史记录》,载《史学月刊》1988年第2期。
[②] 何光岳:《巢国的来源和迁徙》,载《安徽史学》1992年第4期。

功德暨古巢国演延》[1]指出：随着长江文化研究的当代推展，关于有巢氏暨古巢国的探究，必将推置为 21 世纪的重点课题。有巢氏是圣人而不是神祇，他是我国文明史第一圣祖。今巢湖市域是古巢国的所在，是有巢氏及其子孙的生息地。如果说几千年来的黄河文化中心论和疑古思潮，给中华起源认识与研究造成了一种重大缺憾，那么却给从事长江文化研究的学者们提供了珍贵的研究课题和广阔的探索空间。建筑学者张钦楠发文《有巢氏——中国第一名建筑师与他的"原始屋"》[2]，试图寻找中国古代最有代表性的建筑师，阐发其特殊功绩。安徽大学历史系陈立柱发文《有巢氏传说综合研究——兼说中国史学的另一个传统》[3]认为：远古有巢氏，汉唐学者多视之为历史人物。典型的情况就是各地都有有巢氏的传闻与胜迹，形成内涵丰富的有巢文化现象，特别是在巢湖流域。有巢氏文化的提出，是对远古时代的一个有价值的建构。有巢氏传说的演变还让我们认识到过去中国史学实际上有着两个传统，即一个是以儒家史学为代表的正史传统，还有一个以巫史、纬书、道书、野史等为代表的术士史学。传统史学史对此关注不多，但是它在民间的影响至巨，这是值得重视的。从巢湖学院蔡海艳发表的文章《"有巢氏文化"与巢湖特色小镇的融合发展研究》[4]来看，上古神话人物已成为类似迪士尼乐园一样的安徽当地本土文化的现实景观建设，让神话历史变为增强现实的地方经济亮点。文学人类学派的彭兆荣教授主持完成国家重大招标项目"中国非物质文化遗产体系研究"和乡土中国建设的理论方案，可以为地方文化复兴提供积极的对策方略。

三、神话考古：构木为巢与象骨为巢

庄子所说的巢居，韩非子所说的构建在树上的巢穴，如同鸟巢者，应该是从猿到人进化过程中曾出现过的一种人类栖息状态。就此而言，有巢氏的神话叙事虽然很简短，语焉不详，毕竟还是体现着华夏早期知识人对悠远的史前时代的文化记忆，弥足珍贵。若想探究这种在树木上巢居的时代，有人类学的当代前沿性研究为参照：那是 200 万年以上，即能人出现以前的居住现象。

当代学者用考古新发现的新石器时代南方干栏式建筑（图 13-2），来诠释

---

[1] 宁业高、宁业龙：《论有巢氏功德暨古巢国演延》，载《巢湖学院学报》2005 年第 5 期。
[2] 张钦楠：《有巢氏——中国第一名建筑师与他的"原始屋"》，载《北京规划建设》2008 年第 3 期。
[3] 陈立柱：《有巢氏传说综合研究——兼说中国史学的另一个传统》，载《史学月刊》2015 年第 2 期。
[4] 蔡海艳：《"有巢氏文化"与巢湖特色小镇的融合发展研究》，载《现代营销》（学苑版）2021 年第 9 期。

庄子说的巢居和韩非子说的构木为巢，并以距今7000多年的浙江余姚河姆渡文化的木结构建筑为初期代表，认为修筑在地面上的巢式棚屋，大概就是介乎于帐篷与房舍之间的性质，其中若有火塘的存在，就能给人以温暖的家的感觉。围绕着火塘的居所，才算是真正具有人类家庭生活的质感和安全感，人工修筑居所已完全不同于兽类群居的抱团取暖方式。换言之，居所加火塘，这就是有巢氏与燧人氏大会师以后的定居生活景观吧。

图13-2 博物馆中按照史前干栏式建筑复原的有巢氏居所

　　构木为巢的原型，若上溯到新石器时代的河姆渡文化，有巢氏的年代充其量仅有7000余年。实际上，在木结构干栏式建筑出现之前很久，狩猎时代先民就充分利用现成的有机物质为建材。这样的建筑尝试，发现于旧石器时代中后期的欧洲。

　　那时的欧洲先民叫海德堡人，其后裔是著名的尼安德特人。他们曾以猛犸象为猎食对象，猎物的巨大骨骼自然成为他们方便得到的建材。据考古报告，猛犸象骨屋的原型，早在海德堡人生存的三四十万年前便问世了，即德国下萨克森州的舍宁根遗址。该遗址以发掘出2米长的精致木质标枪而闻名于世。就全球范围看，当时能够掌握这样远距离攻击性武器的猎人，无疑相当于今天掌握核武器类的尖端科技成果，其智力发达程度也体现在欧亚大陆上最早的巢穴类房屋建筑方面："舍宁根是一群善于狩猎的人的宿营地。用石头砌的圆圈向我们提示，这里曾是简陋的住处，它是由木棍和猛犸的骨头搭起的支架，上面覆盖着毛皮和皮革。"[①]

　　猛犸象骨屋，不仅在某种程度上证明华夏先民想象的老祖先有巢氏不是无

---

① ［德］赫尔曼·帕辛格：《考古寻踪：穿越人类历史之旅》，宋宝泉译，上海三联书店，2019年，第29页。

中生有的虚构,而且表明人类脱离山洞的穴居状态的一个重要前提,就是发展出足够的智力为自己营造巢穴庇护所,不管这巢穴的构成多么原始和超乎想象。这毕竟是最持久的一种建筑传统。

欧洲的尼安德特人在距今 4 万年前后被新走出非洲的智人取代。智人是更大规模的巨型野兽的猎捕者,自然继承了木骨混搭的巢穴建筑传统。在冰河期晚期活跃在欧亚大陆中部的狩猎人群,为了抵御冬季的严寒,学会利用猎物的骨骼为建筑材料,在河谷地区为自己建造营地。已经发现的最著名的代表是乌克兰第聂伯河畔的梅兹里克营地:"这是一处像模像样的圆形房屋建筑群,用猛犸象骨骼搭建出复杂的外观。外墙用猛犸象的头骨、下颌骨和四肢骨砌成。完整的椭圆形屋顶直径约有 4.8 米,屋顶以动物皮革和草皮铺成,进入的通道则为地下式。在这样巨大的无树环境里建造房屋,使用猛犸象骨骼是顺理成章的。"[①]在今日乌克兰首都基辅的自然博物馆里,你就能看到一两万年前留下的猛犸象骨棚屋的实况(图 13-3)。

美国考古学家奥尔加·索弗推算,建起这样一座猛犸象骨屋,需要 15 个工人劳动 10 天。他指出:"一年中大约有 6 个月的时间里,一些 30—60 人的团

图 13-3 旧石器时代乌克兰第聂伯河畔猛犸象骨屋复原

---

① [美]布赖恩·费根:《世界史前史》,杨宁、周幸、冯国雄译,世界图书出版公司,2011 年,第 117—118 页。

图 13-4　满洲里扎赉诺尔猛犸象公园，叶舒宪 2016 年摄

体会来到这些营地上生活，梅兹里克就是乌克兰的几座重要营地之一，相比那些规模更小的专门聚落，这些遗址中所出土的动物骨骼更具多样性。猛犸象骨房址中还出土了许多属于毛皮动物（如海狸）的骨骼，以及许多舶来品和装饰物，如来自附近基辅的闪亮的琥珀，以及来自遥远南方的黑海贝壳。与相邻社区交换来的物品主要是一些没有使用价值，但蕴含着强烈社会和政治色彩的奢侈品。许多这类物品很可能是仪式性的，用来确认某些重要的意识形态。"[1]类似的猛犸象骨屋，还在波兰、捷克和俄罗斯等先后发现。在我国满洲里的扎赉诺尔，也发掘出土 1 万多年前的猛犸象遗骸，当地还建起特色鲜明的猛犸象公园（图 13-4）。希望有朝一日我们也能够发现类似的猛犸象骨屋，让有巢氏、燧人氏的华夏后裔足不出境，就能目睹万年前的有巢模型。

冰河时代的人类生活宇宙景观重现，神话想象与历史现实的界限已经被打破。

---

[1] ［美］布赖恩·费根：《世界史前史》，杨宁、周幸、冯国雄译，世界图书出版公司，2011 年，第 118 页。

参考文献

[1] 费根.世界史前史[M].杨宁,周幸,冯国雄,译.北京:世界图书出版公司,2011.
[2] 朱芳圃.中国古代神话与史实[M].郑州:中州书画社,1983.
[3] 叶舒宪.庄子的文化解析:前古典与后现代的视界融合[M].武汉:湖北人民出版社,1997.
[4] 帕博.尼安德特人[M].夏志,译.杭州:浙江教育出版社,2018.
[5] 柯克伦,哈本丁.一万年的爆发:文明如何加速人类进化[M].彭李菁,译.北京:中信出版集团,2017.

第十四章　新神话主义与文化资本

如果说新神话主义这样的学术语言让人们感到陌生的话，那么《阿凡达》《指环王》《哈利·波特》《达·芬奇密码》等文学和电影作品则是耳熟能详、风靡一时的了。而事实上，这些正是新神话主义潮流的代表作品。神话不再是虚无缥缈的非理性产物，而是前现代的人类智慧的渊薮，并且爆发出巨大的产业价值。本章通过对中外一些具有代表性的新神话主义作品的分析，试着解决这样几个问题：这些作品的成功是偶然的吗？是否有原因和经验可循？在当今世界的神话复归与再造的背后，蕴含着怎样的内在动力？又带给人们怎样的启示呢？

本书前十二章，主要以神话为重点，介绍了关于神话的现代学术理论、流派以及神话在大传统时代作为文化原编码的重要性，彰显文化基因的发现及意义。通过对一些案例的分析，让大家明白我们所讲的神话，是有别于一般民间文学课堂上那种把神话当作文学来研究的方法。对人类学而言，神话的内涵要广泛得多，它是一切人文学科、自然学科的鼻祖。我们研究神话，不能再局限于过去的那种传统的国学研究法，即只注重一重证据，其结果只能是把原本就难识其"庐山真面目"的神话弄得更加晦暗不明。提出四重证据法和大小传统理论，就是要通过书证、物证、甲骨文、金文、简帛书非遗等证据之间的"间性"，立体地呈现出神话历史的真面目。

本章将再度回到有关神话与文化创意的主旨谈论。什么是创意产业，如何把远古的人类文化遗产和今天的现实生活联系起来，从而产生一种具有巨大经济效益的文化资本？先以21世纪中国第一畅销书《狼图腾》为例。这本书是2004年问世的，到2015年被法国导演搬上银幕（图14-1），据说产生了7亿多元人民币的票房，这在过去是无法想象的。把文学当作文化产业，是最近二十年才兴起的，这也是全球经济转型的一个类型，即从能源型经济转变为知识型经济。知识经济时代，创意就是生产力。我们再来看 NBA 球星乔丹的品牌标志（图 14-2），仅这一个 logo，每年的产值就有 10 亿美元。比乔丹更成功的案例是迪士尼公司的"米老鼠"形象（图 14-3），作为全球最为人所熟知的文化符号，每年给迪士尼带来的产值就有 60 亿美金。迪士尼在全球早已经形成一个产业链，它不只是动漫创作，还包括电影、主题公园、玩具等。自从迪士尼落户上海之后，每到节假日就人满为患，可想而知创意的文化资本空间有多么巨大。

图 14-1　电影《狼图腾》剧照

图 14-2　NBA 的品牌人物标志"乔丹" 　　图 14-3　迪士尼的品牌标志"米老鼠"

一、新神话主义与魔法风暴：从托尔金到罗琳

新神话主义是20世纪末期形成的文化潮流，在一定程度上代表着世纪之交西方文化思想的一种价值动向。它既是现代性的文化工业与文化消费的产物，又在价值观上体现出反叛西方资本主义和现代性生活，要求回归和复兴神话、巫术、魔幻、童话等原始主义的幻想世界的诉求。其作品形式多样，包括小说、科幻类的文学作品，以及动漫、影视、电子游戏等。在西方，新神话主义的魔法风暴是从托尔金那里刮起来的，这位鼎鼎大名的人物是《指环王》的作者，也是J.K.罗琳不挂名的导师。但是托尔金并不是职业小说家，他有着另一个更加显赫的职业：牛津大学语言学教授，专门教古英语。

在现代社会中，新神话主义扮演了越来越重要的作用，全球最畅销的文学作品和影视作品无一例外都与新神话主义有直接关联。我们试举几例：第一个是《指环王》（图14-4）；第二是《哈利·波特》系列（图14-5）；第三是《达·芬奇密码》；第四是由英国坎农格特出版社（Canongate books）发起的一项名为"重述神话"的国际文创项目，中国作家苏童、叶兆言、阿来也参与其中。

托尔金的创作有双重文化认同的倾向。他的创作不是学院派的学术性写作，而是以通俗的小说写作取代之，要为英伦三岛的文化认同，重建一个神话系统。托尔金将自己对政治、经济、文化、宗教的认识巧妙地融合到了《指环王》当

图14-4 《指环王》中的大巫甘道夫形象　　图14-5 《哈利·波特》影片广告

中，在看似虚构荒诞的叙事中隐含着对人性的拷问。贯穿小说的法器"魔戒",被塑造成一种万恶之源。只要魔戒出世,一定会天下大乱,谁拥有它,谁就产生贪欲,哪怕是好人君子,也抵挡不住魔戒的诱惑而陷入罪恶与争斗的深渊。如果让世界恢复太平,只有一个办法,那就是销毁它。此外,魔戒还是资本主义工业文明的象征。

由于托尔金的创作取得了巨大的成功,英语世界对他的研究与日俱增,甚至专门形成了一个学派,叫托尔金学。托尔金曾在一封信中提到过,他希望创作出一部真正具有英国特色的神话,这个神话不是像希腊、罗马神话那样以环地中海区域为背景,而是以欧洲西北部为中心展开,这就是托尔金作品中的四面环海的中土世界（middle earth,图 14-6）。为了创作新神话,托尔金一共动用了四种传统神话资源来为英国的文化再造寻根,其中最重要的就是凯尔特神话。大凡看过美职篮联赛的人就不会对凯尔特人这支球队感到陌生,他们的球衣以绿色为主。绿色是和平的象征,《指环王》里有一个绿色精灵,代表的就是没有被资本主义污染的大自然的本象。

关于凯尔特神话,需要稍作介绍。早期从日本留学回来传播神话学的知识分子,他们对凯尔特神话是比较陌生的,主要传播的是希腊、罗马神话。后来有些从德国留学回来的学者,也顺便带来了一些印度和波斯的神话知识,但是

图 14-6 托尔金创作的中土世界

关于凯尔特神话依然付诸阙如。凯尔特神话是广泛流传于欧洲的古典神话，在很长一段时间通过口耳相传的方式流传，所以形成了很多版本。现在保存凯尔特神话最多的地区有威尔士、苏格兰和爱尔兰等。初期的凯尔特神话比较具有民族特色，它代表着一种受到压抑的欧洲传统，早先时代因为没有受到基督教势力的侵入，所以具有浓厚的巫术传统。不了解这一点，就不能明白《指环王》《哈利·波特》中魔法的重要性。2004年，西弗吉尼亚大学创办了一份刊物（图14-7），一年出一期，主要研究托尔金作品中出现的各种人物、地名等的原型出处。诸如此类的著作，在一般人看来是难以理解的，但是对于研究神话的人来说，可以发挥的空间非常大，

图14-7　美国西弗吉尼亚大学出版的研究托尔金的刊物《托尔金研究》

因为托尔金的作品不是靠纯粹的想象，而是有着各种对应的引经据典之原型。

影片《指环王》导演彼得·杰克逊是新西兰人，电影中的很多镜头都是取自新西兰乡下，这里常年风景如画，《指环王》的成功也反过来带动了整个新西兰的旅游业。去新西兰旅游，必看的一个地方就是皇后镇（Queenstown，图14-8）。沿着皇后镇旁的瓦卡蒂普湖（Wakatipu）一路向北，经过格林诺奇（Glenorchy），到达路的尽头就是天堂（Paradise）。这里至今仍是一片超凡脱俗的原生态乐土：高山消融的雪水沿着脚下宽阔的达特（Dart）河静静流淌，河床上满是被河水冲刷过的鹅卵石。枯水期时，裸露的河床就像是一条宽阔的大道。在《指环王》电影第二部中，这条大道就通向萨鲁曼的老巢艾辛格（Isengard），而庞大的兽人军团就是从这里出发去攻打洛汗王国的圣盔谷的。

我们再来看看罗琳的《哈利·波特》系列。这套书引起的轰动，有可能更在托尔金的《魔戒》之上。该书第四部《哈利·波特与火焰杯》于2007年7月8日深夜12时在全球发售。首发式上狂热争购的场面轰动英美，也足以给颇为流行的"文学死亡论"观点提供强烈的反证。这一天对于英美等国的儿童来说，比一年之中最隆重的圣诞节还要令人兴奋。由于本系列前三部的出版已经拓开了广阔市场，作者罗琳赢得了千百万读者的信任，所以第四部是在普遍的

图14-8 《指环王》的取景地之一新西兰的皇后镇，叶舒宪2007年摄

期待和渴望中出世的，如同久旱逢甘雨。为此，胸有成竹的美国出版商斯克莱斯迪克公司大胆决定第一版印数为380万册，英国布鲁姆斯伯格公司也决定出版150万册。这样英文版总数530万册，在美、英同时发行，创下出版业的奇迹。没过多久，许多书店已告脱销。出版商立即加印200万册，另外还重印前三部以满足市场。在美国、加拿大的各个城市，儿童在家长的陪伴下彻夜排队购买此书成为重要的媒体新闻。一部超常的畅销书一下子竟然使所有的畅销书都黯然失色。书店的经营者都说，这样的盛况还从来没有出现过。美国最大的网上书店亚马逊公司为保证网上订书人能及时看到新书，请来美国最大的速递公司联邦快递合作，在全国各地提前部署9000辆货车和3万名工作人员送书上门。华裔作家张辛欣，在美国目睹了这场空前的《哈利·波特》文学旋风，她以感慨万千的口吻向国人报道："今日，《纽约时报》畅销榜上连续81周占榜首的前三本《哈利·波特》不见了，因为遭到其他作家的妒忌和抗议，《纽约时报》不得不将这本新书和前边的三本通通挪到少儿书畅销榜，好腾出总共才15个位置的榜给其他图书。这是世界出版史上的奇迹：一套故事仍在进展中的少儿书已经印到3600万册，在全世界创下4.8亿美金的销售额。最新的这本《哈利·波

特与火焰杯》长达734页，比狄更斯的《远大前程》还要多250页。你很难想象，在一个越来越不读书的世界上，竟然有人有本事让这么多小孩子抱着一本大厚书到处跑。"

罗琳还获得了由英国女王颁发的胸章，女王拉着她的手说："你的童话故事给孩子们带来了欢乐，我代表全世界的孩子们感谢你。"倘若狄更斯再生，看到同胞女作家罗琳获得如此高的荣耀，也会为之感叹吧！不用说当年靠写作还债的巴尔扎克如果重临今世，一定会虚心向《哈利·波特》的作者请教文学致富的秘诀的。

即使在我们这个信奉"不语怪力乱神"的儒家传统的国度里，《哈利·波特》也照样轰动。台湾掀起了中文版发行高潮，媒体报道："《哈利·波特》在全世界掀起阅读童书的风潮，尽管那样的魔法世界和台湾的文化背景有大段的距离，不过，中译本一出，仍是洛阳纸贵，已创造超过10万本的销售佳绩。"人民文学出版社力克群雄，夺得《哈利·波特》中文简体字版权，自2000年9月推出第1版，至今已经重印许多次。

与作品的热度不断升温形成对照的是，评论界、理论界显得相当冷清，好像拿架子的理论家和学院派的批评家们对这样的通俗读物不屑一顾。媒体上关于这部书的讨论一般局限在儿童文学的技巧和图书促销的秘诀方面，这未免太低估了它在后现代文化生产方面的意义，特别是它与当代西方发达资本主义内部的社会运动时代思潮有千丝万缕的联系。

二、新神话主义的学术基础：文化寻根研究

从国际的成功案例看，新神话主义的作者既是小说家，又是不挂名的比较神话学家。像T. S. 艾略特、乔伊思、加西亚·马尔克斯、托尔金、罗琳、丹·布朗等，都是如此。比较神话学的丰富知识储备让他们的文学想象如虎添翼。如歌德所说，只懂得一种语言的人，其实什么语言也不懂。我们可以发挥说：只知道一种神话的人，其实什么神话也不懂。比较神话学的视野可以将单个的神话故事还原到神话世界的整体谱系之中，从而给出具有透视效果的深层认识。这对于重述神话的作者和研究者来说，就如同获得了猫头鹰穿透黑暗的犀利目光，又如同精神分析学家掌握了解读梦幻象征的密码本。《达·芬奇密码》怎样运用令人眼花缭乱的比较神话学和符号学知识，达成小说的悬疑解谜效果，每个读者大都已有切身的体会。但是这样的知识储备需要长久的学习积累，不可能像天启那样，一蹴而就。缺乏这方面专业知识的作者，往往在驰骋想象力

时捉襟见肘，力不从心，也无法给作品注入足够深厚的文化含量。

举例而言，假如我们要重述中国古代的后羿神话，可以从比较神话学的透视中得知：神话的英雄射手往往自己就是太阳神的化身。不仅希腊的太阳神阿波罗以弓箭为象征，非洲部落神话中的伟大射手也是日神化身。原因在于，神话思维把光线类比理解为太阳神射出的万道光箭。"射线"一词就是这种神话思维时代遗留下来的语言化石。而象形的汉字"羿"的字形中就包含着自身的原型——两支并列的箭，据此不难恢复后羿作为太阳神的原初身份。借助于比较视野获得的这种透视力，再造后羿神话就有了悬疑解谜的布局基础，可以写出立体的象征对应效果。如果能够直接参照剑桥大学毕业的人类学家、比较神话学家贾科塔·霍克斯的著作《人与太阳》提供的透视力及丰富素材，或者参照日本比较神话学家山田仁史的论文《太阳的射手》（1996）、俄罗斯汉学家李福清的《从黑龙江到台湾：射太阳神话比较研究》、中国学者萧兵的《太阳英雄神话比较研究》，可以看到在世界四大洲的数十个民族中广泛流传同类的射日神话。以此为鉴，当代作家重述后羿神话的知识准备可以说相当优越。国家"十四五"重大文化专项工程"中国民间文学大系"的出版，为当代作家和编导们学习五十六个民族的神话故事提供了前所未有的便利。

然而，叶兆言的重述神话作品《后羿》，不能从比较神话学方面获得穿透性的认识，只好沿用当代作家面对历史题材所惯用的"戏说"路子，把后羿再造为远古西戎国一个阉割未净的阉人，把后羿与嫦娥的关系再造为母子乱伦的关系，使得整个"重述"走到"性而上"的方向。

毋庸讳言，国内当代重述神话的这种非学术的戏说倾向是与国际的新神话主义潮流相背离的。若是一味迎合大众读者的趣味，片面追求市场销量，那么此类的重述神话就会剑走偏锋，助长"无知者无畏"的时髦价值观。而作品的文化含量也无法同乔伊思、托尔金、丹·布朗等学者型作家的作品相提并论。对于当代再造神话而言，学术底蕴比想象力更加重要。跨文化比较的大视野和多民族神话遗产的知识，理应成为今天的作家、批评家、比较文学研究者，尤其是重述神话作者们的必备素质。

现代的比较文学和比较神话学所取得的丰硕成就，为今人重新理解和创作神话，提供了前所未有的整体透视眼光和象征知识的储备。而人类学与考古学的新进展，口传与非物质遗产保护运动重新发现的民间活态神话、仪式、节庆等，也是当代作者、研究者超越古人的得天独厚的知识资本。如何不拘一格地重新学习、广泛涉猎，提升个人创作的学术含量，是我们有理由期待中国的乔伊思或托尔金能够出现的必要前提。

三、女神文明的再发现与当代思潮

在新神话主义的学术基础中，最突出的一个方面，就是女神文明的再发现与当代思潮的复兴。由女神崇拜再到生育崇拜，为现代的新锐作家带来了巨大的创作灵感空间。华夏国族祖先神话的女神原型在前几章多次地提到过，可称作"姬姜从女王，鸮熊变凤龙"。将"姬姜"两个字连在一起，过去研究中国历史的学者是弄不明白的。女神文明，可能是20世纪最大的考古发现之一。众所周知，现在的世界都是由男性统治的，而且这种现象至少已经维系了四五千年。但是在5000至10000年前，情况却恰好相反，部落的首领往往都是女性，而且女神文明的历史要比男权统治更为持久。据考古证据，女神文明存在的时期至少有3万年历史。我们提到过5000年前的牛河梁女神庙，那里面只有女神崇拜，没有男神崇拜，这就是女神为尊的史前社会最直接的证据。

由于处在"知母不知父"的原始状态，所以女神崇拜可能是由母性生殖崇拜形成的。原始社会，人们的寿命都不长，为了部落的繁衍生息，都特别重视部落的人口数量。那个时期自然还没有认识到男人在生殖中的作用，所以女性和母亲的地位得到特别的推崇。

本书还提到过金芭塔丝的著作《活着的女神》，作者在书中列举了八种代表女神的动物，最重要的就是猫头鹰。在《哈利·波特》中，正是女神的化身——猫头鹰传信——把哈利·波特从他姨夫家引到魔法学校的。猫头鹰作为女神的化身，在世界各地的神话中都是非常常见的，我国古代最著名的案例就是"玄鸟生商"的神话历史。在古希腊，猫头鹰便是代表着智慧和美貌的女神雅典娜的象征。这些都是本书所说的原编码。（图14-9、图14-10）

以下再评说直接体现女神崇拜的《达·芬奇密码》。这部书被称为21世纪最畅销的小说，在美国纽约时报图书畅销榜上连续54周排在第一位，销量突破800万册。作者丹·布朗在此之前一直都处于默默无闻的状态，凭借着这本书，一跃而成为当代美国最著名的小说家。《达·芬奇密码》现在已经被翻译成了五六十种文字，改编成的电影也取得了不俗的成绩。目前相关的主题公园也大受欢迎。

那么，这本书吸引读者的创意秘方又是什么呢？一般的看法不外乎说，是书商精心策划和大举炒作的结果，是作者善于布置悬念，大胆的想象力，出其不意地反拨历史、颠覆宗教，诸如此类。然而如前所述，西方的新神话主义创

图 14-9　苏美尔文明的印南娜战神兼生育神与双猫头鹰浮雕，巴比伦时期，距今 4000 年

图 14-10 卢浮宫藏苏美尔的鸟头女神雕像，叶舒宪 2003 年摄

作中的代表们坚绝非舞文弄墨的浅薄之徒，他们都是声势浩大的社会运动的重要参与者。正是这种眼界和知识方面的盲点，使国内读者不易透彻地领会这一批超级畅销书所蕴含的文化价值意义，更无法从欧美当代社会运动的普遍性与巨大影响力着眼，把握其畅销的深层次原因。

构成我们知识上巨大盲区的这场旷日持久的社会运动，一般称之为"新时代运动"。这些作者的灵感和思路无一不是直接来源于新时代运动。他们的巨大读者群的构成也在相当程度上归功于这场跨世纪的时代思想风潮。新时代运动的最大特征就是反叛现代性及其基础——西方基督教文明的正统观念，让长久以来被压制的异教思想和观念来对抗和取代正统基督教观念，并使之成为新世纪引导人类精神的新希望。

这种反叛和取代，大致围绕着四个重心而展开：第一，针对西方文明以白人为最高文明代表的欧洲中心主义历史观，让非西方文化的价值观来取而代之；第二，针对以《圣经》神学为基础的基督教的一神论世界观的长久统治，让具有更加悠久传统的巫术、魔法、萨满教的多样性神幻世界来取而代之；第三，针对西方文明史中希腊文化和希伯来文化占主流的传统，让处于边缘的非主流文化如凯尔特文化得到现代的重构和复兴；第四，针对父权制的男性中心的价值观（圣父、圣子、圣灵的三位一体），让女性重新圣化，让更加古老的女神信仰得到复兴并试图取代父权宗教。有了这四方面的思想背景做衬托，再重新审视以上诸位新神话作者的畅销书，就可以洞若观火般清楚地把握他们创作的大背景和基本的思想倾向了。

《达·芬奇密码》的认同取向显然属于上述四方面的最后一类：借侦探小说的形式重新解读达·芬奇名画中潜藏的异教异端信息，从而在基督教传统压抑的缝隙中发掘出更加悠久的女神宗教的信仰和观念。

如果说过去的2000年作为一个历史时间单位——双鱼时代，那么该时代的核心宗教精神就是以男性的神子基督为代表的；新时代人宣告基督的男性中心信仰走向终结，替代它而出现的应该是女神信仰和女神精神！这种女神精神其实也不是凭空发明出来的新鲜创造，而是在男性中心的基督教时代被压制和埋没的一种潜在的弱势传统。小说中若隐若现的异端组织——郇山隐修会，作为"成立于1099年的欧洲秘密社团"，就是西方社会中保存和发扬女神宗教传统的一大主角。郇山隐修会究竟是怎样一个持不同意见的信仰群体呢？

丹·布朗除了在小说开篇的前言做了简略的介绍以外，还在书中随着情节的进展不断给予补充说明。最重要的一处说明出现在小说最后一章，它具有曲终奏雅的点题作用："不管怎么说，这个组织历来都有女性的加入。在它历任的领导者当中，就有四位是女性。护卫长传统上由男性充任——担任保卫工作——而女人则占据了更高的地位，并可能担任最高的职务。"作者在此处提醒我们，在基督教父权崇拜的背后，其实还有着深厚的女神崇拜的信仰和历史。

四、神话：符号经济时代的文化资本

以上选取的几个案例，是新神话主义于新旧世纪之交在文学创作和学术理论研究两个领域中的突出代表。我们从中可以归纳出的共同特征是，经历了后殖民主义和新时代运动洗礼的西方知识界，在文化人类学和文化研究大潮的强烈影响下，正在发生一场文化价值认同上的根本性变革，即从欧洲中心主义和白人优越的种族偏见、文化偏见与性别偏见中挣脱出来，从形形色色的文化他者那里重新寻找现代人的生存理想与精神归宿。由此而催生的新神话主义从20世纪90年代中后期以来形成一浪高过一浪的强烈势头，文化寻根与文化再认同甚至发展成为一种流行时尚。波及广义的幻想创作和虚拟的电子空间，乃至于在动漫、卡通、影视、单机游戏、网络游戏等新人类热衷的娱乐领域掀起同样的神话复兴热潮，并借助全球文化市场运转机制而迅猛地蔓延开来。

新神话主义在西方学院派的课堂和大众文化两大方面的发展呈现为互动态势，前一方面体现西方主流学术思想借文化他者之镜的一次大分化和重新整合，后一方面则正在跨国界跨语言的大范围内催生出一个具有巨大商业利益的、不可忽视的创意产业。如此具有普遍影响的文化现象本应得到理论工作者的重视，但是，由于知识结构和眼界的束缚，国内的文学理论界——拥有世界上数量最庞大的高校教师队伍和最多的文艺学博士硕士点的批量生产机制，却对此保持着出奇的沉默。我们的外国文学教学依然亦步亦趋地按照19世纪定型的精英主义知识窠臼，以巴尔扎克和托尔斯泰的作品为讲述重心，在当代部分适当点缀一些现代派的作品而已，根本不可能提到《指环王》《达·芬奇密码》《蜘蛛侠》《特洛伊》这样正在进入并重新塑造我们生活的作品，更不用说种种在新兴的多媒体（动漫、绘画、电子设计和网络游戏等）技术土壤中生出新神话英雄的形象了。这不能不说是飞速发展的文艺现实与严重停滞的知识观和教学成规之间的鸿沟现象，有待于引起重视并及早加以弥补。

回顾文学史，文艺复兴和浪漫主义时代也曾出现过神话复兴的现象，但那些主要是在西方文化自身的范围之内复活古希腊罗马的神谱而已，其作用的范围也局限在文学精英方面，距离广大民众有相当距离。而且，以往的神话复兴

也没有世界视野与文化认同上的强烈的他者想象。这样看来，新神话主义伴随着后殖民主义、后女权主义时代而催生的"新"的生长基因，就成了我们应该特别关注的焦点。一个创意经济取代旧工业经济的时代已经到来。

参考文献

[1] 叶舒宪.文化与符号经济[M].广州：广东人民出版社，2012.

[2] 叶舒宪.千面女神[M].上海：上海社会科学院出版社，2004.

[3] 柯西诺.英雄的旅程：与神话学大师坎贝尔的对话[M].梁永安，译.北京：金城出版社，2011.

[4] 沃格勒.作家之旅：源自神话的写作要义[M].王翀，译.北京：电子工业出版社，2011.

[5] 麦基，格雷斯.故事经济学[M].陶曚，译.天津：天津人民出版社，2018.

[6] 叶淑媛.二十世纪以来民族志小说研究[M].北京：人民出版社，2023.

第十五章 《阿凡达》与《赛德克·巴莱》解读

本章通过"人类学转向"与"文化寻根"的视角，解读《阿凡达》和《赛德克·巴莱》两部当代大片的人类学蕴含。人类学一个世纪的发展过程，可以总结出意义深远的三大发现，即人的发现、文化的发现和现代性原罪的发现。这三大发现是环环相扣的，没有人与文化的发现，也就没有现代性原罪的发现。需要反思的是，中国在 20 世纪经历百年文化革命，进入 21 世纪面临全球文化资本新时代挑战，在思想观念、决策上准备不足。改革开放建立了适应现代性的市场体制，没有建立适应后现代性的文化生产体制，所以需要本土文化自觉的再启蒙。那么面对文化创意产业瓶颈——"产业有余"而"文化匮乏"——的问题，我们当如何解决？《阿凡达》和《赛德克·巴莱》的人类学意蕴模式又带给我们怎样的启示？

一、人类学转向与文化寻根

（一）人类学的三大发现

2009 年春，笔者在台湾台中的中兴大学任教时，完成了《文学人类教程》，其中初次概况出人类学百年大发展的学理贡献，归纳为"三大发现"。2010 年，美国影片《阿凡达》在我国上映，其人类学蕴含似乎充分验证"三大发现"。2012 年，台湾导演魏德圣编剧并执导的影片《赛德克·巴莱》上映，并荣获金马奖。此后的文学人类学专业课堂上，这两部大片成为诠释何为"文学人类学"的生动标本。爱德华·泰勒 1871 年出版的《原始文化：神话、哲学、宗教、语言、艺术和习俗发展之研究》被视为文化人类学这门学科诞生的标志。

一个多世纪以来，这门学科中相继出现的理论流派有近十种之多：（1）古典进化论；（2）文化传播论；（3）功能主义；（4）文化模式论；（5）文化生态学、生态人类学；（6）新进化论；（7）结构主义；（8）阐释人类学；（9）反思人类学（后现代人类学）……

由于初始对象为原住民社会的原始文化，人类学给整个知识界带来"眼光向下的革命"的同时，也给文学和艺术创作带来"人类学想象"模型。在此双重影响作用下，西方知识人开启一场重新学习原住民的运动（图15–1）。本章要解读的两部大片，可视为这场持久运动的新产物。

《文学人类学教程》首章论述人类学三大发现时说的一段话，引述如下：

倘若从最主要的学术史贡献方面看，人类学的世纪之旅可以总结出意义深远的三大发现。这正是此一晚熟学科却能后来居上并给整个人文社会科学带来重要转型驱动作用的关键所在：人的发现、文化的发现、现代性原罪的发现。

所谓人的发现，是人类学这门学科第一次实现对全球范围的不同文化和不同人群的全面认识，并在此基础上宣告：地球上任何一个角落的任何一个人群，不论其生产力和物质水平如何差异，在本质上都是同样的人类种属，其文化价值也同样没有优劣高下之分。

文化的发现是人类学界讲述得最多的一面，美国人类学家克鲁伯

图15–1　西方知识人重新向原住民学习：莱顿人类学博物馆

第十五章　《阿凡达》与《赛德克·巴莱》解读

甚至将这个发现和科学史上哥白尼发现日心说相提并论，视其为20世纪人类最重要的发现。文化的基本要义在于，它既是人类区别于动物的本质属性，也是人类内部诸多群团之间彼此区分的尺度。换言之，广义的文化是相对于自然而言的；宇宙万物中唯独人类创造了文化，因此人可以定义为文化动物。狭义的文化即小文化概念，是指人类学的特定族群所特有的一整套感知、思维和行为特征。在这一意义上，人类学家研究因纽特文化、玛雅文化、古希腊文化和纳西族文化等。于是，通过研究文化，人类学能够解释以往不得其门而入的许许多多的人类族群之差异及社会构成原理。

现代性原罪的发现，指通过对世界上千千万万不同文化的认识和比照，终于意识到唯独在西欧产生的资本主义生产生活制度及现代性后果，是一种特殊的文化现象，它既不是人类普适性的理想选择，也不是未来人类唯一有美好预期的方向选择。现代性制度的实质是迅速开掘地球有限资源，在此基础上加速生产最大化的利润，营造物质发达和物欲追求同步增长的全球一体化市场社会。现代性已经将人类引入危险和风险之途：资源的日益短缺和环境的恶化，必然进一步引发人类内部集团间的竞争和冲突，使战争成为必然。所谓人类学的第三大发现，当然不是这一门学科所能够独立完成的，但是人类学的文化相对论原则一方面启发人们用平等的眼光重新看待世界的主流文化和非主流文化；另一方面也自然导向一种全球公正理念，使得盲从西方现代性的主流思考方式受到质疑：为什么说数以千计的原住民社会在没有外界干预的情况下是可持续的，而现代性的高风险社会反而是不可持续的！处在前现代的文化——原住民生态文化作为镜子，反照出现代文明的丑陋和疯狂的一面。[①]（图15-2、图15-3）

（二）人类学转向问题

文化人类学，作为在人文学的所有传统学科之后新兴的一个学科，却能成为20世纪以来对其他学科影响作用最显著的学科，没有之一。这究竟是为什么？简单的回答是：文史哲、艺术、宗教、政治等所有的文科，虽然产生的资历比较悠久，但是都只聚焦文化总体中单一的或个别的对象，唯有后起的文化人类

---

① 叶舒宪：《文学人类学教程》，中国社会科学出版社，2010年，第14—15页。

图 15-2 西塔上看银川城：单调的水泥森林

图 15-3 陕西韩城的灰色世界

学,才首次将涵盖所有单一学科对象在内的文化整体,作为研究的整合性目标。换言之,人类学与人文学各门老学科的关系,是整体与局部的关系,即树木与森林之间的关系。文化整体的大视野,终于为各门学科走出见木不见林学科本位局限性,带来创新认识的可行途径。唯其如此,20世纪后期不仅有文化研究的综合性理论范式的迅猛崛起,还出现各学科与人类学交叉、整合的学术大潮,并以势不可挡的趋势席卷人文学科的所有领域,诸如历史人类学、政治人类学、法律人类学、艺术人类学、教育人类学和文学人类学等等。凡此种种,都鲜明体现出所谓人文社会科学的人类学转向。

借助于人类学田野作业方式和考古发现的大量图像素材所带来的新视野,使各门学科内部的敏锐学者率先摆脱原来故有的学科本位主义束缚,出现交叉学科的良性互动可喜局面。笔者在撰写《文学人类学教程》时,为提示这场学术范式变革的重要意义,专门将"人类学转向"这样的立场鲜明的新术语,写在第二章标题中。该教程出版前后的几年时间里,还发表过相关讨论的系列文章[①]。随后在完成国家重大项目"中国文学人类学理论与方法研究"的过程中,再度强调人类学转向的学术史导向作用,在与唐启翠合编的专著《文学人类学新论——学科交叉的两大转向》中,做出更为详尽和深入的学理说明。

这里援引一个"他山之石"的案例,即美国哈佛大学人类学系前系主任、华裔人类学家张光直先生的典范之作《美术、神话与祭祀》。该书由辽宁教育出版社1988年出版,如今是多学科学者引用率极高的著作。其中译本作者前记中说,这本小书是张光直最喜爱的一本,原因是:本书是为非专业读者撰写的讲稿,因而较少受到学科专业界限的束缚。张光直说这番话,表明他的一贯立场:研究中国古史,必须要打破现有的学院派学科划界制。文明是一个整合体,仅从任何单一学科的视角去审视文明,都难免盲人摸象的局限性。他写道:

> 多年来我一直主张中国的古史研究不属于狭窄的专业,而应当是由各行各业的专家——包括史学家、考古学家、美术史家、古文字学家、古地理学家、理论家等等——携手一起从各方面、各角度。利用各种的资料来从事进行的。这本小书是我在这个方面所作的试验中比较最

[①] 参看叶舒宪:《当代比较文学与文学理论的"人类学转向"》,见王宁主编:《文学理论前沿》(第6辑),北京大学出版社,2009年;叶舒宪:《文学的人类学转向与人类学的文学转向问题(主题演讲稿)》,见徐新建主编:《人类学写作》,四川大学出版社,2010年,第241—251页;叶舒宪:《人类学的文学转向及"写"文化的多种叙事》,载《百色学院学报》2009年第5期;叶舒宪:《"世界文学"与"文学人类学":三论当代文学观的人类学转向》,载《中国比较文学》2011年第4期;叶舒宪:《人类学时代的文明反思:再谈当代思想史的人类学转向》,载《杭州师范大学学报》(社会科学版)2012年第1期。

彻底的一次，同时很自然地也就是最不成熟的一次。因为它不成熟，它更有进一步大幅成长、开花、结实的机会。[①]

西学东渐以来的现代学院式教育制度，以分学科培养专业人才为宗旨，实际上并不鼓励所谓跨越多种专业的全才。张光直先生希望各个专业的专家们能够携手作战的局面，至今也未能兑现。文学人类学团队在坚持30年交叉学科探索和融通的实践之后，终于迎来国家教育主管部门的新文科建设的改革方案。

新文科的提法本身，就意味着对以往的文科发展道路的某种判断定性：那已经是属于旧文科的范畴。原来是少数学人自发去尝试的学科打通式的学习与知识整合研究，如今要成为多数文科从业者效法的主流方向。从与时俱进的社会变革方向看，当下的国际社会，处在从现代性的工业主义的发展模式，向后现代性的创意产业的新发展模式过渡阶段，尤其需要培养多学科交叉的综合性人才。没有对人类学转向方面的系统知识的储备，一般读者确实很难把握像《阿凡达》和《赛德克·巴莱》这样文化底蕴深厚的创意作品。

人类学转向大潮在文艺创作方面催生出的"人类学想象"，通常表现为文化并置的"我者：他者"，即某种文野对照模式，其想象原型可追溯到西方传统中的"高贵的野蛮人"。过去的套路是表现文明人征服或教化野蛮人；如今的"人类学想象"则要表现原住民文化如何给自诩的"文明人"实现再教育和再启蒙。

关于人类学转向的命题还有一种理解的方式，即关注文化人类学自身的转向：从19世纪后期以进化论为代表的人的科学，转向为20世纪后期的文化阐释学。这个学科内部转向的发生，原来有文学批评理论给人类学领域带来的方法上的影响。

二、《阿凡达》与卡梅隆的人类学想象

卡梅隆潜心打造15年的3D影片《阿凡达》于2010年1月在中国大陆公映，引起媒体和民众的极大关注。从文学想象史的角度看，这部影片最突出的特点就是全面呈现的人类学想象景观（图15-4）。这是电影史上崭新的一页，或许也是思想文化史上值得记忆的新一页。1月19日，一位观众在网络日志上写下一句发自内心的感叹：没有看过《阿凡达》，就像没有看过电影一样。同样是1月19日，国家广电总局、中国影协等单位在北京组织了《阿凡达》的启示与反

---

① ［美］张光直：《美术、神话与祭祀》，郭净、陈星译，辽宁教育出版社，1988年，作者前记第1页。

图 15-4　《阿凡达》的人类学想象

思研讨会。将一部外国影片的上映，看成一种引导新技术革新趋势和文化产业发展潮流的社会现象，这在我国还是没有先例的。与会的业界人士围绕影片的巨大艺术影响力问题，努力寻找着解谜的线索。本章聚焦卡梅隆创作中的人类学知识背景问题，做一些抛砖引玉的探讨。

　　文化人类学是 20 世纪西方学术新发展起来的一大显学。它以专业性地调查和研究原始社会、原住民而著称。人类学想象指 20 世纪文学艺术中深受人类学的研究对象原始文化影响的一种创作潮流，体现为作品中现代与原始、雅与俗、文明与野蛮等二元对立的文化并置想象景观。追本溯源，当代文艺的人类学想象显然承继着西方思想史上的一个传统主题"高贵的野蛮人"，但是与以往不同的是，当代作者在建构人类学想象的同时，要完成自我的文化认同之转换。换言之，作者在文化认同上效法人类学家的田野工作立场，放弃白人种族优越论和西方中心主义，重新站到原始民族、边缘和少数族裔的立场上。这种文化身份转换所带来的直接效果是：以初民社会的原始文化为镜子，对现代文明进行反照、反思和批判。此类"人类学想象"作品，如 20 世纪末的畅销小说，有莱德菲尔德的《塞莱斯廷预言》，借公元前 6 世纪的玛雅文化印第安人手稿，来为西方文化在未来新世纪的发展指引方向；还有卡斯塔尼达的小说《寂静的知识：巫师与人类学家的对话》（图 15-5），借印第安巫医唐望的教诲让白人主人公洗心革面，放弃文明社会高等学校的博士学业，拜倒在原始的萨满教世

222 ｜ 神话与创意：文化基因的理论视角

界观和生活方式面前。这些书均以数百万册的巨大发行量昭示后殖民时代风气的变革——处在前资本主义和前文明状态的"野蛮人",不只在道德人格上要比现代资本主义的经济人显得纯净和"高贵",他们所存活于其中的原生态文化,也成为足以让陷入文明危机的现代人重新学习的新榜样。在19世纪末期,比较文学和文化人类学两个学科大约同时在欧洲学界脱颖而出。在此之前,文学写作和文学批评大体上是以母语和祖国为基本界限的。换言之,那个时代虽然也有少数人朦胧意识到一种"世界文学"的存在,但是绝大多数作家和批评家的视野还是局限于本国本民族的相对封闭范围里。经过比较文学和文

图 15-5 《寂静的知识:巫师与人类学家的对话》封面

化人类学这两门学科的开拓和知识洗礼,从民族文学走向比较文学,进而又迈向文学人类学的自觉意识,逐渐在一批具有跨国、跨文化生存经历的先锋性作家艺术家那里孕育成形,在创作中催生出特色鲜明的人类学想象景观,并且通过文学、艺术、戏剧、影视等多种渠道相互影响,大有全面挑战传统的"民族文学"狭小眼界,形成一种将多元文化元素有机融合再造的创作大潮。

美国著名导演卡梅隆在20世纪末开始构思他的《阿凡达》时,恰逢西方人面临千禧年的忧虑并将希望寄托于人类学想象的新世纪之际。当他十年磨一剑的影片《阿凡达》,在21世纪的头十年结束之时席卷全球的文化市场,让无数影迷获得如痴如醉的视听震撼和心灵激荡时,卡梅隆最应感谢的就是人类学家,理由已如上述。与此同时,人类学家也应该感谢《阿凡达》的编导兼制片人卡梅隆,因为他们在过去一个世纪里出版的数以千计的人类学教科书加在一起,其读者数的总和也赶不上《阿凡达》观众的十分之一。值得让人类学家拍手称快的是,文明史上迄今没有任何一部作品在普及人类学想象和文化批判方面,能够像卡梅隆的新经典这样行之有效,且有多米诺骨牌式的传播效应。

《阿凡达》主要场景虽然远在外太空的科幻世界——潘多拉星球(图15-6),但是却将当地的纳威人及其文化表现为一种异形的他者,并在塑造其形象和人格特征方面完全效法地球上的原始族群,还让纳威人主要宗教倾向类似于

图 15-6　美轮美奂的潘多拉星球

萨满教的万物有灵信仰和原始母神信仰。这就让影片中潘多拉世界和地球形成极为鲜明强烈的对照，从反差中给地球文明的偏执和邪恶做出诊断：已经拥有超级科技和武器的地球人陷入唯利是图和唯资源是求的疯狂状态，无法自拔。受到经济利益的驱动，地球人耗尽了地球资源后只得把劫取新资源的希望转向太空中的外星世界。他们在潘多拉星球所发现的超导矿物，成为给该星球原住民纳威人带来灭顶之灾的导火索。这自然让人联想到《指环王》中那只激发人类贪欲的魔戒。不抛弃那只魔戒，人间社会就会因为利益争夺和厮杀而永无宁日。如果说在《指环王》中不论正面人物还是反面人物，无不受到魔戒之占有欲的巨大吸引和诱惑，那么在《阿凡达》中，卡梅隆塑造的"生态人"榜样纳威人则不受物欲驱使，他们对价值连城的超导矿石毫无兴趣。与处在自然状态的纳威人相比，物欲横流是地球人所患上的致命痼疾。尽管他们掌握着纳威人望尘莫及的高科技手段，却丧失了与自然万物和谐相处的那种精神的淳朴和对一切生命的敬畏之情。他们凭借先进武器之威力，企图"像消灭蟑螂那样"将纳威人从他们的家园清除掉，以便毫无限制地开发掠夺潘多拉星球上的自然资源，为地球人获取新的财富。

卡梅隆借助于人类学想象而塑造出潘多拉世界的一种理想化的"生态人"，其目的就是给地球上异化出的三种人——"经济人""战争人"和"科技人"做榜样的。"经济人"的代表即那家大公司的白人老板，他眼中只有"每公斤两千万美元"的潘多拉超导矿石。代表"科技人"的科学家也好，代表"战争人"的雇佣军上校也好，全部都要为"经济人"的利益所驱动和役使。影片的这样一种人物关系建构，显然出于精心的设计，其中折射着卡梅隆对地球人当代处境的深切反思与无限悲悯。借助于印度神话的天神下凡化身术，卡梅隆让地球"战争人"中受害者——一位靠轮椅活动的海军陆战队伤残军人杰克，转世投胎到潘多拉星球的纳威人社会中充当拯救者。有观众和批评家认为这一情节显示了卡梅隆的白人优越观念和种族主义倾向。其实这是对人类学传统的无知所导致的误解：从美国人类学之父亨利·摩尔根放弃白人身份，被印第安部落收为养子开始，已经不知有多少人类学家改换自我的文化认同，成为原住民文化的亲密朋友和保护者，甚至成为西方文化的叛逆和批判者。人类学作为西方殖民化历史进程的学术伴生物，其研究对象一开始就定位在发现新大陆以来世界各地的原始人社会。人类学的问世标志着西方知识界关注原始人和原始文化的努力已经走向学科体系和全球大视野。

一个世纪以来，欧美各国以人类学为职业的学者迅速增多，仅20世纪后期美国人类学会的注册会员就多达5000人。随着这门学科的迅猛发展，西方知识分子对原始人的认识发生了激进的转变：从对原始文化的单纯的认识和了解，到重新评价原始人的生存价值及其对文明社会的启示和反思作用。在这一转变过程中，西方思想传统中的原始主义也发生新的转折，"高贵的野蛮人"首先变成了"作为哲学家的原始人"，随后又发展成"堕落的文明人"，借以反观自身的人格榜样。美国人类学家保尔·拉定（Paul Radin）是对这一转变具有直接贡献的主要功臣。他于1927年出版的《作为哲学家的原始人》（*Primitive Man as Philosopher*）一书，针对的就是带有欧洲中心主义倾向的《原始思维》一书（这部书的中译本在我国流传甚广，至今没有得到批判）。保尔·拉定用自己田野调查的经验，驳斥西方学界对原始人智力低下的偏见，为重新确认原始人的精神和品行提供了翔实的理论论证。《阿凡达》这样的文明与原始之鲜明对照，不仅直接呼应着人类学家的观点，还让人很容易联想到美洲殖民者以文明使者的名义对美洲印第安人所犯下的滔天罪恶。除此以外，还让某些联想丰富的观众立即想到2003年美国军队入侵伊拉克所带来的现代战争景象。记性好的人也许还记得2001年"9·11"事件发生之际，美国总统布什面对纽约世贸大楼倒塌的现场向世人宣称："这是对文明的攻击"（This is the attack to civilization）。按照西方殖民主义的老逻辑，西方白人是人类文明的最高代表；而非西方人处在低等的或前文明的状态。攻击文明的人，不是野蛮人就是原始人。《阿凡达》中傲慢而蛮横的白人军官上校，面临纳威人之抵抗时，居然声称要像扫灭蟑螂一样消灭这些外星异类人。其居高临下的沙文主义心态和倚仗高科技武器装备的帝国优越感，和历来在殖民战争中占据武力优势的列强军队别无二致。这或可理解为在后殖民时代的导演卡梅隆给自殖民时代以来的西方霸权势力塑造的一幅自画像。《阿凡达》上映后在美国本土遭到军方人士的不满和批评，也就不难理解了。实际上，美国编导卡梅隆的批判立场，也不同于《华氏911》的作者那样的政治批判。若借用一部著名的当代人类学著作之标题，恰好可以充当卡梅隆的合适说明。那部书就是马尔库斯和费彻尔合著的《作为文化批判的人类学》。除此之外，还有两部美国人类学新著能够为深度解读《阿凡达》的思想背景提供及时的理论借鉴，那就是马瑞娜·托格尼维克（Marianna Torgovnick）的《原始的激情》（*Primitive Passions*）和菲利普·捷肯斯（Philip Jenkins）的《追梦者——美国主流文化如何发现原住民的精神性》（*Dream Catchers:How Mainstream America Discovered Native Spirituality*）。前者分析当代西方知识人对原始文化的痴迷原因及性别差异；后者纵论美国的主流知识界如何顺应后殖民批判的时代潮流，重新在原住民信仰和生活中探求文化寻根的启示和教益。参照之下，潜隐在《阿凡达》幕后的时代风潮和知识蕴含可以得到揭示，一部当代经典诞生的思想史线索也可大致呈现出来。

　　如果从电影文学史本身寻找人类学想象的成功先例，那么20世纪末问世的美国经典影片《黑客帝国》应该算首屈一指的创作典范。该片编导也充分发挥人类学的全景式文化观念作用，将观众的想象从西方引向古老的亚非文明。《黑客帝国》的文化素材中杂糅着西方的诺斯替教、印度教、佛教、道教和基督教，还蕴含开悟、涅槃、再生等五花八门的多元观念。对印度教和佛教的深度偏爱，导致了一场不同命运观的大比拼。影片中不仅有中国古书《左传》和《史记》，配乐还借用印度教颂歌，体现出虚幻（Maya）、因果报应（Karma）和自然神论等东方文化精神资源。影片中的先知是 Matrix 之母，在第三部中就干脆以黑人形象呈现出来。影片是要以这位女先知来隐喻大地之母呢，还是暗示人类起源呢？也许二者兼有吧。先知理解天道和神意，还要用自己的生命赌天下太平。同样体现人类学想象的原型意象还有锡安（Zion），这个词出自希伯来宗教的《圣经·旧约》，原指所罗门王建造圣殿所坐落的山，位于耶路撒冷。犹太教认为锡安代表着上帝的荣耀，是神的救赎来临的标志。当世界毁灭之际，人类接受最后审判的地点也是锡安。《黑客帝国》将锡安再造成从 Matrix 中解放出的人类所栖居的家园。这多少使人联想到卡梅隆设计的潘多拉星球，以古木参天的奇幻景观隐喻人类的原初家园———作为生命之母的大自然。相比之下，锡安虽不在外太空，却位于地球深处，以地热为能源，成为人类对抗 Matrix 和机器之城的最后基地。锡安的议会结构好像类似于古罗马时期的元老院政治，但这只是表象。关键的问题还是由肤色来表现的种族问题。锡安由占据 Matrix 人口总数的 1% 的觉醒者构成。其中主要是有色人种，尤其是议会里的议员和战舰的船长等领袖人员均为黑人。这样明确的肤色战略，一方面呼应着历史哲学家斯宾格勒的"西方没落"说和诗人 T. S. 艾略特的西方荒原观，要在白人世界以外重新塑造未来世界的拯救力量；另一方面也和比较宗教学家鲍迪克的《黑色上帝》一书相呼应，将文化再认同的立场直接体现在视觉元素上。沃卓斯基兄弟作为导演，要用他们的电影巨作来打造一部迎接非西方世界有色人种重新崛起的世纪末大寓言。

同为先锋电影人，《阿凡达》作者卡梅隆对沃卓斯基兄弟预示的这种文化转向的大趋势可谓心领神会，他不仅让潘多拉世界的高大类人生物延续着有色人种的深肤色，以此区别于因物欲横流而堕落的现代化地球人，而且还别出心裁地为他们的身体添上被达尔文进化论视为原始性表征的大尾巴，甚至还要为他们嫁接上中国清朝发式的大辫子。从《黑客帝国》到《指环王》，再到《2012》和《阿凡达》，世界电影的想象景观确实发生了巨大而深刻的变革。无论是传统的民族文学或国别文学研究范式，还是一对一式的比较文学研究范式，都已经显得陈旧和无法应对。就像当今具有影响力的日本小说家村上春树和大江健三郎在 2009 年新作中不约而同地套用弗雷泽《金枝》为写作原型那样，人类学的知识含量已然成为判断世界文学艺术发展新趋势的某种风向标。这意味着文学批评和文学理论的传统格局正面临着当下现实的全新挑战。如何有效建构文学人类学的理念和研究范式，成为时代催生出的一个迫切性大课题。

三、《赛德克·巴莱》的人类学蕴含

《赛德克·巴莱》是一部典型的民族志电影（图 15-7）。所谓民族志电影，就是以真实记录原住民文化为主题的影视作品。国际影坛上，近年来民族志电影发展很快，对商业片也产生了很大的影响，主要表现在主创人员对自己文化认同的转换，即从文明一方转到原始一方。这样一种将现代文明与原始部落世界相对表现的模式，我们在卡梅隆的《阿凡达》和罗琳的《哈利·波特》系列中，其实已经很熟悉了。基于文化人类学家对原始民族的再发现和再认识，并且对应着 20 世纪的民族解放运动，置身于文明世界的作家和电影人不再是站在现代文明的一边，而是转向了对本土文化的自觉精神，这种模式就是人类学想象。所不同的是，卡梅隆在《阿凡达》中对现代文明的反思，是以地球文明

图15-7 影片《赛德克·巴莱》剧照

与潘多拉星球原始文化的对比来体现的；罗琳对现代文明的反思是通过现实的商业社会（以哈利·波特的姨夫格斯里一家为代表）与虚构的原始魔法世界（以霍格沃茨魔法学校为代表）的对比来完成的。魏德圣的不同之处在于，他不是通过文学虚构，而是采用民族志调研的方式，以细节上的真实再现一个失落不久的台湾原住民世界，特别是他们的精神世界。在《赛德克·巴莱》中，以与日本殖民者为代表的"文明"世界对立的，是台湾岛上真实存在的一个原住民族群。在虚构的《阿凡达》中，地球人整体上异化了，军队和科学家都受资本家雇用。纯真的人性只有在外星世界潘多拉的纳威人那里有所体现。而真实的《赛德克·巴莱》要复杂得多，殖民一方有暴虐和善良之分，原住民社会中也有反抗派、投敌派和彷徨者多种身份。殖民统治的一个重要方面是让原住民接受日式教育，甚至送到日本留学。影片中有赛德克人当上日本警察，不足为奇。

在影片中，代表太阳旗一方的日本殖民统治者，希望通过皇民化运动，把台湾岛变成日本国的新领土，就连台湾中央山脉的主峰玉山，都由天皇下诏改成了"新高山"。山上也立了神社"新高祠"。因为它高于日本的最高峰富士山，所谓"新高山"意指日本国土新的最高峰。稍后，又将台湾第二高峰雪山更名为"次高山"。其实早在1868年明治天皇登基伊始，就颁行诏书，表明了"开拓万里之波涛，宣布国威于四方"的海外大扩张意图。

日本统治后，当地高傲彪悍的原住民族人，一夜之间就从土地的主人变成了被奴役的劣等公民。雾社起义的直接导火索，就是赛德克头目莫那·鲁道的大儿子在族人婚礼上给日本巡警敬酒，日警嫌他手脏并殴打他而引起的冲突。迫于敌我悬殊的形势，赛德克人在入侵者的奴化教育面前是有所隐忍的，直到忍无可忍的情况下才决定武力反叛。影片集中表现的是两种文化在信仰方面的冲突。和殖民者带来的太阳旗新神话相对立，原住民的古老的彩虹桥神话信念以祖灵在天国为核心。宝岛只有这一个，异族的信仰冲突不可避免。日本太阳旗背后的神话是《古事记》中的女性太阳神天照大御神，日本天皇被认为是天照大御神的后裔，殖民者则要为天皇而夺取新的他国领土。对赛德克人而言，守护祖祖辈辈赖以生存的猎场，保存传统的信仰和生活方式，才是最重要的人生目标。

当上警察的花冈一郎、花冈二郎是日本推行同化教育的产物。在切腹自杀前，一郎问二郎："我们到底是日本天皇的子民，还是赛德克人祖灵的子孙？"一同赴死的二郎回答："切开吧，一刀切开你矛盾的肝肠，哪儿也别去了，当个自在的游魂吧！"由此，有人将一郎比喻为"一束移植错接的樱花树"。这就是两种文化的冲突在个人身上的具体表现。对坚持本族群神话世界观的赛德克人而言，丧失本土传统信仰的人，已经不能算是"真正的人"。赛德克意为"人"，巴莱意为"真正的"，这个片名的意义就是要暗示怎样才算"真正的人"。赛德克人不仅失去了家园，甚至失去了自己的名字。当时日本参照西方殖民者的手段，对台湾展开人类学调查。首入雾社山区的人类学者伊能嘉矩将赛德克人归入泰雅人。从那时起，赛德克人隐埋在泰雅人名下生活了100多年。直到2008年，赛德克人才被重新正名，成为第14支台湾原住民高山族分支。但是赛德克人有强烈的身份认同和我族精神，无论别人叫他们什么，他们都认定自己是赛德克人。名字没有了，但精神不灭。

这部电影引起争议的地方，是出现了很多血腥杀戮的场面，其中还有一些滥杀无辜的情境，对于现代观众是很难接受的。其实影片反思这样一场人间悲剧，为的是赞美家园、呼唤人性与和平。在征服、争夺和复仇的过程中，历史真实比电影所表现的要残酷得多。不过可以肯定的一点是，影片没有用非黑即白的二元分类，将人这种最复杂的文化动物简单地分为好和坏、圣人和魔鬼。现实的冲突总是细节丰富而又百般纠结的，魏德圣很留意通过冲突去表现人性的多面体。一波又一波披挂着"文明袈裟"的殖民者——荷兰人、西班牙人、日本人，对原住民实行残酷的驯化、掠夺、杀戮甚至种族灭绝。参加雾社起义的赛德克人就几遭灭族。帝国主义征服者总是以文明之名，施野蛮之行。

总而言之，魏德圣在汉语民族志电影创作方面，实现了"通过原住民而思"的伟大尝试，将民族志写作的方法论难题，通过电影艺术传达给亿万观众。彩虹的意象和桥的意象，是赛德克人神话想象的原型意象，也是影片中具有诗眼性质的关键画面。影片编导者学会用赛德克人的眼光看待世界，也就无形中让观众进入原住民的精神世界，体会赛德克人的感觉、信念和想象。人类学家把这种表现称为文化的主位方法，以区别于用外来者眼光进行表现的客位方法。跟随着影片中一再呈现的彩虹，加上赛德克歌曲的曲调和唱词，观众也就自然而然地进入原住民瑰丽神奇的神话化世界，能切身体验那种神话信念支配下的生存方式。例如，出草即猎头，作为男性社会成员的成年仪式；纹面，作为日后面对祖灵的标志符号；以彩虹桥信仰去面对死亡的无畏精神；等等。影片用真实的民族志方式去表现，给人的印象似乎就是进入到一个奇幻的神话世界。就此而言，导演创作出了一部标志性的"文学人类学作品"，其文学想象得益于人类学的原理和研究方法。

参考文献

［1］布迪厄.文化资本与社会炼金术［M］.包亚明，译.上海：上海人民出版社，1997.

［2］基根.天神下凡：詹姆斯·卡梅隆传［M］.朱沉之，译.北京：法律出版社，2010.

［3］叶舒宪.现代性危机与文化寻根［M］.济南：山东教育出版社，2009.

［4］叶舒宪，彭兆荣，纳日碧力戈.人类学关键词［M］.桂林：广西师范大学出版社，2012.

［5］唐启翠，叶舒宪.文学人类学新论：学科交叉的两大转向［M］.上海：复旦大学出版社，2019.

第十六章　万年中国玉文化旅游设计

追溯中华民族"以和为贵"的精神源头，我们耳熟能详的一句古老话语，就是"化干戈为玉帛"。源自悠远的史前文化大传统时代，不同民族之间围绕玉石的开采、运输、交换、制造乃至玉器的传播，形成了具有中华民族特色的玉文化信仰。这一信仰最突出的特点，就是它兼容并蓄的强大包容力。可以说，正是这种包容力驱动着数千年来不曾中断的历史发展。本章将通过一场跨越时空之旅，实现文化与旅游有机融合的梦想，设计出国内旅游的深度历史体验新路线图，通过24个站点感受万年玉文化那撼人心魄的魅力。

本章用两个1万的数字开篇：1万年的历史，1万公里的路程。这是国内文旅结合的一个空前大胆的新路线设计。本旅程的空间覆盖面：东起东海之滨，西至新疆维吾尔自治区最西端的中巴边界墨玉矿，北起黑龙江省的乌苏里江畔9000年前玉文化遗址，南至江南水乡的万年前稻作文化发源地和五千年前玉文化王国。

我们设计的超越时空之旅，开始于2018年新报告的中国玉文化考古第一站点——吉林省白城市双塔遗址。这里出土了目前国内所见最早的一件玉器——白玉环，该遗址距今足足1万年。那是打猎采集维生的社会将向农耕社会转变的前夜，值得思考的问题是：北方先民是靠什么在天寒地冻的环境里养育了自己，并且能够丰衣足食，乃至有余暇余力去从事费时又费力的玉器生产？

第二站是从吉林北上黑龙江，探访位于乌苏里江畔的饶河县小南山遗址。据报道，小南山遗址发掘出土了数百件玉器（图16-1）、陶器和石器等新石器时代早期文物，包括30多件玉璧、玉环等玉器，400多件石器标本。根据考古学研究和测年专家判断，出土文物的年代距今9000年左右，比过去大家所熟知

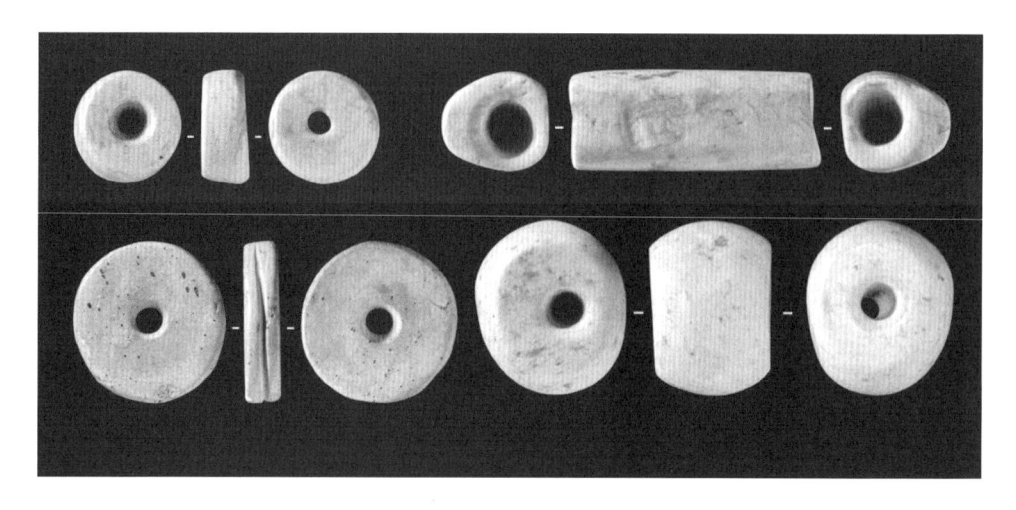

图 16-1　2015 年小南山遗址出土玉器群

的兴隆洼文化玉器还要早 1000 年。而且从小南山玉器到兴隆洼文化的玉器，其间的渊源关系，若从玉器形制上看，是一目了然的。如果要追溯小南山玉器和吉林双塔遗址白玉环的共同源头，那么就要到西北方的贝加尔湖地区史前遗址去寻找。根据香港中文大学邓聪教授的研究发现，贝加尔湖史前玉器约在 1 万年前向东传入内蒙古及东北三省，向西传入欧洲。而贝加尔湖玉器还不是东亚玉器的发源地，最近在俄罗斯的阿尔泰地区发掘出土 3.8 万年以前的玉坠、玉环，可能是东亚玉器的源头。

第三站我们来到内蒙古赤峰市赤峰学院，这里有红山文化国际研究中心。赤峰学院收藏有一批玉器，是 20 世纪 80 年代在内蒙古赤峰敖汉旗宝国吐乡兴隆洼村发掘出土的，兴隆洼文化玉器由此得名。据测定这批玉器的年代为距今 8000 年左右。兴隆洼文化最具特色的玉器就是玉玦。鸿门宴上范增示意项羽杀刘邦的就是这种玉。被誉为红山文化象征的"中华第一龙"是考古工作者于 20 世纪 70 年代文物普查时在老乡家征集到的，花了大约 20 元钱。这件玉龙的出土地在内蒙古自治区翁牛特旗三星他拉村，是红山文化玉器的代表，现藏国家博物馆。赤峰市还有一个林西县博物馆，我们多次提到的与女神文明有关的女神石雕像和石熊雕像就藏于这家博物馆。石器时代的先民不知道男性在生殖中的作用，所以只崇拜女性。从石雕像上的乳房和凸起的表示怀孕的肚子，显而易见是女性生殖崇拜的象征。

从赤峰市南下经 306 国道，驱车约 150 公里就到了我们旅行的第四站——辽宁建平牛河梁遗址博物馆（图 16-2）。这家博物馆新建成不久，被称为是全球

图16-2 全球最大的史前遗址博物馆——辽宁建平牛河梁遗址博物馆

最大的史前遗址博物馆，因为它连接了女神庙和祭坛、积石冢两个地点。牛河梁遗址的发现轰动了世界，牛河梁女神庙距今约5000年，但令人惊讶的是这里已经出现了坛－庙－冢三位一体的礼仪体系，其布局和性质与北京的天坛、太庙和十三陵相似。所以东北的学者都认为这里是华夏礼制的源头。

参观完建平牛河梁遗址博物馆，一路向东即可来到我们旅行的第五站——辽宁省博物馆，其间的直线距离约330公里。红山文化最具代表性的玉器都集中在这个博物馆的玉器展厅，比如我们所熟悉的双熊首三孔玉器。在这座博物馆中，最不能错过的就是女神头像了。博物馆的说明文字是这样介绍的："（女神头像）用黄黏土掺草禾塑成，大小接近真人，面部磨光并涂朱，五官比例和谐，带有一丝若有若无的微笑，头顶有发饰，具有蒙古人种特征。尤其是双眼用玉石镶嵌，更显得形神兼备，又神秘莫测。"著名考古学家苏秉琦先生认为"她就是红山人的女祖，也就是中华民族的共祖"。

第六站，我们沿着京沈高铁来到北京。北京原有三个博物馆，都设置了专门的玉器馆。一个是故宫珍宝馆，藏有历朝历代统治者珍藏的玉器。一个是中国国家博物馆，位于天安门东边。还有一个是首都博物馆。如果要了解8000年不曾中断的玉文化，那么这三个馆中的玉器足以满足需求。若要对玉器有更加精细的研究，那么还有个中国科学院考古研究所，其文物库房中藏有考古发掘的大量的史前玉器。2023年，以考古所文物为基础，新建成一座中国考古博物馆。这也是第六站的必选参观项。

中国的文化史用玉符号来划分，可以分为两个时代：一个是就地取材的时代，比如东北的史前玉器；一个是5000年前开启的西玉东输时代。2011年在北京保利拍卖会上拍卖的一件故宫流失品，乾隆六十年时玉工用和田羊脂白玉琢制的御题"太上皇帝"四字圆形玉玺（图16-3），拍出1.6亿元，刷新御制玉玺和白玉拍卖世界纪录。所以接下来的几站考察，就要探究西玉东输的过程。

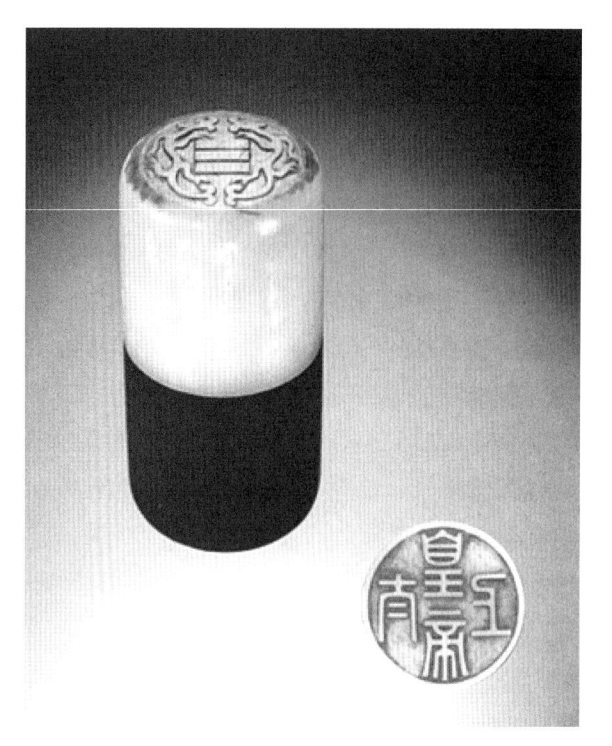

图 16-3　乾隆六十大寿玉玺

从北京出发，第七站我们来到山西大同。大同是中国古代九大古都之一，有着非常久远的历史传承。来到这里，首先要参观的当然是始建于北魏时期的云冈石窟，这里的佛像造型艺术体现了佛教中国化的不断深入。所以云冈石窟被认为是佛教造像在中国逐渐世俗化、民族化的过程之例证。山西是文化大省，位于太原的山西省博物院典藏文物数量惊人，这里藏有陶寺出土的玉器（图16-4），包括玉钺、玉戚、玉璜、玉神面等。周礼说以玉作六器：以璧礼天，以琮礼地，以圭礼东方，以琥礼西方，以璋礼南方，以璜礼北方。这些器形在陶寺墓地中均有出土，说明礼天地四方的观念在当时或已经产生。值得一提的是，陶寺先民具有惊人的天文知识，陶寺天文台的工作原理与英国巨石阵如出一辙，其年代也大致相当。

第八站，我们跨过黄河来到陕西神木的石峁遗址（图16-5），这里发现了中国境内最大的石头城，面积约425万平方米，距今约4000年。城池由内城和外城构成，城墙里面还发现大量玉戈，形象地体现了"国"的原型。1970年代的征集中还有一件极具代表性的玉雕人面像。石峁玉器流失非常严重，据

图 16-4　山西博物院藏陶寺出土玉器

图 16-5　陕西神木石峁遗址

第十六章　万年中国玉文化旅游设计 | 235

陕西省考古研究院院长介绍说，目前流失在世界各地的石峁玉器大约有4000件[①]。最近有消息称石峁遗址申遗工作正在紧锣密鼓地展开。

第九站，我们来到陕西历史博物馆。陕西历史博物馆，过去被称为全亚洲最大的博物馆，现在即便不是规模最大，也一定是珍藏文物最多的博物馆。石峁新出土的玉器都不对外展出，而是藏在陕西考古研究院泾渭基地库房。对外展出的石峁玉器，和红山文化一样，也是在20世纪70年代文物普查时从当地老乡家里征集的，据说有127件。这些玉器中的大部分现在都藏在陕西历史博物馆（图16-6）。石峁玉器的大件用玉以蛇纹石为主，其原产地是在甘肃天水的武山。史前时期的先民通过渭河及其支流将玉料运送到石峁城，然后在那里雕琢成形。因为蛇纹石大多呈黑色，所以我们借用《山海经》中的命名，将这些玉器统称为"玄玉"。

过去从西安往西走，是要大费周折的。现在通了西兰高铁，交通要方便得多。如果有余暇，可以在咸阳和宝鸡逗留几日，去看一看渭河畔的咸阳博物院，那里有上海交通大学神话学研究院协办的仰韶玉韵特展，那是一批沉睡五千年的珍贵文物——仰韶文化玉钺。展览的说明词是笔者写的，题目叫"天地玄黄梦，中原玉祖根"。十个字背后潜藏着多少五千年的故事，你仔细深挖后会发现一

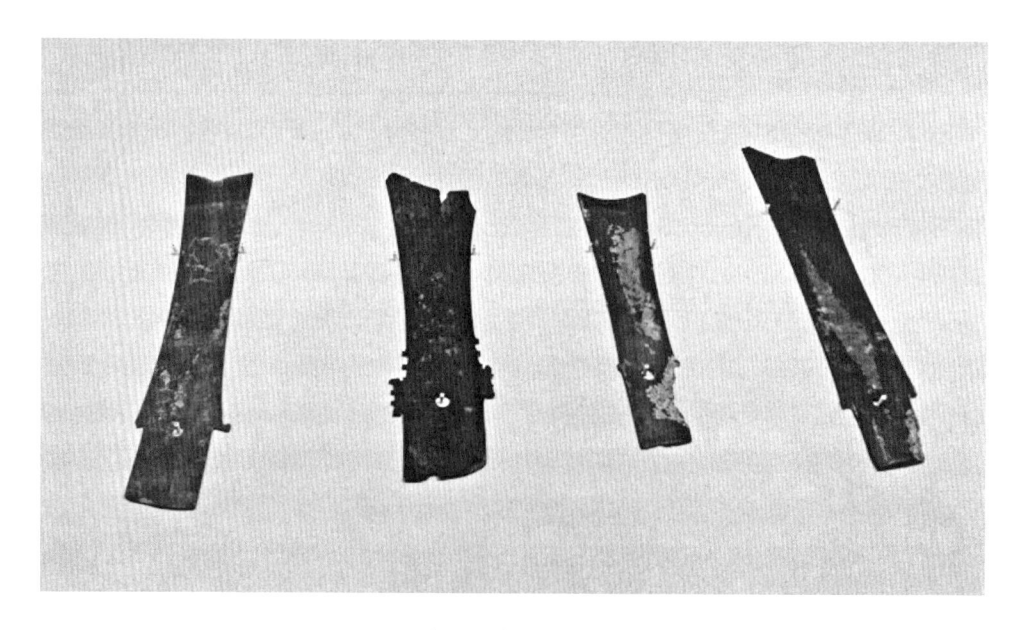

图16-6　陕西历史博物馆藏石峁玉璋

[①] 叶舒宪、古方主编：《玉成中国——玉石之路与玉兵文化探源》，中华书局，2015年。

定不亚于《盗墓笔记》之类的通俗文学和电影。宝鸡是炎帝故乡，有炎帝陵、青铜博物馆、法门寺等一批重要遗址。天水麦积山和伏羲庙，也是非常值得驻足的。继续往西，经过武山、陇西、定西，就到了兰州，是我们时空之旅的第十站。甘肃省博物馆里藏有齐家文化最大的玉琮（图16-7），高20厘米，色泽近似墨绿，但是又比墨绿色要浅淡。这件玉器一般被认为是采用新疆和田青玉制成的，玉琮外表阴刻的十三道瓦沟纹，打磨光鲜，看上去有一些良渚玉琮的风格元素。齐家文化接踵常山下层文化而起，是史前东玉西传的最后一站，意义十分重要。

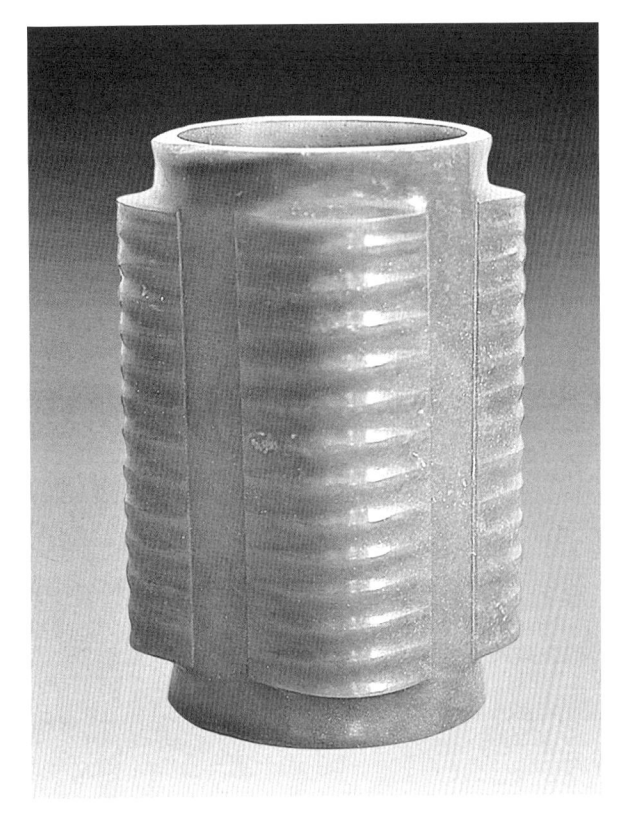

图16-7　甘肃博物馆藏齐家文化玉琮

　　从兰州出发沿西兰高速，约3小时车程即可到达青海民和县，这是我们时空之旅的第十一站。21世纪初，考古工作者在这里意外发现了4000年前的喇家遗址，随即进行了抢救性发掘。（图16-8）喇家遗址被认定为我国唯一一处灾难性遗址，这里发掘的遗骸表现了一刹那的状态，窑洞中母亲怀抱幼儿，跪在地上相互依偎，在灾难突然降临时表现出的惊慌无助令人动容。（图16-9）喇家遗址还发现了世界上的第一碗面条，曾经登上过2005年英国《自然》杂志的封面。从欧亚大陆西端经中亚传入中国的冶金术家马和麦子等，应该都与齐家文化的传播有关系。考古学家认为，引起喇家遗址灾难的是一场地震，而摧毁聚落的是随后而来的山洪和黄河大洪水。这场洪水，也被一些学者解读为"大禹治水"的开始。

　　从喇家遗址往西穿越河西走廊，一直到甘肃最北边的肃北蒙古族自治县，是我们时空之旅的第十二站。肃北蒙古族自治县是甘肃最大的县，被阿尔金山

第十六章　万年中国玉文化旅游设计 | 237

图 16-8 青海民和县喇家村

图 16-10 马鬃山玉矿遗址

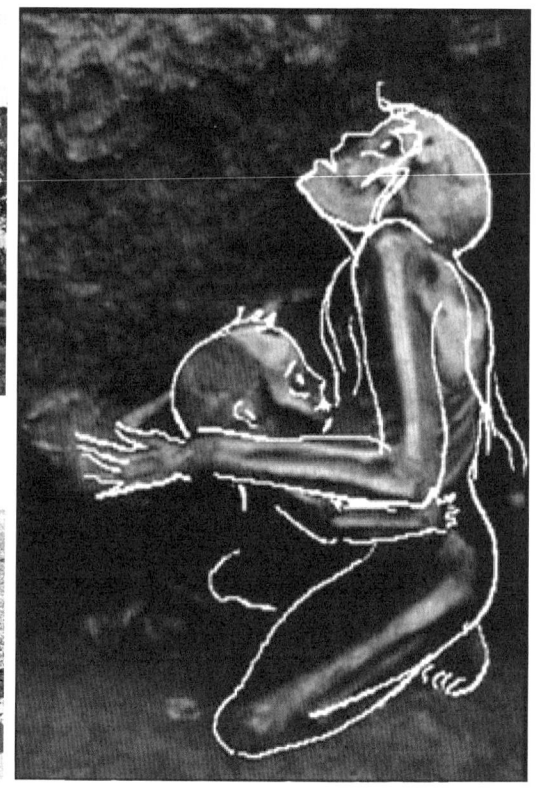

图 16-9 喇家遗址母子遗骸

一分为二，其在籍人口虽然不到1000人，但总面积几乎与台湾岛相当。就是在如此地广人稀的区域内，居然也发现了史前遗址——马鬃山玉矿遗址（图16-10）。根据出土的文物测定，马鬃山遗址属于四坝文化时期，距今约3500年。马鬃山出产的玉料，表面呈青白色或黄绿色，内里呈松脂沁，玉学界称之为"糖料"。马鬃山西南约400公里，就是玉门关，这里透露出一个重要的信息，即古代玉石之路上来往流通的玉器，也有从马鬃山出产的玉料。

与肃北蒙古族自治县毗邻的，就是敦煌市。向敦煌市东南行进约25公里，来到我们的第十三站——三危山。三危山绵延60公里，主峰在莫高窟对面，三峰危峙，故名三危。《尚书·尧典》载"窜三苗于三危"，指的就是三危山。耐人寻味的是，尧舜时期驱逐三苗的事件，发生在大约4000年前，那么这个事件又是如何流传到成书于战国时期的《尚书》中呢？此外，《禹贡》讲述天下四方向中原王朝进贡的特产，提到三危时曰："厥贡惟球、琳、琅、玕。"四个字一目了然，皆与玉有关。2017年8月，第十三次玉帛之路考察团在敦煌调

238 | 神话与创意：文化基因的理论视角

图 16-11　敦煌三危山古玉矿遗址

研，找到了三危山古代玉矿（图 16-11），距今约 4000 到 3000 年。经过这一次的发现，华夏文明对西部历史的认知年表将要改写。过去包括王国维在内的一大批学者都研究关于"玉门"得名的缘由，提出的结论不下十多种，但因为缺少实地调查的材料，所以都不得要领。现在随着马鬃山玉矿和三危山玉矿的发现，我们可以胸有成竹地说，因为玉门市位于敦煌东边，来自三危山和马鬃山的玉矿要运往中原，必须经过此地，"玉门"由此得名。

敦煌三危山古代玉矿的发现，让我们清楚了河西走廊和新疆的关系。也就是说，在新疆和田玉还没有被发现的时候，一定是甘肃三危山和马鬃山的玉先被发现。然后由近及远，继续往西走就发现了新疆若羌的玉，也就来到了我们时空之旅的第十四站。若羌是中国最大的县，其面积相当于两个浙江省。熟悉中国古玉颜色谱系的人都懂得这样一个道理：一黑二黄三红四白。若羌出产的黄玉，其优者颜色如栗子，俗称"栗子黄"，较为稀少。图中所展示的黄玉（图16-12）还不是最优的，但也是价值不菲，一个镯子动辄就是数万元。

从若羌县城出发，沿 315 国道行驶 800 公里就到了本次时空之旅的第十五站——和田。中间经过且末县、民丰县，都是地广人稀的区域。穿梭在戈壁沙漠之中，可以感受 3000 多年前来往于这条路上的运玉商人，甚至可以听到驼铃发出单调而沉闷的声音。和田，这个以出产美玉而闻名世界的县，正面临着玉

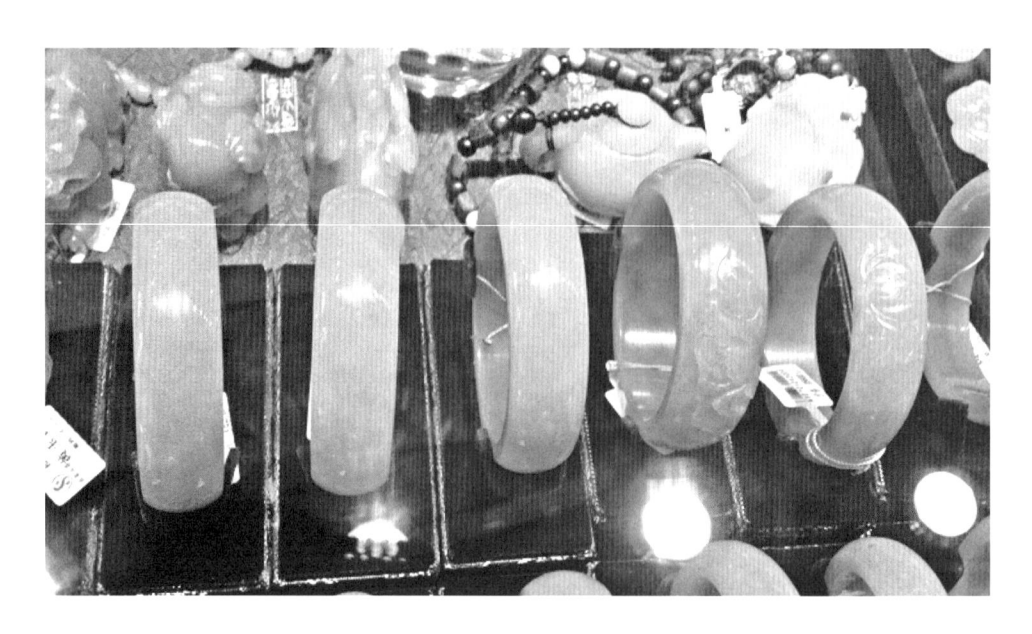

图 16-12　用若羌黄玉制成的镯子

石资源枯竭所带来的经济压力。现在去和田，当地人在和田河里寻找玉石的景象已经看不到了（图 16-13）。新疆维吾尔自治区政府封锁了出产白玉的玉龙喀什河和出产黑玉的喀拉喀什河，因为经过几千年无节制的开采，这两条河已经变得满目疮痍。

第十六站，我们来到新疆喀什塔什库尔干县马尔洋玉矿（图 16-14），此地海拔都在4000米上下，登上昆仑山，云彩就在脚下游动，可以切身体会屈原"登昆仑兮食玉英，与天地兮比寿，与日月兮齐光"的豪情。塔什库尔干县与巴基斯坦、阿富汗、塔吉克斯坦三

图 16-13　和田河里寻找玉石的当地人，叶舒宪2016年摄

240 | 神话与创意：文化基因的理论视角

图16-14 新疆塔什库尔干县马尔洋墨玉矿的山地背景

国接壤,是中国东联西出、西进东销的主要国际通道。当然,我们考察此地的目的,还是为了一睹全世界最好的透闪石玄玉。玄玉,表面看似黑玉,在强光照射下又呈现出墨绿色,所以我们前面讲"玄"之变通的意义,可以在马尔洋玉矿出产的玄玉上得到验证。因为此地海拔太高,一般人可能有高原反应,所以来这里之前,最好还是自备氧气为妙。

第十七站,我们从边疆回到中原,来感受一下三门峡虢国博物馆的魅力。虢国墓是迄今为止发现的唯一一处规模宏大、等级齐全、排列有序、保存完好的西周、春秋时期大型邦国国君墓。虢国墓出土的文物有19000余件,光是玉器就有3000多件,依其用途可分为礼器、佩饰、实用玉器、殓玉等。礼器有戚、琮、璧、璜、戈、圭、璋;佩饰有组合发饰、项链、手链、多璜组佩等几何形佩饰,龙、虎、象、鹿、鸟、鹰、鸽、鹅、蜘蛛、龟、鳖、鱼等动物形佩饰;实用玉器有柄形器、匕、刀、锥等;殓玉有瞑目缀玉、含玉、握玉、脚夹玉等,其种类之繁,工艺之精,令人叹为观止。(图16-15)这批玉器代表着西周玉文化的顶峰,其中也不乏周代统治阶层从商王朝那里获得的大量玉器。

从三门峡出发沿河南和山西的交界一路北上,来到旅程的第十八站——安阳博物院。这里既是甲骨文汉字小传统的开端,又有发现750多件玉器的妇好墓。妇好墓中的玉器,肯定不是来自河南本地,甘肃虽然有玉矿,但是质地没有妇好墓中的玉那样晶莹剔透。专家们认为妇好墓中有来自新疆的玉,这就说明在

图16-15　三门峡虢国墓出土白玉雕玉兔

张骞通西域之前，已经存在一条玉石之路。安阳最近被列为世界文化遗产，安阳建有中国汉字博物馆，所以也是值得研学的。（图16-16）

从安阳出发，乘高铁一路南下，来到第十九站——安徽省博物馆。这里藏有凌家滩文化出土的5300年前玉器。这里出土的大玉猪号称出土玉器中最大的一件，距今5300年，重达88公斤，是用当地的 整块籽料随形雕琢的（图16-17）。猪在先民的生活中占有非常重要的地位，汉字"家"字，就是屋檐下有"豕"的象形。从兴隆洼文化时期起，猪就已经被作为室内的居家葬之陪葬物，被先民视为财富的象征。猪崇拜在史前南方地区非常流行，现在保存在汉字中的一些含"豕"的字，无不与猪崇拜有关，比如"涿州""涿鹿"等。

金陵为六朝古都，保存在南京博物院中的文物数目惊人，值得花一天的时间细细观赏。旅程的第二十站安排在南京博物院，主要是一览5000年前良渚时期的玉器（图16-18）。良渚玉器，创造了中国史前玉器的辉煌。良渚玉工在神灵信仰的驱使下，以极为虔诚的态度雕琢他们心目中的神器！这些玉器雕琢之精细，已经到了肉眼难以辨析的地步。在一毫米不到的空间里，良渚玉工硬是雕刻出三四根泾渭分明的阴线。这代表史前的大国工匠的风范。

第二十一站，来到浙江余姚河姆渡遗址（图16-19）。河姆渡文化以1973年发现的浙江余姚河姆渡遗址命名，是中国长江流域最重要的新石器时代文化

图 16-16　安阳殷墟宗庙遗址

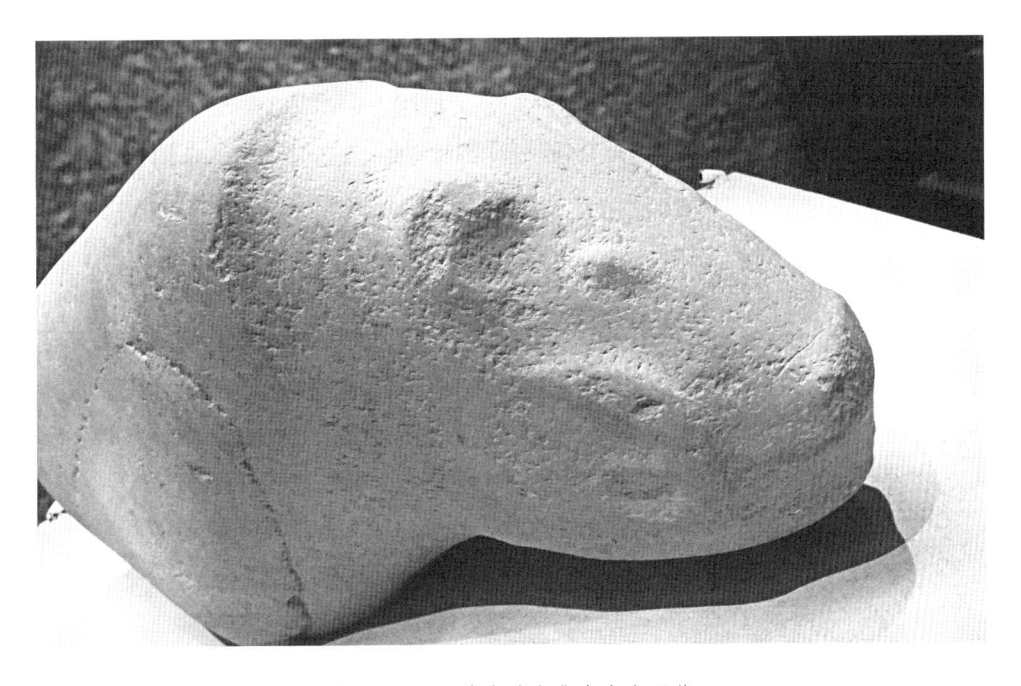

图 16-17　凌家滩文化出土大玉猪

第十六章　万年中国玉文化旅游设计 | 243

图 16-18 良渚墓葬出土玉器

图 16-19 河姆渡遗址博物馆

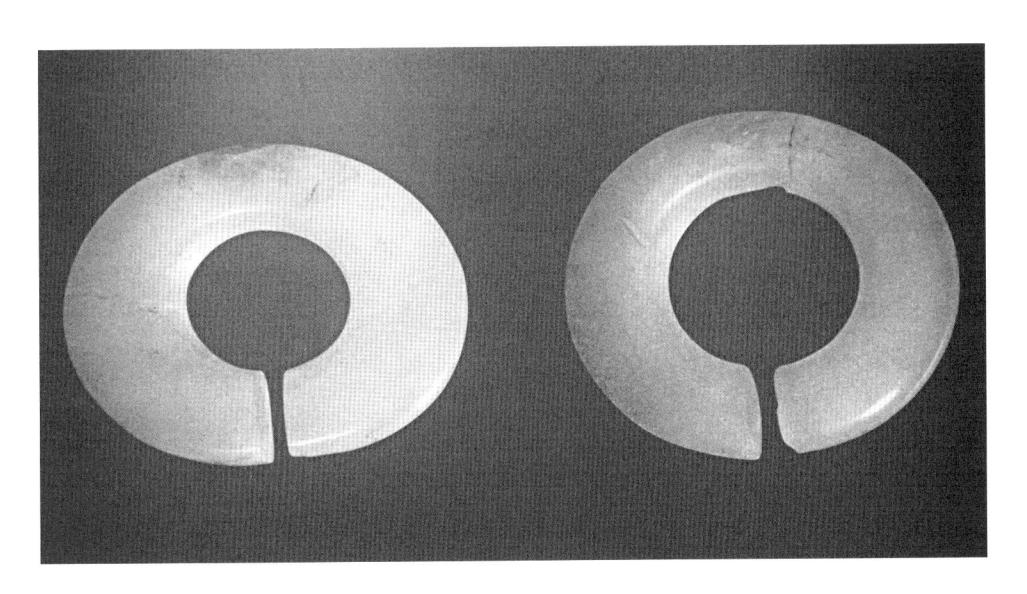

图 16-20 河姆渡文化出土玉玦

之一，距今约 7000 至 5000 年，主要分布于杭州湾南岸的宁波、绍兴地区东部，并越海东达舟山群岛。河姆渡文化以丰富的栽培稻、成熟的干栏木构建筑、独特的夹炭陶器和精美的象牙雕刻艺术品为主要文化内涵。也生产玉玦、玉璜等小件礼器。河姆渡文化的稻作农业是中国南方地区史前农耕文化的杰出代表；干栏式建筑是中国传统木构建筑技术的重要源头；木胎漆器是目前世界上最早使用天然漆的实物。这里出现了南方地区较早的玉文化，发源于黑龙江小南山文化的玉玦，经过两千年的时间传播到了这里（图 16-20）。

杭州，是我们时空之旅的第二十二站。杭州外环高速路下的一个打卡地。这里新建的良渚博物院，是一座良渚文化专题类的考古文化博物院。展厅里有按照一比一比率模拟的良渚国王和王后像，他们身上的玉器也是按照一比一比率复原的。国王手中的玉斧钺，是权力的象征。用玉斧钺来象征权力，在史前时期的中国大地上已经普遍盛行，所以我们说"玉文化先统一中国"，也是从第四重证据得来的珍贵信息。

第二十三站是金华。其下有若干个分站点，首推浦江县上山遗址博物馆。这里虽然没有太多的美玉可供游客和收藏爱好者观赏，却是历史意义非凡的必看之地：上山文化距今足足 1 万年，目前所知中国境内的水稻大批量生产的唯一圣地就在此。这是 21 世纪新发现的世界稻谷起源圣地，如今养育地球上近半数人口的主食农作物——大米，就是在这片土地上率先大批量生产的。世界上还没有任何其他地方比上山文化更有资格冠名"世界稻祖源"。正是因为有了江南地区的稻作农业的物质基础，才会有我们在前两个站点所看到的7000年前的余姚河姆渡文化和5000年前的良渚文化。稻作农业的优势就是产量大，一年内可有多次收获，足以养育规模性的城市人口，促进社会分工和贫富分化过程。就在上山文化的大米生产出现后，足足5000年时光，催生出江南水乡的玉文化王国——良渚文化，让玉文化借助于高度发达的社会分工优势，普及整个长三角地区，成就我们今天所说的"玉文化先统一长三角，再统一中国"的伟大史前史历程。金华地区的永康市、义乌市也都有上山文化遗址分布，以永康市境内最为丰富，这是未来最有希望的南方农业文化鼻祖圣地。因为目前还没有开发，其文化金矿的储藏量已经显露出来，堪称潜力无限。长三角地区作为中国目前经济实力最强盛的宝地，其文化资源的万年储备才刚刚显现一点点眉目而已，希望能有高层政府部门和实力企业的共同关注，万年中国文化之旅的顶层设计已经呼之欲出，作为文旅结合最有希望的后起之秀，是所望焉。

最后一站，第二十四站，我们来到上海。首先要参观松江的广富林遗址和青浦的崧泽遗址博物馆，距今约6000年。广富林遗址考古发现也是轰动了考古界，该遗址已经探明的文化主要有崧泽文化、良渚文化、广富林文化等类型，这一发现解答了良渚文化的源头问题。接下来不能不去的就是位于人民广场的上海博物馆。位于博物馆四楼的何鸿卿玉器馆，由香港富商何鸿卿一人捐赠，里面陈列了历朝历代的玉器，尤其是后半段，都是精美的和田白玉制作的精品。还有在东方明珠旁边的震旦博物馆，是古玉收藏的专题展馆。

走完这二十四站，对于文学人类学派所倡导的中国大传统的历史，相信会有直观丰富的感受和体会。1万年来连续不曾中断的玉文化和农耕文化，在如此辽阔的地域内广泛流传，可以帮助解答中国为什么这么大、中华文明为什么这么久远的问题。本章所讲的神话，包括引导24个站点和1万公里旅程的玉石神话信仰，这显然不是把它当作虚幻缥缈的文学想象对待，而是当作实实在在的历史信念。所以对华夏玉文化信仰之根的深度探索，能够把这个古老文明产生的精神动力源泉揭示出来。从乌苏里江畔的小南山遗址到兴隆洼遗址，一直南下抵达珠江流域，再向西传播，覆盖中原和黄土高原，乃至一直传到河西走廊，没有信仰观念的原动力，这万里传承的伟业是不可能做到的。

华夏文明的统一，一般认为是秦始皇完成的，但是在此之前的两千年，玉文化就已经在观念上统一了中国。二十四站的全程之旅将告诉大家：

什么才算得上是新时代的中国知识观和历史观？

如何让自己的观念和思想能够与时俱进地更新换代？

文化自觉和文化自信的动力又会从何而来？又怎样传承给下一代？

参考文献

[1] 彭兆荣.旅游人类学［M］.北京：民族出版社，2004.

[2] 古方.中国出土玉器全集［M］.北京：科学出版社，2005.

[3] 张明华.古代玉器［M］.北京：文物出版社，2006.

[4] 栾秉敖.古玉鉴别［M］.北京：文物出版社，2008.

[5] 徐中舒.先秦史论稿［M］.成都：巴蜀书社，1992.

[6] 邓聪.东亚玉器［M］.香港：香港中文大学，1998.

[7] 陕西历史博物馆.玉韫·九州：中国早期文明间的碰撞与聚合［M］.西安：陕西师范大学出版总社，2023.

[8] 叶舒宪.考古中国：玉成中国一万年［M］.北京：中信出版集团，2024.

附录一

中国口头文学遗产数字化工程调研报告与建议

中国民协各位领导、专家：

2011年9月5日召开的中国民协第八届主席团第二次会议，确定了未来五年工作重点和各位副主席工作分工，任命我参加中国口头文学遗产数字化工程。本人受命后于9月7日随专家组去河北燕郊汉王公司生产基地调研。

由民协冯莉同志带队，陶立璠、常祥霖、刘晔原三位专家参加调研，我们初步弄清了项目进展情况及面临问题。现将调研结果报告如下：

第一，中国口头文学遗产数字化工程的重要意义。本项目是中国民协有史以来最具规模性和社会影响力的重大项目，其学术价值和现实意义都难以估量，值得各级领导高度重视，以精兵强将和足够的物力财力投入，完成举世瞩目的和前所未有的重大事业。

第二，汉王公司是我国新兴科技领域的旗舰公司，又是新近在创业板上市的公司，在汉字数字化领域拥有国际国内领先地位。公司管理模式先进，数字化工作设备优良，员工素质较好，文化程度较高，唯独缺乏民间文学方面的专业知识，有待挑选和培训。

第三，口头文学数字化工程进展顺利，至今已经扫描4000多册，占总数百分之八十的书籍，完成文字识别1100册，占总数百分之二十。目前需要解决的是质量的初步验收和分类工作。

第四，本项目当下是投入和实施阶段，未来具有广泛的开发价值，可以打造成中国民协的世界性学术品牌，并有成为"金饭碗"的潜质，在国家鼓励的文化创意产业方面发挥相应的经济效益。这方面可以专门考虑和协商，特别是在最终成果版权和使用权的签约方面，尽量保证中国民协的最大利益。

根据以上情况，专家组讨论后，先提出如下五点意见：

第一，批量引入高校民间文学专业学生参加工程的分类工作，组织和协调难度较大，质量关也较难把住，往返和居住等成本亦较高。专家组提出替代性的建议：在燕郊汉王基地旁先租下一年期的单元房，聘请一二名专家常驻汉王基地，经常性地指导工作，主持培训文化素质高的员工，代替大量外来学生，进行分类工作和后续工作。

第二，聘请一二位资深专业编辑校对人员，对已经完成的书籍进行随机抽样质量检验，严格按照正式出版物的国家标准，提出数字化工程采样的质量评估报告，把好质量关。第一批可先抽查10到20部书，酌情依次推进。发现问题，及时更正和调整。

第三，请进驻汉王基地的专家，对照国家行政区划的2800多个县市名称，查验进入汉王基地的资料本书目情况，将缺失的个别县市统计出来，动员地方民协力量，尽快补充缺失的部分，力求各本项目的全国覆盖率，越完整和全面越好。专家组同意北大陈连山等专家意见，工程数字化的内容不必局限于已有的县卷本，但还是建议先努力完成县卷本的录入，在此基础上再适当扩充，加入更早的和更新的材料。

第四，考虑启动本项目申报世界非物质文化遗产。这是古往今来没有任何一个国家能够做到的巨大文化工程，也是典型的全民性非物质文化遗产，比任何单一民族的遗产都重要，申遗成功把握大，也是民协60年工作的最好成就，意义非凡。

第五，成立编委会和执行委员会，责任到人。以现有项目为平台，开展产学研一体化的滚动操作，配合申遗工作，扩大经费来源，拓展协作方的来源，用借力的方式，扩大本项目和民协的社会影响力。

以上认识、意见和建议是初步的，仅供工作参考，有不妥之处，还请批评指正。

专家小组召集人：叶舒宪

2011年9月10日

附录二

发现"口耳间的中国"

——中国口头文学遗产数字化工程侧记

一部纪录片《舌尖上的中国》之所以瞬时间夺人眼球、风靡海内外,主要是因为它首次对博大精深且异彩纷呈的中国饮食文化做了全方位、多角度的整体呈现,从物质文化的一个侧面揭示出中国文化内部地方性知识的丰富多样。对大部分中外观众而言,影片探索发现的旨趣,展现了一种未知的中国文化奥秘。古往今来,有多少人能够尝遍九百六十万平方公里数十个民族的美味佳肴?此片以新媒体直观而亲民的形式做到了这一点。

在精神文化方面,有没有足以代表中国全民性的文化遗产,可以给世人提供整体呈现和局部检索的双重便利呢?刚结项的国家社科基金特别委托重大项目"中国口头文学遗产数字化工程"(由中国民间文艺家协会和汉王公司合作,一期项目2010—2013),于2014年2月28日以成果演示会的方式面世。它恰恰属于这样一种精神上的中国民间文化:其根源在无文字时代的史前中国,结果在当今数字化时代,大众想象力加口头讲唱与传承,上下万年,可概括为"口耳间的中国"。

此项口头文学遗产数字化工程的历史意义在于:它以县为单位,将占世界人口五分之一的口传文学遗产做地毯式收集、笔录、整理、扫描、分类、归档,完成覆盖全国2800多个县的4905册文学资料的全汇总和数字化分类处理,包括神话、传说、故事、叙事诗、歌谣、谚语、小戏等文类,达到近9亿汉字的庞大规模,比海外汉学界与迪志公司合作的《四库全书》数据库还要多出近2亿字,堪称中国口头文化的《四库全书》。它的问世和上线,意味着民间文化资源的空前整合与共享,还原出一个以往所不知或不知其详的民间讲述的中国。

今年是马年。网络媒体上一片"马上发财""马上升职""马上嫁人"等鼓噪之声,与文化大国的丰厚底蕴颇不相称。如今的网络青年大体遗忘了历史上数千年传承的民间文化和民间想象。由于家马是商代中后期由殷商王族从北方草原引进中原的,所以马在中国文化想象中一开始就被神话化,是神马或龙马。

这和外来的狮子一开始被国人称作"天禄"或"辟邪"一样。考古发现商周贵族大量的随葬车马坑，不为炫富，而是寄托死者灵魂升天的天国梦想。数据库中有多民族民间传承的"送冥马"一类作品为旁证。

打开中国口头文学遗产数据库，在主题词索引中输入"龙马"二字，立即出现 1193 处诸多民族的口传文学，有数以百计讲述龙马故事的作品。《西游记》中神话化的白龙马，并非吴承恩的个人原创，而是中国民间想象的数千年传统结晶。中国旅游的标志符号物——甘肃武威出土的汉代文物"马踏飞燕"，承载着民间想象的悠久性和神话精神传承意义。从汉语词汇"飞马"和成语"天马行空"可知，中国文化对马的想象首先着眼于升天工具，于是乎就让外来的现实运载工具马，同本土的超现实升天神兽龙发生了神话链接。龙和马之间并无严格界限。《周礼·夏官·廋人》有如下说法："马八尺以上为龙。"《仪礼·觐礼》也说："天子乘龙，载大旆。"郑玄注："马八尺以上为龙。"把马称作龙，这是对身材高大的马的神话式命名。《周礼》《仪礼》是官方礼书，是儒家经典，其将天子之马称为龙，也是民间神话想象作用的结果。上古天文神话将房星称作龙马，或为这种模式化想象的原型。元代萨都刺《题画马图》诗云："汉水扬波洗龙骨，房星堕地天马出。"从天人合一的神话意义上表现天马下凡。韩愈《元和圣德诗》说"驾龙十二"，指的就是驾十二匹马。《西京杂记》卷二："文帝自代还，有良马九匹，皆天下之骏马也……一名龙子，一名麟驹，一名绝尘，号为九逸。"李白《白马篇》："龙马花雪毛，金鞍五陵豪。"所谓"龙神马壮"，还是对龙马想象的延伸。古文献中最早的龙马故事，讲的是龙头马身的神兽从黄河中献出河图一事。《尚书·顾命》孔传："伏牺王天下，龙马出河。遂则其文，画八卦，谓之河图。"郦道元《水经注·河水一》："粤在伏羲，受龙马图于河，八卦是也。"至于神兽龙马是如何起源的，文献中没有记载，注解家只好到此止步。

从中国口头文学遗产数据库中可以清楚看到，各族民间文学将马的起源追溯到天上，或说成由神变化而成，这就完全补足了文献记载的缺失。如云南的傣族和景颇族故事说神造马；河北广宗县、四川巴中市等地汉族传说认为马是神用泥巴造成的；内蒙古的蒙古族神话说天女和人一起造马；四川木里县纳西族神话说神鸡生卵孵化出马；云南的怒族和西藏的藏族也说卵生马；浙江诸暨市和广西合浦县汉族神话、西藏米林市珞巴族神话讲述天马下凡成为家马；辽宁清原县满族神话和四川兴文县苗族神话、河北藁城区汉族神话都说是天帝将天马赠予人间，才有了大地上的家马；辽宁新宾县满族神话认为龙被天神贬到下界变化成马。此外，还有普米族神话解释马蹄子凹进去的原因，彝族神话解释马为什么吃草，佤族神话解释马为什么失去了角，仡佬族神话解释马站着睡觉的原因，等等。至于神马何以降级为人间的运载工具，民间叙事也有充分的解释。广西壮族神话说是人类的女始祖规定马要被人骑。各地的汉族神话则提供了两种解释：马被人骑是出于神的指令；马在和人的比赛中输给人类，所以被人驱使。以上丰富的地方性口述材料，足以让我们将古文献中的天马和龙马的有限记载，同如今还活在千百万黎民百姓口耳间的民间叙事组合为一个立体呈现的马文化整体，并洞察其所以然。

中国作为世界四大文明古国之一，自周代就有官方组织的民间采风活动。民间口头文学丰富和滋养着历代文人和文艺创作，汇聚成川流不息数千年的民间文艺的大传统。但是，过去的收集整理工作有很大局限，文人作家文学崛起后，历代科举考试以书面的经书为核心，大大忽略和冷落了民间口传文学的存在，让其处在自生自灭、四处飘零的荒芜境地。五四新文化运动以来，虽然知识界也涌现出北大歌谣派，号召文人到民间乡野采集歌谣，但其涉猎的地域范围很小，采获的作品十分有限。新中国成立之后的次年即1950年，在国家领导人的关怀下成立中国民间文艺家协会这样的专业机构，真正开启保护和抢救民间文学的伟大事业。历经64年艰苦努力，动员2800多个县市的近万名会员及数十万地方知识人，深入所有的穷乡僻壤、崇山峻岭、草原、大漠，聚沙成塔，全面采集和记录各民族的口头文学，从一首歌、一个故事开始录音、笔录、整理，由点点滴滴汇聚为如今近9亿字的海量文献——中国口头文学遗产数据库。

可以预见，口头文学遗产的数字化整体呈现，将大大改变我们固定已久的文化观。以《四库全书》为代表的文人文献独占文化记述统治地位的情况将宣告终结，规模和容量更加庞大、覆盖地域更为广阔、全面包括各民族和各族群的口传文化记述，将构成中国文化全貌的半壁江山。其民间文化与民间智慧大普及功能，其知识创新的意义都将非同一般，其学术研究价值将惠及千秋万代，其教育功能和文化传播潜力，亦未可限量；对于面临内容饥渴状态的我国文化创意产业，将发挥催化剂般立竿见影的效果。面对扑面而来的大数据时代，其文化资源和文化资本的再造前景，已经呼之欲出。我们中国文学人类学研究会同人正在启动利用数据库资源编撰"文学人类学的中国读本"计划，改变一个世纪以来中国文学史不能包容多民族多地域的知识偏差，引领后现代和后殖民的观念变革。

如果说"舌尖上的中国"滋养着十三亿人的口腹和身体，那么"口耳间的中国"横空出世，将滋润我们的心灵，有助于呈现全景视野的中国文化，也是有史以来中国人为人类知识提供的一笔丰盛的精神盛宴。

原载《人民日报》2014 年 5 月 1 日

附录三

中国神话学的文化意义

"当哈利·波特逃离寄人篱下的灰色现实,前往梦想的魔法学校时,为什么传达神意的信使是猫头鹰?莫言描写计划生育的那部小说,为什么取名为《蛙》呢?"神话学专家的答案是:猫头鹰也好,青蛙、蟾蜍也好,早在1万年以前的大传统时代就是人类用图像编码方式表达的神灵象征。

在中国社会科学院比较文学研究中心主任、中国神话学会会长叶舒宪主编的"神话学文库"第一辑中,作者们提到并回答了很多类似的问题。

作为一种古老的文化基因和思维编码,神话的符号价值无疑是一种重要的文化资本。不久前上演的影片《西游记之大闹天宫》有着古老的神话原型,国外影视作品《哈利·波特》《纳尼亚传奇》《星球大战》《达·芬奇密码》《黑客帝国》《阿凡达》的热映以及网游、玄幻、仙侠等网络作品的畅销,让越来越多的人意识到神话的巨大文化价值。近期备受关注的月球车"玉兔号",其名称更是取材于古老神话,引人浮想联翩。有专家学者表示,神话研究对于民族文学研究的推进,除了理论上、方法论上的指导意义,更多的是提示我们关注民间的、活态的文化传统和信仰系统。

作为国家"十二五"重点图书出版规划项目和国家出版基金项目,"神话学文库"第一辑包括《神话－原型批评》《文化符号学——大小传统新视野》等8部译著和9部专著共17本书。这套文库由上海交通大学文学人类学中心与中国社会科学院比较文学研究中心、中国神话学会合作完成,是用神话概念重新贯通、整合文史哲、心理学、宗教、道德、法律等人文领域的重要研究成果,是我国目前最具有规模性的神话学研究成果的集结。

有专家说,如今的好莱坞大片中半数以上取材于神话,而中国的神话在当代仍然是"养在深闺人未识"。我们应该如何利用自己的神话遗产呢?为此,本报记者采访了"神话学文库"主编叶舒宪。

记者:正如您在序言中所言,当代最新的航天科技成就也在用诸如"嫦娥""玉兔""阿波罗"等古老的神话语汇来命名,《西游记》《指环王》《纳尼亚传奇》等神话色彩颇浓的作品更是影视界的热门主题。可以看出,今天这个科技发达的时代也是回归神话的时代。在您看来，神话对当代文化的影响力表现在哪些方面？

叶舒宪：很多人以为，神话只关乎文学想象，如今越来越多的人意识到神话资源可以成为经济转型的文化资本、创意经济的符号引擎，因为神话概念远远大于文学和艺术。神话既然是文化整体的根，一定会给特定文化传统的想象和词汇提供原型。当今社会是符号化的社会，一流企业出售的是符号（品牌），二三流企业出售的是产品。要想从"中国制造"的现代性经济跨越到"中国创造"的后现代符号经济，民族国家的神话资源将成为最大的文化资源。这或许就是神话对当代文化的重要影响力和吸引力。

在文艺创作方面，抢注神话符号的现象，仅仅是时代转型的一个缩影。就国内情况而言，跟风牟利者多，而精研神话者少。这正是"神话学文库"所要弥补的"文化基础设施"。

记者：您曾提到，中国是一个"本来没有神话概念的神话传统大国"，怎么理解？

叶舒宪：1902年之前，汉语中一般不用"神话"这个词。这是留学日本的知识人引进中国的，几乎和"科学""民主"这些现代外来词一样。所以一开始，学者们讨论和争议的问题是"中国神话"的说法是否成立，即中国有没有神话？从茅盾到袁珂，以西方神话为参照，用了几十年证明中国有神话。当今的研究者提出超越"中国神话"的文学本位研究范式，倡导"神话中国"的文化整合研究新范式。首先要问：中国目前56个民族中，有哪一个民族没有神话？然后问：既然中国和世界的每一个民族都有神话，为什么古汉语中没有"神话"这个概念呢？答案是：古希腊哲学家要走出神话世界，建立理性权威，所以提出"神话"这个概念，作为逻辑的对立面，要大家不再相信神话是真的。中国和世界上大多数国家历史上没有出现类似西方的"哲学突破"，自古以来就生活在神话式的思维和感知之中，所以没有类似西方"神话"的概念。"中国"指天下中央之国，"九州"和"神州"等，一听都是神话想象的名称，更不用说"嫦娥""玉兔""西王母""东王公"了。走进徐州、南阳、临沂、成都、榆林的任何一座汉画像博物馆或艺术馆，就仿佛置身于2000年前汉人的神话世界。更不用说商周青铜器上的饕餮纹、鸟兽纹和甲骨文占卜通神的世界了，离开了神话，就离开了中华文明的源流和主脉。像孔圣人梦想凤鸟、老子化胡、玄天上帝、太平天国这样充斥历史书的名目，哪一个不是出于神话的建构？神话不是中国文学中较早的一个子类，而是伴随中国文化全程的。就此而言，我们说中国是"没有神话概念的神话传统大国"。

记者：中国神话学的发展情况如何？

叶舒宪：就个人的理解而言，110年的中国神话学史，大体上可分为两段：第一段叫"求证中国神话"，包括整个20世纪。求证的结果是："中国神话"概念分解为四大研究层面，包括汉文典籍神话、汉族口传神话、少数民族典籍神话（如纳西族《东巴经》）和少数民族口传神话。四方面的资源基本调研清楚了，堪称浩如烟海。以中国民间文艺家协会与汉王公司合作完成的中国口头文学遗产数字化工程为例，近9亿字的内容，至少有3亿字和神话有关。在云计算时代的海量信息面前，神话学史必然进入第二阶段，即"解读中国神话"阶段。特别是进入21世纪，形成了跨学科和多学科的神话研究潮流，包括考古、历史、艺术史和宗教学等方面的学者加入。学者们不再去求证中国有没有神话，或什么才算神话，而是力求说明中国人为什么生活在神话传统之中，并解读文献叙事之外的神话表现形态，如文物和图像叙事（汉画像石、纸马、年画、剪纸、玉器、铜器等），进一步从理论上梳理神话中国的原型编码和派生的再编码，从神话编码的意义上重新认识中国文化。

记者：少数民族神话在整个中国神话中的状况如何？少数民族的神话传承情况如何？

叶舒宪：受到文化人类学的影响，国内文学研究界兴起文学人类学一派，强调从多元和多民族互动视角审视中国文学和文化，让局限于民族院校小范围内的少数民族神话，特别是少数民族口传神话的内容，真正普及整个文科教学和研究，打破了过去那种以汉文书面文学替代中国文学的传统观念。以新编的《文学人类学教程》（2010）为例，讲到文学的发生和文学的治疗功能，蒙古族、藏族、纳西族、鄂伦春族、羌族、珞巴族、哈萨克族、柯尔克孜族、台湾布农人等数十个民族的神话，都发挥着示例作用。2011年在荷兰出版的英文书《中国的创世和起源神话》（*China's Creation and Origin Myths*），更是首次将中国学者研究的多民族创世神话的丰富多彩内容呈现给西方学界。就传承情况而言，非物质文化遗产保护热潮的兴起，给少数民族神话带来了前所未有的保护和研究的契机。这方面的研究论文数量正在迅速增长。不过现代化的社会潮流对许多边缘民族的口传神话传统也有釜底抽薪般的威胁。

记者：您认为，了解神话对当代作家艺术家有什么样的意义？

叶舒宪：作家的想象力如果不想局限在当下的生活世界，那么大量学习和理解世界多民族的神话遗产，将是一项基础性的培育工作。给中国当代作家影响最多的作家之一是加西亚·马尔克斯,要问他的创作秘诀,就是首先深入研究南美洲的本土神话。他不光是了解一些有趣的神奇故事,而是了解原住民的神话世界观,了解其神话式的思考方式和感觉方式。没有这个工夫,《百年孤独》的想象世界是不容易进入的。

以台湾金马奖获奖影片——魏德圣导演的《赛德克·巴莱》为例,我们就能更清楚地了解神话对当代作家艺术家有什么样的意义。魏德圣作为汉族导演,要用强势大片为媒介,为殖民时代濒于灭绝的一个台湾山地边缘族群赛德克人树碑立传,他花十年工夫去做民族学实地调研,选用原住民演员,服装道具、衣食住行等方面皆尊重原貌,最可贵的是通过赛德克人特有的神话世界观来表现历史事件,让想象中的彩虹桥连接现实与梦想中的祖灵世界,并用赛德克语演唱的主题歌反复强化。影片最大的魅力就是能够带领观众重新回到赛德克人的神话世界。用人类学的话说,就是"从原住民的观点看"(from the native point of view)。

记者:当代神话研究对于民族文学研究的推进作用,主要表现在哪些方面?

叶舒宪:以国别为单位研究文学,无疑是该国书面文学占据绝对主流地位。以民族或族群为单位研究文学,则无文字民族占了大多数,其口头传统都源于神话讲述。所以说,研究神话成为研究民族文学的基础和根本。书面文学是固定的,缺乏语境的;口传神话往往和族群社会的重要仪式相关。最近新发掘出的贵州麻山苗族口传神话史诗《亚鲁王》,第一卷的篇幅就相当于荷马的《伊利亚特》。更可贵的是能够在丧仪上讲唱《亚鲁王》的苗族东郎还大有人在,研究他们比研究荷马要方便和直观。文学人类学研究者希望未来的中国文学史景观是全景的和立体的,这必然要求对多民族神话遗产进行整合。

记者:在您看来,"神话学文库"第一辑最大的价值是什么?第二辑将侧重什么?

叶舒宪:"神话学文库"以重树神话观念为主旨。第一辑17种书只是开头,有条件会继续做下去,能够有50至100种书,学科基础就相对牢靠一些。编撰文库的设想,来自中国社会科学院重大项目A类"中华文明探源的神话学研究"。其初衷是让神话学知识应用到国家最重要的学术攻关难题上,发挥神话学在重新打通文史哲、宗教、民俗、考古等学科领域的催化和综合创新作用。为了说明文明探源研究的神话学范式,除著作外,计划有一批作为参考示范的译著。目前还有十多部译著因为版权问题,留待第二辑。如《通过神话而思考》《萨满之声》《女神的语言》《欧洲思想的起源》《古希腊献祭仪式的神话人类学》

等①。第二辑侧重点的确定还要听取专家组的意见，突出中国少数民族神话研究的分量。

记者：中西神话研究有没有什么显著的区别？

叶舒宪：最大的区别是中外学者队伍的专业背景和知识结构不同。在中国大学中，教神话学课程的只有民间文学老师，所以除了中文系就无人开此课。在西方，首先最热衷神话学知识的是创意产业方面，特别是好莱坞和迪士尼，其次是心理学、人类学和宗教学，再次是历史学、哲学、政治学，最后才是语言、文学、艺术方面。中西在神话学方面的差距巨大，根源在于教育体制造成的狭隘神话观。国外研究新趋势体现在"神话学文库"中列入的译著选题上，即神话研究的大文化视野，而非纯文学视野。

记者：我们的网络文学似乎有更多神怪一类的东西，比如玄幻小说，它与神话有什么异同和关联？

叶舒宪：神话作为人类想象力的源头，滋养后世一切虚构性写作。玄幻小说家大都明白此中的奥妙：二者关系犹如大树的根脉与旁支。有学者将科幻文学和玄幻文学都视为当代的新神话形态。

记者：我们知道，近年来也有作家在重写中国神话，比如阿来重写格萨尔王，还有一些作家重新演绎孟姜女、嫦娥奔月等。这种重写反映了当代人对神话什么样的期待？

叶舒宪：就"重述神话"国际项目而言，中国作家是被神话复兴的世界前沿潮流和出版商的商业操作裹挟进来的，起初恐怕也不大明白为什么神话又火起来了。不过能够读懂《指环王》《哈利·波特》《达·芬奇密码》之丰富神话典故的人，一定会悟出一些神话写作的窍门吧，那就是像这些作品的作者那样，自己先成为精通神话学知识的行家。

记者：如果要将神话资源转化为文化资本，您认为最核心的工作是什么？在当代中国，神话正在如何传承？

叶舒宪：神话资源转化为文化资本，最核心的工作是重新学会我们祖先时代就生活于其中的神话思维和神话感知，在再创造的过程中有效解决如何适应当今符号消费的现实需求。在当代中国，神话的传承分为两大阵线：一是学院派的教学与研究，二是大众文化消费的改编利用。前一方面力求接近早已逝去

---

① 笔者补注：截至2024年底，由于版权购买情况变化，以上五书中的前二书作为"神话学文库"第二辑出版，《通过神话而思考》改名为《神话的哲学思考》。《欧洲思想的起源》列入第三辑，将于2025年出版。另外二书收入"文明起源的神话学研究"丛书，由社会科学文献出版社出版。

的神话之真实，后一方面则乱象丛生、鱼龙混杂。

记者：如您在书中所言，神话是文学和文化的源头，也是人类群体的梦。不深入研究神话及其编码符号，就无法弄清一个民族亘古以来的核心梦想。今天，中国梦的提出，让人们对梦有了更多觉知。您认为神话研究的是一个怎么样的中国梦？

叶舒宪：人类是宇宙生命史上唯一有梦想的生物。梦想和神话的关系本来就是难分难舍的。启蒙主义以来，伴随着理性和科学技术的绝对权威的形成，对梦想的轻视乃至蔑视蔚然成风。唯有20世纪的精神分析学派和超现实主义文艺才正面打出"梦"的大旗。像达利的独特绘画风格形成，大体是以梦幻为主题的。从乔伊斯的《尤利西斯》到罗琳的《哈利·波特》，则是将个人梦幻与民族群体的神话传统结合为一体的。当今中国梦的提出背景，在于经济全球化时代的民族复兴和文化再崛起，为此，需要首先认识华夏文明是如何兴起的，不然的话就谈不上复兴和再崛起。而研究华夏文明的起源，第一个需要面对的就是神话传说时代。因此可以说，神话研究能够给中国梦找到起始点和发生的原型。2013年6月我们在陕西榆林举办的中国玉石之路与玉兵文化研讨会，就是以"探寻中国梦的缘起，重现失落的远古文明"为宗旨的。在理性主义时代，我们总是认为，神话和梦想都是虚构的、想象的东西。然而考古发掘证明了许多古老神话都有真实的成分。德国人谢里曼坚信荷马写的特洛伊大战是真的，就独自去土耳其发掘，结果真的找到了特洛伊城，开启西方考古学的黄金时代。中国神话中充满了对玉石的崇拜和神话想象，诸如女娲炼石补天，昆仑玉山瑶池西王母，乃至天界主神玉皇大帝，就连咱们北京的西山都叫玉泉山，河叫昆玉河，人叫"圭璋""玲玉""琼瑶"等，全都是玉。研究中国神话必须对此打破砂锅问到底：玉石神话和梦想是在何时产生的，又是怎样产生的？为什么直到今天老百姓还坚信玉器能够辟邪护身？考古工作者在陕西榆林地区神木市发掘出一座4300年前修建的石头城，有许多玉器穿插在石砖缝隙中。且不说在史前河套一带修城池的人属于什么民族，我们确信这是有关夏王朝修造"瑶台""玉门"一类神话建筑的现实原型，而建城池所需要的大量玉石资源，却不是当地能够供应的，很可能来自河西走廊地区。这就涉及早于丝绸之路数千年的"玉石之路"。把神话和考古相结合，关于华夏文明由来的真相正在逐步揭开，这就是期待中的中国梦缘起之谜吧。

原载《文艺报》2014年3月12日

附录四

万年中国论如何为文旅赋能

——东北旅游新线路：基于十六次玉帛之路考察的创意设计

文学人类学团队 2023 年 7—8 月举行的第十六次玉帛之路（东北道）文化考察，覆盖东北三省和内蒙古自治区东部的 18 个县市，聚焦史前玉文化在上五千年间的发生发展和传播，以吉黑地区距今 10000—9000 年的重要遗址为首，南下催生距今 8000—5000 年的西辽河地区玉文化发展的第一个高峰：从兴隆洼文化到红山文化。第十六次考察报告提出，重构中国玉文化史源流的总体性认知模型。整合相关学术研究新成果和考古新发现，设计东北全境旅游的物质文化专题游全新线路，以沉浸式体验万年中国的上五千年文化为总目标，开发东北三省加内蒙古自治区东部的四省区文化旅游专线，将启发文化自觉，增强文化自信作为直接功效，打造全国范围内目前独一无二的"中华上五千年体验之旅"品牌。

一、中华文明探源的神话学研究：学术转化文创文旅

万年中国论，是改革开放在中国比较文学界催生的交叉学科研究新学派文学人类学派在 2019 年正式提出的理论命题[1]，目前已经推进到依托中国考古百年大发现，重构中国文化史研究的深度认知模型阶段[2]，其重要理论创新意义，不仅仅局限在新兴交叉学科对文科学术总格局的积极拓展方面，也伴随着文学人类学团队全面参与文创产业 IP 设计和文旅结合设计的实践活动，逐步显现出学术领先成果为文创作品设计和文旅结合新线路设计的专业性赋能作用。

万年中国论在 2019 年正式提出，还需溯源至 2009 年中国社会科学院重大项目"中华文明探源的神话学研究"立项以来，文学人类学派 11 年间连续不断攻坚所完成的三大国家项目——"玉成中国"三部曲。

第一曲成果集群，是以《中华文明探源的神话学研究》为代表的两套丛书：

---

[1] 叶舒宪：《玉石里的中国》，上海文艺出版社，2019 年，第 43—68 页。
[2] 顾锋、杨庆存主编：《深度认识中国文化》，复旦大学出版社，2021 年。

"文明起源的神话学研究丛书"（社会科学文献出版社，2015—2020）8部，"神话学文库"第一辑、第二辑（陕西师范大学出版总社，2013—2019）38部，共46部著作和译著。第二曲为国家社科基金重大招标项目"中国文学人类学理论与方法研究"，成果集群是以《玉石神话信仰与华夏精神》为代表的两套丛书："中国文学人类学理论与方法研究"丛书(复旦大学出版社，2019)5部，"玉帛之路文化考察丛书"（甘肃人民出版社，7部，2015；上海科学技术文献出版社，6部，2017；陕西师范大学出版总社，3部，2020）16部，共21部著作。第三曲成果为以《玄玉时代：五千年中国的新求证》为代表的上海市特别委托项目"中华创世神话考古研究·玉成中国"丛书（上海人民出版社，2020）7部专著。

从数量规模指标看，2015年至今，先后完成研究和集群出版的三大国家项目"玉成中国"三部曲，已经合计出版6套丛书，著作和译著共74部；从学术创新和质量指标看，三大项目的代表作成果，不仅全部荣获重要科研奖（其中2部入选教育部第八届和第九届人文社科研究优秀成果奖，1部入选上海市社会科学研究优秀成果奖），而且入选国家社科基金的中华外译项目。第一曲成果有2部著作分别以英文和韩文出版。第二曲成果有2部著作分别翻译为法文、英文和俄文、英文，合计出版4个外文版本。第三曲代表作《玄玉时代：五千年中国的新求证》则入选2022年度中华外译重点项目，目前计划出版英文版和西班牙文版。以上合计有8个外文翻译版成果在国际学界面世传播。

"玉成中国"三部曲总体成果出版为74部中文书外加8部外文书，合计82部书，在国内和国际陆续问世，有力彰显玉成中国论和万年中国论的巨大理论辐射意义。文学人类学团队以及中国民间文艺家协会神话学专业委员会（简称"中国神话学会"）专家群体，正在全面开启参与国家文化创意产业的设计和创作工作，将学术领先的科研成果进行创造性转化和IP内容的品牌设计。这方面的进展以2023年实施的三个新项目为代表。其一为上海交通大学神话学研究院和央视纪录片频道（9频道）合作的16集大型纪录片《山海经奇》（图1），2023—2024年播出后创该频道收视率新高，网络总触达4亿人次。其二为文学人类学团队与西安电影集团公司的战略合作之标志，上海交通大学神话学研究院与西安电影集团公司合作创立的中华文明探源工程影视研究中心，2023年12月在西影揭牌（图2），将万年中国文化史的全新知识和理念，以故事片、科幻片和纪录片多种影片形式推广普及。其三为中国龙神话的美术创意产品发行：中国邮政2024年初发行《万年龙图腾》纪念邮票和首日封（图3），创作者为

图1 《山海经奇》创意项目的央视海报

中国神话学会副主任委员、中央美术学院资深艺术家楼家本教授。

回顾这一批具有全国影响力的主流媒体重大文创项目的展开,其学术原创思想,需要溯源至"玉成中国"三部曲之首的"中华文明探源的神话学研究"——这是走出语言文学专业狭小范围之后,重建基于文化大传统的宏伟的神话中国观之突破性进展,并直接催生对甲骨文汉字出现之前的文化史深度探索,集中到万年来始终没有中断过的玉文化领域,做连续不断的深耕与厚植,逐步掌握玉礼器符号物的系统生成,终于凭借第四重证据即物质文化的物的叙事,梳理清楚我国万年精神文化传承的时空分布节点和重点场景。

人类学的田野作业范式,本来是源于西方科班的文化人类学专业调研实践,以定点到具体部落社会

图2 中华文明探源工程影视研究中心在西影举行揭牌仪式,2023年12月

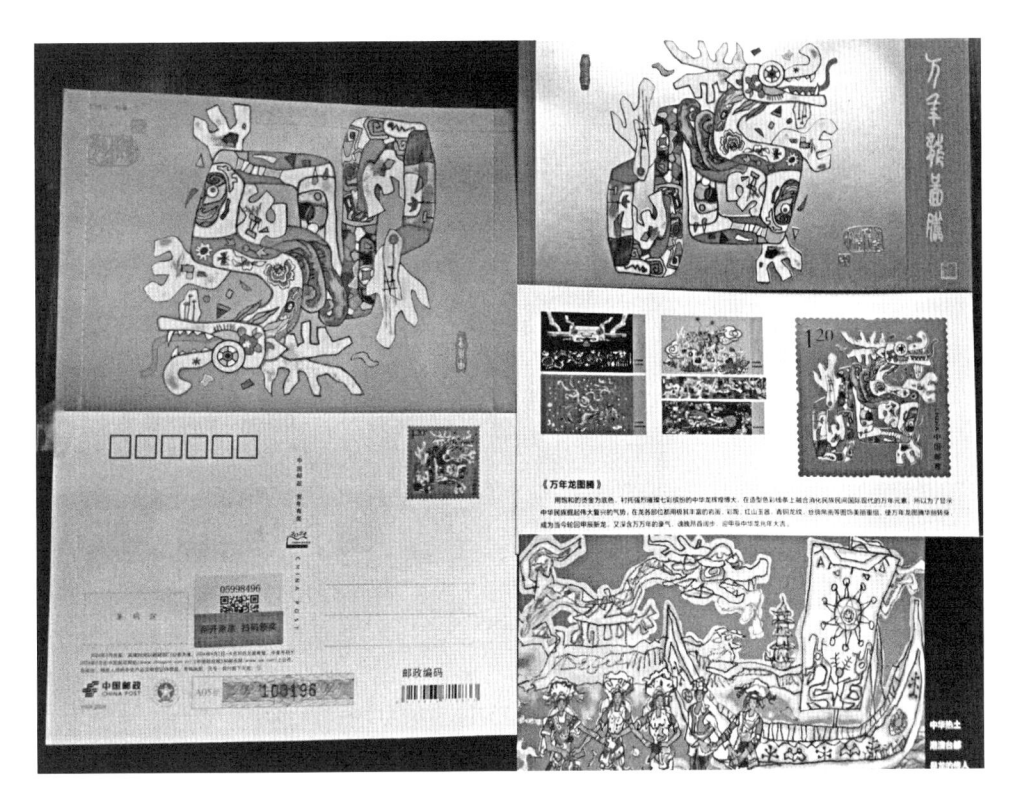

图 3 《万年龙图腾》纪念邮票及首日封

的在地化跟踪考察，成为民族志写作的典范。国内的文学人类学派，为探索梳理中华大地上史前玉矿资源的地理分布和玉文化传播途径及具体路线、站点，不得不展开连续 10 年以上的远距离的史前文化传播调研计划，并按照中国传统话语方式，将其命名为"玉帛之路文化考察"。自 2012 年以来，12 年间共组织了 16 次玉帛之路团队考察活动，大大超出西方人类学田野作业标准的定点范式，开拓了具有中国特色的长距离长期连续举行的专题性物质文化远程线路调研范式。这是依据全球范围内硕果仅存的五千年文明大国的现实条件而尝试做出的田野考察范式创新，其研究成果的文创产品转化和文旅转化，不但会有立竿见影的实效，而且将在未来相当长的时段引领国家级的顶流项目设计，逐个兑现"把学问做在祖国大地上"的庄严承诺。

简言之，中华文明探源的神话学研究的长期学术成果积累中，最容易直接转化为文创产品与文旅产品的内容，就是前后共 16 次玉帛之路文化考察的田野调研成果。因为系列考察所获得的学术信息和人文地理路线的资源踏查经验，大大超出现有的书本知识范围，调研所获第一手资料和各地标本采样的积累，已经到了能够全面审视万年中国之上五千年特殊物质文化流动总趋势的程度。依托这样的新知识而设计的文旅结合新线路，将是前无古人的，而且还能引领未来的中国文旅产业新发展方向，创意推广为全球文旅中具有典型示范意义的"中国道路游"和"何以中国游"，让全世界的旅游者来中国后都能通过自己的所见所闻而觉悟到：

为什么唯独中国人的"国"字和"宝"字里都包含着"玉"的神圣存在？

为什么只有我们中国人，能够说出"黄金有价玉无价"和"宁为玉碎，不为瓦全"这样一类简洁明快表达核心价值观的流行语？

为什么中国第一部汉字字典《说文解字》，早在2000年前就收录从玉旁的汉字126个？

为什么至今在韩国和日本出版的汉字字典，仍然采用来自中国的古老名称《玉篇》？

为什么华夏第一奇书《山海经》所记的全天下河山中有140余处产玉之山？

为什么2008年北京奥运会奖牌会破天荒地出现金镶玉的设计理念？

为什么西方文明的理想国以回忆远古的"黄金时代"为神话原型，而中国人的理想国即天国想象要命名为"琼楼玉宇"或"玉京天""玉虚宫"？

为什么不仅道教三清之首的元始天尊，就连小说《封神演义》的姜太公等一干神圣人，都会来自昆仑山莫须有的玉虚宫？

为什么中国最著名的长篇小说《红楼梦》男女主人公均用玉来命名，并且让男主人公奇妙无比地含玉而降生？

所有这些昭示"何以中国"系列问题的总答案，都要诉诸"玉成中国"原理所揭示的万年中国文化基因——玉石神话信仰。这是一种先于文明国家而出现的类似国教的信仰传承，它在上五千年的孕育过程，如今需要先溯源至玉文化最早在我国登场的地域——东北三省。

二、万年玉文化体验游：东北旅游新线路设计

文学人类学团队2023年7—8月举行的第十六次玉帛之路（东北道）考察，覆盖东北三省和内蒙古自治区东部共18个县市，聚焦史前玉文化在上五千年间的发生发展和传播情况，以吉黑地区距今10000—9000年遗址为首，南下催生距今8000—5000年的西辽河地区玉文化发展的第一个高峰：兴隆洼文化和红山文化。将这些考古发现的新知识联系为整体，重构中国玉文化史源流的总体性

图 4　2023 年 7—8 月第十六次玉帛之路文化考察线路

认知模型[①]，便成为水到渠成的事。将第十六次考察报告的 5 个主要站点的评述拓展开来，刚好可以列为东北文旅创意新线路的系列目标地点。兹依据此次考察的顺序（图 4），分 8 个站点和若干分景点，先做总体陈述如下。

东北玉文化起源带的体验之旅路线，由类似环形的线路构成一个准闭环状，但又不是圆环状，因为在起点朝阳市和终点赤峰市之间，还有 100 多公里的距离，构成环状路线未能闭合的缺口，象征着中国玉器起源期最有代表性的器型——玉玦。而放大的玦形，又衍生出红山文化的特色玉龙造型——C 字龙。这样就从内容和形式上获得统一的永久性旅游纪念品符号物——仿制的 9000 年前的玉玦。

线路设计的第一站即起点，在举世闻名的红山文化圣地——辽宁建平县牛

[①] 叶舒宪：《重构玉文化史的认知模型——第十六次玉帛之路考察报告》，载《河南大学学报》（社会科学版）2024 年第 4 期。

附录四 | 265

河梁遗址博物馆，这里有东亚洲迄今所知最早的女神庙及积石冢群；第八站即终点，为红山文化得以命名的赤峰市，也是享有中华第一龙美誉的玉龙的出土地。从起点至终点，要经历东北三省的全部重要史前玉文化遗址，其筛选条件是以彰显上五千年文化为准则，一般都是过去的旅游团队根本不知道也不会去的地点。一旦这些站点形成新国学深度体验游的热线，将给东北三省和内蒙古东部地区的经济带来不可估量的拉动效应，让史前文化专题游，堪比纯粹以季节性自然景观拉动的冰雪游，并伴随新的考古发现，推动地方特色文旅事业不断更新换代和自我完善。

东北旅游新线路的 8 个站点，用数字加括弧，作为每个站点的标识。以辽宁西部建平县牛河梁遗址博物馆为起点，链接其旁朝阳市（1）的两个博物馆。再向东行，抵达辽东的海城市岫岩县（2），这里有国家北方玉矿之都的美誉。然后北上沈阳市（3），观摩辽宁省博物馆藏精美红山文化玉器群。随后再北行，抵达黑龙江两个遗址：饶河县小南山遗址（4）和齐齐哈尔昂昂溪遗址博物馆（5）。随即从齐齐哈尔南下吉林西部，访问白城博物馆群和双塔遗址（6）。再南下到科尔沁草原的哈民遗址博物馆（7）。继续南下，抵达赤峰市下属旗县——巴林右旗、翁牛特旗、敖汉旗，最终在赤峰市（8）结束旅程。8 个站点共有景点 15 个左右，全部为考古遗址和博物馆，可根据旅行团的具体情况而增删景点，保证总体上完成类似玉玦或 C 字龙形的环状旅程。

将中华上五千年的精神信仰即拜物教对象——美玉，作为重要专题游的认知目标，以上行程所覆盖的地域，属于近年来新发现的"中国玉文化起源带"，位于北纬 46—47 度。这一地带有文化价值的新看点组合，涵盖着史前玉文化传播的第一、第二浪潮，即吉黑地区的玉文化发生在先，距今 10000—9000 年，为第一浪潮；玉文化在距今 8000 多年前开启南传之旅，先后催生出西辽河地区的兴隆洼文化和红山文化，是为史前玉文化第二浪潮。审视从小南山、昂昂溪、双塔遗址玉器，到哈民玉器的原料，发现在辽东岫岩玉之外，还有更早期、更偏北的玉矿资源——贝加尔湖玉矿原料，对玉文化史第一浪潮的形成发挥支撑作用。8 个站点串联为一体，以玉文化不间断的传承脉络为认识对象，实现让游客具体体验"万年中国"文化史上半段（上五千年）的探索目标。

三、东北体验游的八站点具体说明

第一站为辽宁省朝阳市，体验游之主要景点有三个：国家 5A 级景区牛河梁女神庙遗址博物馆、朝阳市博物馆、德辅博物馆。国家铁路部门专门为牛河梁设计建造了一座高铁站，方便在京沈铁路间的旅客能够直接抵达这个亚洲最大的史前遗址博物馆参观游览。而朝阳市不仅有位于京沈高铁热线中间的车站，还有本地支线机场，方便远道而来的旅客。三个景点全为博物馆，但三者的展览内容不同，恰好可以相互补充。

牛河梁遗址博物馆前的红山文化玉龙标志（图5），能够彰显本旅游线路的史前朝圣之旅性质。在牛河梁女神庙，不仅能看到上五千年珍稀文物出土的情况，还能看到真切的东亚洲第一神庙的总体结构（图6）。牛河梁女神庙中供奉的熊头骨（图7），还有泥塑的神熊像残件——熊头和熊掌，表明神熊就是女神或母神的化身动物，揭示熊崇拜在上五千年的真实存在情况。

图5　牛河梁女神庙遗址博物馆前的红山文化玉龙标志

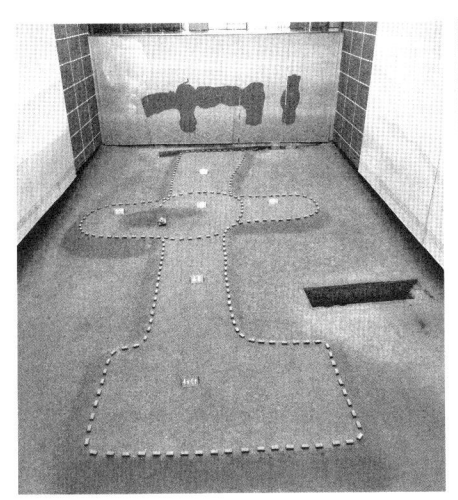

图6　牛河梁女神庙的总体结构

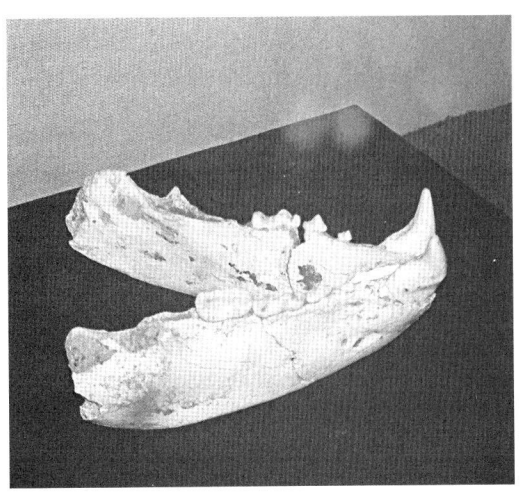

图7　牛河梁女神庙中供奉的熊头骨下半

在上五千年的神庙中目睹神熊像和女神像的共在，非常具有智力启迪作用，可有效解读伏羲天熊、少典和黄帝有熊国的古史传说真相，为《山海经》熊山熊穴出神人的叙事，打开考古新知识的理解空间。

朝阳市博物馆收藏着新中国成立以来最大的文物案件——红山大案所缴获的红山文化玉器约 200 件，包括十分罕见的牛首人身玉雕神像（图 8）和粗壮型 C 字龙（图 9）等。若能从虚拟现实的想象传统着眼，此类文物的价值堪比当代科幻创作，对这笔珍稀文化资源的再认识，会带来超能量的幻想生产力。①

德辅博物馆作为民营博物馆，位于朝阳市博物馆近旁，展出的大量本地出土的史前文化玉器、骨器、石器和陶器等，能够反映红山文化以及更早的赵宝沟文化和兴隆洼文化的社会生活面貌，特别是大量史前乐器的内容，可以补足当地公立博物馆的不足。本馆具有唯一性的珍稀文物还包括新发现的红山文化熊形陶尊、石雕熊神等。德辅博物馆展出的红山文化石雕熊神（图 10），可以对应考察该馆珍藏的一件红山文化熊形陶尊，并且将其与在牛河梁女神庙出土的熊头骨及泥塑熊像联系起来思考。

熊图腾与狼图腾，都是 21 世纪初的新观点，究竟哪种说法能得到真正的考古实物原型素材的支持？

为充分理解第一站三个博物馆文物的共性，可在事后做拓展性知识阅读：东北各少数民族的熊图腾神话和萨满神话内容，可参看黄任远《赫哲那乃阿伊努原始宗教研究》，黄任远与他人合著的《赫哲族民间故事选》《赫哲族萨满遗存调查》等系列图书；欧亚大陆和美洲大陆的熊图腾崇拜情况，可参看美国人类学家哈利法克斯《萨满之声：梦幻叙事概览》的中译本②。将史前文化和边缘民族的熊崇拜观念和生动故事案例，作为激活馆藏的系列熊类文物的辅助资源，完成沉浸式体验之旅的设定目标。进一步思考牛河梁女神庙的发掘者郭大顺先生最近提出的玉猪龙应为玉熊龙的重要观点③，并尝试在熊与龙之间找出神话信仰的联系纽带。

如果旅行团成员有较高学历和身份，可将东三省史前中国体验游的新知识学习加以拓展，增加对朝鲜半岛和日本列岛熊图腾民族（朝鲜族和阿伊努人）、

---

① 有关远古神话玄幻题材的 IP 符号开发价值问题，参看叶舒宪主编的《符号与文化经济》（广东人民出版社，2012 年）。该书第 2 版收入"中国文学人类学原创书系"，陕西师范大学出版总社，2018 年。
② 该书收入"神话学文库"第二辑，陕西师范大学出版总社，2019 年。
③ 参看两位媒体记者对郭大顺先生的采访稿：徐豪的《从红山升起中华文明的曙光》（《中国报道》2023 年第 7 期）；朱忠鹤的《"玉猪龙"应改名叫"玉熊龙"》（《辽宁日报》2020 年 7 月 10 日）。

图8 牛首人身玉雕神像

图9 粗壮型C字龙

图10 德辅博物馆展出的红山文化石雕熊神

附录四 | 269

美洲印第安人熊图腾崇拜的广泛了解，以便更好地理解中华祖先神话中本来包含却在汉代以后被逐渐遗忘的天熊信仰。①

  第二站为辽宁省海城市及鞍山市岫岩县。海城小孤山仙人洞遗址（图11），出土了最早的玉器工具：旧石器时代的打制玉斧。

  玉文化在新石器时代初期的起源一定是以旧石器时代石头工具为原型的，小孤山仙人洞的意义非同一般，就因为这里既是北方优质透闪石玉料的原产地，又是旧石器时代遗址所在，其文化从距今5万年前延续到5000年前，十分难得。到此一游之前，最好先涉猎相关的唯一考古报告《小孤山——辽宁海城史前洞穴遗址综合研究》，或阅读该遗址考古发掘人之一傅仁义先生的文章，思考为什么说这里是中国最早在用玉实物见证之地。

  海城市紧邻的岫岩县是举世闻名的中国玉都。目前由于新疆和田玉资源枯竭，国产玉石原料的百分之七十都出自这里。岫岩县不仅分布着大大小小的玉器加工厂和作坊，还建起一批设施优秀的玉文化博物馆、展览馆等，是学习中国玉文化的最佳旅游地。为更好地通过文旅结合来拉动地方经济，东三省玉文化起源之旅可以依托岫岩县的特产岫岩玉，设计并批量生产玉玦、玉环和C形龙一类旅游纪念品，并努力积累品牌价值，形成产学研商相互促进的一体化发展模式。在岫岩逗留期间，可举办相关玉文化讲座和美玉收藏鉴定方面的知识普及课，依照近水楼台先得月的原理，在当地采购收藏级和一般普及性小件玉

图11　海城小孤山仙人洞遗址

---

① 参看叶舒宪：《熊图腾：中华祖先神话探源》（修订版），陕西师范大学出版总社，2023年。

器工艺品，让万年玉文化之旅的深刻记忆，能够长远地伴随旅游者的生活，并获得多米诺式的不断传播效果。

第三站为沈阳的辽宁省博物馆，它是近百年来辽宁境内出土的大量红山文化玉器的集群展出地。朝阳的牛河梁遗址、阜新的胡头沟遗址等出土的红山玉器大多在此馆中展出。中国考古界泰斗苏秉琦来此观摩红山文化女神头像时，称其为"中华民族的共祖"（图12）。游人可以从这里集中获得对上五千年北方玉文化高峰的直观感知和总体印象。面对辽宁省博物馆红山文化展厅的这幅展牌，可以体会苏秉琦指认红山文化女神泥塑像为"中华民族共祖"的道理，打开依据考古新发现材料对中华祖先文化寻根与认同的思考。这样一来，本旅游线路的获得感和知识含量得到提升，玉文化起源体验游同时具有中华文明寻根问祖体验游的附加意蕴，堪称一举两得，事半功倍。

图12 苏秉琦观摩红山文化女神头像照片，摄于辽宁省博物馆

对第一站牛河梁遗址博物馆所见熊头骨、熊偶像（残件），辽宁省博物馆展出的红山文化唯一的一件双熊首三孔玉器，德辅博物馆所见熊形陶尊和石雕熊像，做出关联性的认识和解读，体会熊图腾崇拜的史前真实性，参考国际神话考古研究权威学者金芭塔丝代表作《活着的女神》[①]中将熊视为史前女神崇拜的化身动物的重要论述，反思批判21世纪以来甚嚣尘上的中国上古社会崇拜狼图腾说的无根据之臆断。

牛河梁遗址出土的兽面形玉器（图13），是牛河梁积石冢出土的唯一放置在墓主人身体的中央即中医所称"丹田"部位的神秘生物面形玉器，启发人们思考，类似中医人体宇宙观的文化信仰，是如何在上五千年便开始孕育发生的

---

① ［美］马丽加·金芭塔丝：《活着的女神》，叶舒宪等译，广西师范大学出版社，2008年。本书第2版已收入"神话学文库"第三辑，陕西师范大学出版总社，2024年。

问题。

最后，为什么辽西地区的红山文化玉器大量生产，其原料既有类似岫岩玉矿中的黄玉和绿色玉，还有岫岩玉矿区所没有的白玉资源？其白玉矿的矿源何在？能否获得传播路线的证明？这就自然带出了远距离传播玉石的玉路是否存在的问题。自先秦以来，华夏文明传统形成一个有关美玉资源地理方位的共识——玉出昆冈，即把新疆南部的昆仑山和田玉视为至高无上的独一性美玉原产地。依据国际性的考古新发现材料，学界认识到在西伯利亚至贝加尔湖地区存在一个比新疆和田玉开发年代更早的美玉资源矿区，主产优质透闪石白玉，当今的玉器生产商和收藏市场俗称为"俄料"。下面各站点所看到的白玉和偏灰色的青玉，多有可能出自贝加尔湖玉矿区。

图13　红山文化神秘兽面形玉器，牛河梁遗址出土，摄于辽宁省博物馆

第四站为黑龙江省饶河县博物馆和小南山遗址。小南山遗址是目前所知最早批量出现玉器的遗址，距今9200年，其地理位置在中俄界河乌苏里江畔。其玉料原产地问题尚未有定论，有些专家认为不排除来自贝加尔湖玉矿的可能性。这样，新设计的东三省文化体验之旅线路，就和境外旅行的热门景区贝加尔湖旅游，出现了相互链接的可能性，这也将带来更多的文旅资源开发和拓展的余地。

小南山遗址的发现故事：早年边防部队在一项工程中，偶然发现古墓，当时墓中文物被本地居民哄抢一空，后经公安局介入，收缴回来一批玉器。2015年启动系统发掘工作，又出土大批玉器，总数超过200件（图14）。目前已经确认遗址有三期文化层：一期为旧石器时代，距今17000—13000年，那时还没有玉器。二、三期为新石器时代。二期距今9200—8600年，三期距今4500年前后。小南山文化不是直线传承并一直延续的，而是呈现断续状。一期结束后，过了4000多年，才迎来二期文化居民，玉器生产便在此时出现。这是本地的原创发明，还是从外地带过来的？尚未有答案。二期两墓葬区，出土玉器140多件。

这样早的年代达到这样数量规模的玉器生产，东北边境地区玉文化起源，堪称文化奇观。政府部门已经计划建立遗址博物馆，估计会吸引大批爱玉之人和古玉收藏群体前来寻根问祖。2020年5月，该遗址入选2019年度中国十大考古新发现，可以预见，未来的东北边境旅游之热门景点非此地莫属。

第五站为齐齐哈尔博物馆和昂昂溪遗址博物馆。从饶河县到齐齐哈尔途经哈尔滨，如果停留的话，可以顺便参观黑龙江省博物馆，熟悉整个地区的史前文化和文物，并重点观摩小南山遗址的出土玉器群。

齐齐哈尔市的滕家岗遗址年代为距今7000—6000年，略早于红山文化。其发现较早，并建起遗址博物馆，便于游客的专业学习体验。该遗址出土的玉器，器型方面延续着小南山玉器所开启的体系：玉环为主，玦和匕形器为辅（图15）。其玉料多数为白玉或青白玉，推测多来自贝加尔

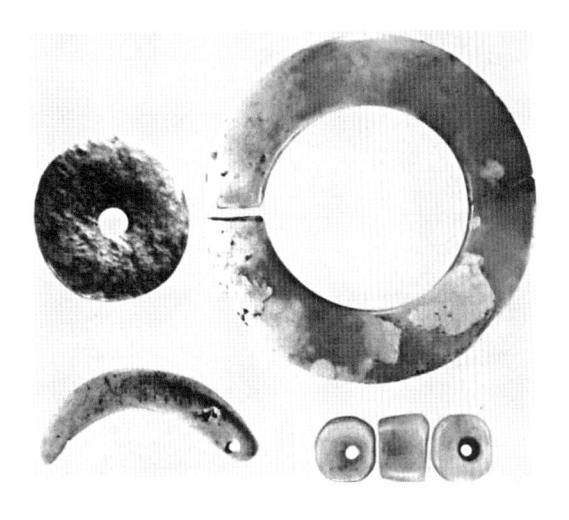

图14 黑龙江饶河县小南山遗址出土的璧、玦、璜、玉珠

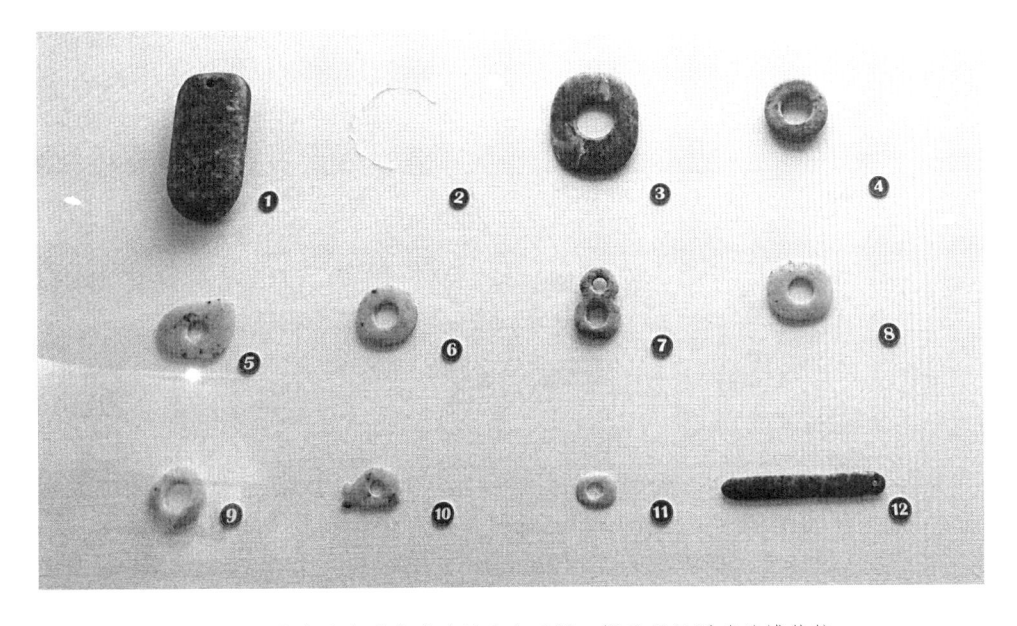

图15 齐齐哈尔滕家岗遗址出土玉器，摄于昂昂溪遗址博物馆

附录四 | 273

湖的玉矿区。国内收藏界长期以来将和田白玉推崇为帝王玉,却根本不知道比和田玉开发利用更早的贝加尔湖白玉,在距今9000—5000年间就批量地输入我国,促成玉文化起源区的早期玉器生产。要知道,在沙皇俄国吞并我国150多万平方公里土地之前,贝加尔湖还是在大清王朝版图之内的。

第六站为吉林白城的博物馆群与双塔遗址,那里发掘出的10000年前的白玉环,为中国最早的一件玉器(图16)。

吉林白城地区有多个县级博物馆可以观赏到史前玉器,以镇赉县聚宝山遗址最为著名。在双塔遗址发现的万年前的玉环,实物目前收藏在吉林大学校内。来到双塔遗址现场游的目的,是熟悉这里的大平原环境,启发思考为什么中国乃至东亚洲最早的玉器,会在这样的自然条件下出现;该玉环所用的偏灰的白玉料,和境外的俄罗斯贝加尔湖玉矿是怎样的关系?白城之旅的寻根意义在于,中国玉文化的万年发展,目前所知的发源地,就在这里。俗话说万事开头难,吉林西北角上的这块宝地,背靠大兴安岭山脉,地处嫩江平原之西部,何以能够在新石器时代早期就开启规模性的玉器生产和使用?其所使用较多的玉料(图17),即嫩绿色调

图16 吉林白城双塔遗址出土的中国境内最早玉器白玉环

(引自吉平、邓聪主编:《哈民玉器研究》,中华书局,2018年)

图17 史前玉斧两件、残玉璧一件,摄于镇赉县博物馆

274 | 神话与创意:文化基因的理论视角

的透闪石玉矿源，又在哪里？

第七站为通辽市科尔沁左翼中旗的哈民遗址博物馆，在这里可以体验五千年前祖国边远的北方草原区玉文化。此景点是全程线路中最具惊悚效果的站点，可以让游客在观摩实践中，让自己像福尔摩斯一般进行推理：为什么在5300年前大草原腹地一个村子里，一座考古编号为F40的房屋中，会同时发现98具人类尸体？当地先民遇到什么样突如其来的生死考验，才会出现这样一种大大超出侦探小说想象的、罕见的群体死亡场景？法学专业和文创专业、影视创作方面的从业者们，在这里或找到自己的用武之地，或有效触发创作灵感。

对于玉文化起源体验游的成员而言：F40房屋里尸骨堆积如山，却仅发现了1件玉器；而周边多所房屋里，尸骨数量较少，却发现大量的玉器。考古工作者推测为死者生前佩戴的玉器标本。这样就成就了一种塞外奇观：中华上五千年的大草原乡土社会中"生生死死佩玉景观"。要知道，史前考古所发现的玉器，绝大多数的发现场合是墓葬，即为葬礼而准备的随葬品。古人在日常生活中如何佩玉？哈民遗址的发现提供了十分珍贵的解答问题线索。这成为培训福尔摩斯式游客的又一道考题。

有媒体将哈民遗址的发现意义归纳成"三大史前考古奇观和一大改变"，即：中国考古在北纬43度以北地区发现的最大聚落；完整的房屋木质结构在国内首次发现，世界罕见；一座18平方米的房内有98例人骨遗骸，也是首次；被确认为全新的考古学文化——哈民文化，改变了把科尔沁视为蛮荒之地的传统认识，有力证明本地区是五千年中华古文明的重要发祥地之一。

哈民的地理位置，将哈民玉器和北方、南方两大玉文化繁荣之地联系起来。本地区玉器生产要比吉黑玉文化起源带晚出很多。从玉器的种类和形制看，哈民玉器兼容来自南北两个方面的影响，既有近似红山文化的玉器，也有近似吉黑的玉器。而玉材的特点则明显偏重白玉（图18）。这和红山玉器以黄色、绿色为主的情况形成反差。

第八站为赤峰市。这里景点较多，因该市下属各旗博物馆都有规模性的史前文化文物，如巴林右旗博物馆、翁牛特旗博物馆、敖汉旗博物馆。本旅行最后以赤峰市的三个博物馆收尾。

赤峰市下属翁牛特旗，因为给国家博物馆贡献了一件镇馆之宝——C形玉龙，而名扬四海。在这里还要特意安排两个实地走访，到两件C形龙问世的具体地点，找到一种梦幻般的体验感。两件玉龙都从民间征集而来，推测为红山

图 18　哈民遗址出土玉器群，摄于哈民遗址博物馆库房

文化晚期的文物，距今 5000 年。① 目前这种玉龙形象被华夏银行抢注为自己的 logo，赤峰市也以此为市徽。

抵达赤峰市后，有三个博物馆景点：赤峰市博物馆、赤峰市红山文化博物馆（图19、图20）、玉源博物馆（图21、图22）。三个博物馆合起来将给旅游者带来有关红山文化的系统知识教育，难能可贵。

玉文化如何孕育和催生龙文化的实际感受和体验，比一切来自书本知识的龙神话讲述，都更加实在和实际。其所带给旅游者的心灵震撼和知识启悟，并不是在课堂上所能获得的。就此而言，我们的东三省玉文化起源体验游，又能够获得"中国龙兴之地体验游"的附加意义，可谓"一朝见龙源，胜读十年书"。

在体验游的最后一个景点，又见玉玦。回顾中学语文《鸿门宴》中范增"三示玦"提醒项羽诛杀刘邦的场景，思考如下问题：为什么是玦这样的器物，诞生在中华上五千年的东北三省，原本为成双成对使用的玉质耳饰，却在距今2000 年的号称"千古第一宴"上发挥符号作用？以此为生动案例，启发大家学会从上五千年文化之根的新知识，反观下五千年文明所以然的宏大思考方式，真正把文化自觉和文化自信，落实到每个人的日常生活和终身学习中。

玉文化起源体验游画上完满的句号，让游人带着中华上五千年的未解之谜——龙的原型究竟为何的千古之问，结束这一次总行程五千公里的难忘旅程。

四、结语

文学人类学团队自从 2019 年发表万年中国论以来，集中探索上五千年时段

---

① 郭大顺：《龙出辽河源》，百花文艺出版社，2001 年。

图 19　以翁牛特旗 C 形龙为标志的赤峰市红山文化博物馆

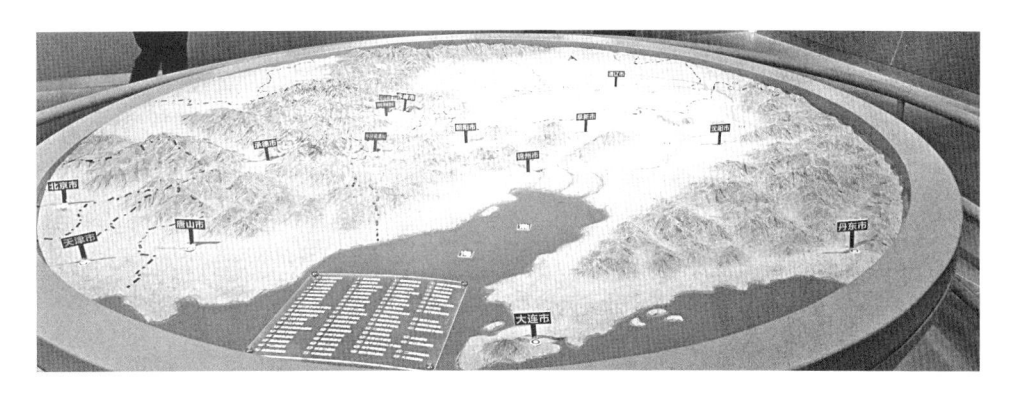

图 20　赤峰市红山文化博物馆的沙盘：红山文化分布地域

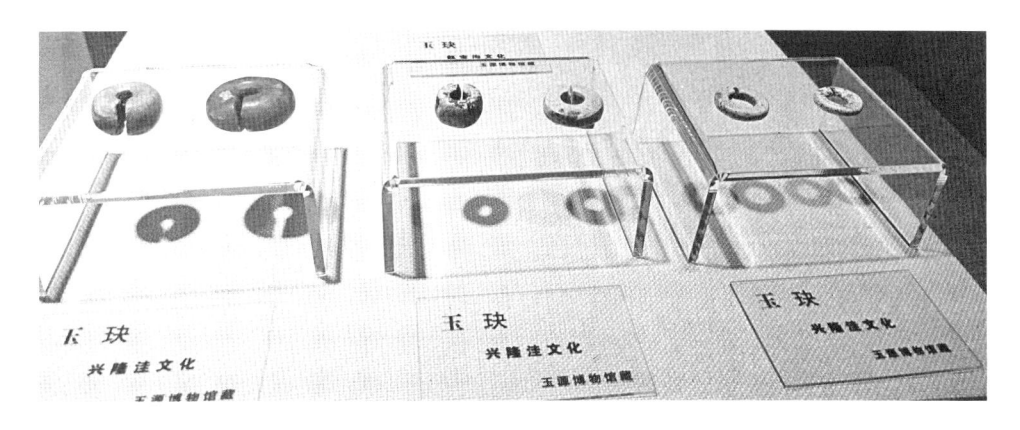

图 21　玉源博物馆展出的距今 8000 年之兴隆洼文化玉玦

附录四 | 277

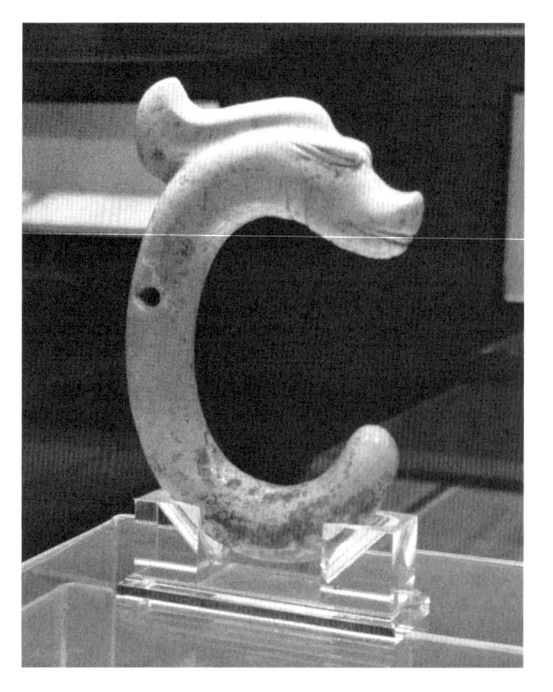

图22　玉源博物馆藏红山文化C形玉龙

对下五千年文明国家的文化基因作用，以《盘古之斧：玉斧钺的故事九千年》为新探索的代表作。基于2023年8月完成的第十六次玉帛之路考察成果，本文提出万年中国论对文旅赋能赋魂的新目标，创意设计东北旅游新路线，让所有参与者能够亲身体验中华上五千年文化传承的主脉即玉文化发生发展的历程，从而实现对现行教育体制中尚未纳入的新知识内容的重要补充，引领一种通过上五千年知识反观下五千年文明所以然的全新学习方向。

鉴于本旅游线路的设计初衷，是知识经济时代为国学高端教育和前沿性新知识补充而量身定制，完全有别于一般以自然风景为看点的旅游计划。其初期尝试的可行性，更适合国内政府的各级干部培训、"万年中国"主题教育学习和MBA类总裁班等，还包括国外高知阶层的主题旅行团队等。

原载《长江大学学报》（社会科学版）
2024年第3期

后　　记

"神话与创意"这个题目，原为笔者2013年底在上海交通大学设计的一门通识核心课程。该课程在2015年秋季开讲，至今恰好整10年了。如今的高校教学规定，教师上课必须有课件，本书初稿，就是以该课程32学时的课件为基础整理而成的。在笔者已经出版的70余部书中，作为学校教材而问世的仅有2010年《文学人类学教程》一书。这里的《神话与创意：文化基因的理论视角》算是本人撰写的第二本教科书。

之所以在原有课程名称外，添加"文化基因的理论视角"为副题，是因为文学人类学一派在社科院和高校讲授"神话与创意"相关性的时代知识背景，关系到2009年获得立项，2015年完成结项的中国社会科学院重大项目"中华文明探源的神话学研究"。其理论方面的思考已经把"文化基因"作为重要术语和命题，希望本国后起的文化创意产业，不必亦步亦趋效法和模仿西方样板，更多地从本土传统的深处去探索和发掘珍贵的文化资源。回顾文学人类学同人在21世纪以来的新拓展，有关本土文化符号和创意产业的思考，以2005年在《江西社会科学》开设的栏目《文化与符号经济》为学术起点。笔者在2005年第10期专栏发表《符号经济与作为非物质文化遗产的七夕节》，在第12期专栏又发表《从符号人类学到"符号经济"——文化资本博弈时代的文学增值术》等，从神话与符号方面提示经济转型时代的文创潮流及IP运作新方向，强调文学家将神话原型提炼为文化资本的理论自觉机遇。这个栏目的内容随后在2012年汇聚成书，即《文化与符号经济》（广东人民出版社，2012年；第2版，陕西师范大学出版总社，2018年）。等到2009年立项"中华文明探源的神话学研究"课题时，初始的策划思考又以专文发表在《江西社会科学》2009年第6期，题为《中华文明探源的比较神话学视角》，其关键词之三为"四重证据法"，之四即为"文化基因"。在这之后，十多年来的学术推进，不仅沿着交叉学科的深度认知方向连续完成三个重大项目（"玉成中国"三部曲），也在文化基因的探索上不断积累和提炼。其简明的概括表述，是发表在2024年6月1日《光明日报》国学版的短文《探索上五千年文化基因》。文学人类学认定的文化基因一定要到上五千年的时段去追索，这是当年提出"文化基因"作为理论关键词时做梦也不曾料想的。而将上五千年文化基因总结概括为熊－龙、鸮－凤、稷、稻、玉、帛等六大物质，也只是目前条件能认识到的初步结论。文学人类学团队在国内多所高校开设的"神话与创意"课程，尚未在这方面达到整齐划一的境地。对于从学术上反思批判西学东渐以来诸多的张冠李戴误导现象，六大文化基因说的意义，不仅是从中国话语层面上为学子们的思考和研究重新聚焦，而且要从深度认知和凸显"中国性"方面，得出与时俱进的理论创新范式。仅就此而言，中国传统的六大文化基因的再认识再定向之界标意义，将不言自明。

通过对中国文化传统上五千年的新知识系统，反观下五千文明国家的所以然，这也是文学人类学的新方法尝试，即四重证据法实践20年的一种必然导向。

从教学课件改编为书，就没有拘泥于学术著述的引证及注释格式。所引用常见的古代典籍，也基本省略其版本信息等。行文的一些地方，会出现较明显的口语化色彩。此外，各章节中的插图也多为文字内容所表述的对象，从证据间性的作用看，不同于一般用于图文并茂或活跃阅读气氛的插图。这几点是需要向读者交代的。从教学相长的角度看，希望这门通识课能长久地开设下去，后继有人，并不断吸取各方意见，得到改进和提升。

向协助整理初稿的上海交通大学柴克东博士，接着我开设本课程的唐启翠教授，江苏大学公维军副教授，以及本书责编王文翠等出版社同道，表示诚挚谢意。

2024年12月31日